O PROCESSO GRUPAL

Enrique Pichon-Rivière

O PROCESSO GRUPAL

*Tradução MARCO AURÉLIO FERNANDES VELLOSO e
MARIA STELA GONÇALVES (3 artigos finais)
Revisão da tradução MARIA STELA GONÇALVES*

Título original: EL PROCESO GRUPAL.
Copyright © by Ediciones Nueva Visión SAIC, Buenos Aires, 1980.
Copyright © 1983, Livraria Martins Fontes Editora Ltda.,
São Paulo, para a presente edição.

1ª edição 1983
8ª edição 2009
4ª tiragem 2023

Tradução
MARCO AURÉLIO FERNANDES VELLOSO
MARIA STELA GONÇALVES (3 artigos finais)

Revisão da tradução
Maria Stela Gonçalves
Revisões
Alessandra Miranda de Sá
Ivete Batista dos Santos
Dinarte Zorzanelli da Silva
Produção gráfica
Geraldo Alves
Paginação
Studio 3 Desenvolvimento Editorial
Capa
Marcos Lisboa

Dados Internacionais de Catalogação na Publicação (CIP)
(Câmara Brasileira do Livro, SP, Brasil)

Pichon-Rivière, Enrique, 1907-1977.
O processo grupal / Enrique Pichon-Rivière ; tradução Marco Aurélio Fernandes Velloso e Maria Stela Gonçalves (3 artigos finais) ; revisão da tradução Maria Stela Gonçalves. – 8ª ed. – São Paulo : Editora WMF Martins Fontes, 2009. – (Coleção Textos de Psicologia)

Título original: El proceso grupal.
ISBN 978-85-7827-118-3

1. Aconselhamento de grupo 2. Psicanálise 3. Psicologia social 4. Psicoterapia de grupo I. Título. II. Série.

09-01847
CDD-616.89152
NLM-WM 430

Índices para catálogo sistemático:
1. Psicanálise grupal : Medicina   616.89152

Todos os direitos desta edição reservados à
Editora WMF Martins Fontes Ltda.
Rua Prof. Laerte Ramos de Carvalho, 133 01325-030 São Paulo SP Brasil
Tel. (11) 3293.8150 e-mail: info@wmfmartinsfontes.com.br
http://www.wmfmartinsfontes.com.br

Índice

Prólogo 1

Uma nova problemática para a psiquiatria 9
A noção de tarefa em psiquiatria 33
Práxis e psiquiatria 39
Freud: um ponto de partida da psicologia social 45
Emprego do Tofranil em psicoterapia individual e grupal 49
Tratamento de grupos familiares: psicoterapia coletiva 63
Grupos familiares. Um enfoque operativo 73
Aplicações da psicoterapia de grupo 85
Discurso pronunciado como presidente do Segundo Congresso
  Argentino de Psiquiatria 95
A psiquiatria no contexto dos estudos médicos 101
Apresentação à cátedra de psiquiatria da Faculdade
  de Medicina da Universidade Nacional de La Plata 111
Prólogo ao livro de F. K. Taylor, Uma análise da
  psicoterapia grupal 115
Técnica dos grupos operativos 121
Grupos operativos e doença única 139
Grupo operativo e modelo dramático 161
Estrutura de uma escola destinada a psicólogos sociais 169
Discépolo: um cronista de seu tempo 183
Implacável interjogo do homem e do mundo 193

Uma teoria da doença   **197**
Uma teoria da abordagem da prevenção no âmbito do grupo familiar   **213**
Transferência e contratransferência na situação grupal   **221**
Questionário para Gentemergente   **229**
Entrevista em Primera Plana   **233**
Contribuições à didática da psicologia social   **237**
Conceito de ECRO   **249**
O conceito de porta-voz   **257**
História da técnica dos grupos operativos   **271**

*A Ana Pampliega de Quiroga,
cujo afeto e colaboração são
a necessária companhia na tarefa.*

Prólogo

> Connaissance de la mort
>
> *Je te salue*
> *mon cher petit et vieux*
> *cimetière de ma ville*
> *où j'appris à jouer*
> *avec les morts.*
> *C'est ici où j'ai voulu*
> *me révéler le secret de*
> *notre courte existence*
> *à travers les ouvertures*
> *d'anciens cercueils solitaires.*
>
> E. Pichon-Rivière[1]

O sentido deste prólogo é esclarecer alguns aspectos de meu esquema referencial, questionando sua origem e sua história, em busca da coerência interior de uma tarefa que mostra nestes escritos, com temática e enfoques heterogêneos, seus diferentes momentos de elaboração teórica.

Como crônica do itinerário de um pensamento, ele será necessariamente autobiográfico, na medida em que o esquema de referência de um autor não só se estrutura como uma organização conceitual, mas se sustenta em alicerce motivacional, de experiências vividas. É através delas que o investigador construirá seu mundo interno, habitado por pessoas, lugares e vínculos que, articulando-se com um tempo próprio, num processo criador, irão configurar a estratégia da descoberta.

Eu poderia dizer que minha vocação pelas Ciências do Homem surge da tentativa de resolver a obscuridade do

---

1. Poema escrito em 1924. [Conhecimento da morte / *Eu te saúdo / meu querido, pequeno e velho / cemitério de minha cidade / onde aprendi a brincar / com os mortos. / Foi aqui que eu quis que me fosse revelado o segredo de / nossa curta existência / através da abertura / de antigos caixões solitários.* (N. do T.)]

conflito entre duas culturas. Em virtude da emigração de meus pais de Genebra para o Chaco, fui, desde os quatro anos, testemunha e protagonista da inserção de um grupo minoritário europeu num estilo de vida primitivo. Assim, ocorreu em mim a incorporação, certamente não inteiramente discriminada, de dois modelos culturais quase opostos. Meu interesse pela observação da realidade teve, inicialmente, características pré-científicas e, mais exatamente, místicas e mágicas, adquirindo uma metodologia científica através da tarefa psiquiátrica.

A descoberta da continuidade entre sono e vigília, presentes nos mitos que acompanharam minha infância e nos poemas que testemunham meus primeiros esforços criativos, sob a dupla e fundamental influência de Lautréamont e Rimbaud, favoreceu em mim, desde a adolescência, a vocação pelo *sinistro*.

A surpresa e a metamorfose como elementos do *sinistro*, o pensamento mágico estruturado como identificação projetiva, configuram uma interpretação da realidade característica das populações rurais influenciadas pela cultura guarani, na qual vivi até os dezoito anos. Ali, toda aproximação de uma concepção de mundo é de caráter mágico, e é regida pela culpa. As noções de morte, luto e loucura formam o contexto geral da mitologia guarani.

A internalização dessas estruturas primitivas dirigiu meu interesse para o desvelamento do implícito, na certeza de que, por trás de todo pensamento que segue as leis da lógica formal, subjaz um conteúdo que, através de diferentes processos de simbolização, inclui sempre uma relação com a morte, em uma situação triangular.

Situado num contexto em que as relações causais eram encobertas pela idéia da arbitrariedade do destino, minha vocação analítica surge como necessidade de esclarecimento dos mistérios familiares e de questionamento dos motivos que dirigiam o comportamento dos grupos imediato e mediato. Os mistérios não esclarecidos no plano do imediato (a que Freud chama "romance familiar") e a explicação mágica das relações entre o homem e a natureza determinaram em mim *a curiosidade*, ponto de partida de minha vocação para as Ciências do Homem.

O interesse pela observação dos personagens prototípicos, que nas pequenas populações adquirem uma significação particular, estava orientado, ainda não conscientemente, para a descoberta dos modelos simbólicos, através dos quais se torna manifesto o interjorgo de papéis que configura a vida de um grupo social em seu âmbito ecológico.

Algo do mágico e do mítico desapareceria, então, diante do desvelamento dessa ordem subjacente, porém explorável: a da inter-relação dialética entre o homem e seu meio.

Meu contato com o pensamento psicanalítico foi anterior ao ingresso na Faculdade de Medicina e surgiu como a descoberta de uma chave que permitiria decodificar aquilo que era incompreensível na linguagem e nos níveis de pensamento habituais.

Ao entrar na Universidade, orientado por uma vocação destinada a qualificar-me para a luta contra a morte, o confronto desde cedo com o cadáver, que é paradoxalmente o primeiro contato do aprendiz de médico com seu objeto de estudo, significou uma crise. Ali reforçou-se minha decisão de trabalhar no campo da loucura, que, mesmo sendo uma forma de morte, pode ser reversível. Os primeiros contatos com a psiquiatria clínica abriram-me o caminho para um enfoque dinâmico, o que me levaria progressivamente, a partir da observação dos aspectos fenomênicos da conduta desviada, à descoberta de elementos genéticos, evolutivos e estruturais que enriqueceram minha compreensão do comportamento como uma totalidade em evolução dialética.

A observação, no âmbito do material trazido pelos pacientes, de duas categorias de fenômenos nitidamente diferenciáveis para o operador (o que se manifesta explicitamente e o que subjaz como elemento latente), permitiu incorporar, de forma definitiva, em meu esquema de referência, a problemática de uma nova psicologia que desde o início se dirigia ao pensamento psicanalítico.

O contato com os pacientes, a tentativa de estabelecer com eles um vínculo terapêutico, confirmou o que de alguma maneira fora intuído: que por trás de toda conduta "desviada" subjaz uma situação de conflito, sendo a enfermidade a expressão de uma tentativa falida de adaptação ao meio. Em síntese, a doença era um processo compreensível.

Desde os primeiros anos de estudante trabalhei em clínicas particulares, adquirindo experiência no campo da tarefa psiquiátrica, na relação e na convivência com internos. Esse contato permanente com todo tipo de paciente e seus familiares permitiu-me conhecer em seu contexto o processo da enfermidade, particularmente os aspectos referentes aos mecanismos de segregação.

Tomando como ponto de partida os dados sobre estrutura e características da conduta desviada que me eram proporcionados pelo tratamento dos enfermos, e orientado pelo estudo das obras de Freud, comecei minha formação psicanalítica. Isso culminou, anos mais tarde, em minha análise didática, realizada com o dr. Garma.

Através da leitura do trabalho de Freud sobre "a Gradiva" de Jensen, tive a vivência de ter encontrado o caminho que me permitiria obter uma síntese com base no denominador comum dos sonhos e do pensamento mágico, entre a arte e a psiquiatria.

Durante o tratamento de pacientes psicóticos realizado segundo a técnica analítica e pela indagação quanto a seus processos transferenciais, tornou-se evidente para mim a existência de objetos internos, multíplices "imago", que se articulam num mundo construído segundo um processo progressivo de internalização. Esse mundo interno configura-se como um cenário no qual é possível reconhecer o fato dinâmico da internalização de objetos e relações. Nesse cenário interior, tenta-se reconstruir a realidade exterior, mas os objetos e os vínculos aparecem com modalidades diferentes pela passagem fantasiada a partir do "fora" para o âmbito intra-subjetivo, o "dentro". É um processo comparável ao da representação teatral, no qual não se trata de uma repetição sempre idêntica do texto, mas em que cada ator recria, com uma modalidade particular, a obra e o personagem. O tempo e o espaço inserem-se como dimensões na fantasia inconsciente, crônica interna da realidade.

A indagação analítica desse mundo interno levou-me a ampliar o conceito de "relação de objeto", formulando a noção de *vínculo*, que defino como uma estrutura complexa que inclui um sujeito, um objeto e sua mútua inter-relação com processos de comunicação e aprendizagem.

Essas relações intersubjetivas são dirigidas e estabelecem-se com base em necessidades, fundamento motivacional do *vínculo*. Tais necessidades têm um matiz e intensidade particulares, nos quais já intervém a fantasia inconsciente. Todo vínculo, assim entendido, implica a existência de um emissor, um receptor, uma codificação e decodificação da mensagem. Através desse processo comunicacional, torna-se manifesto o sentido da inclusão do objeto no vínculo, o compromisso do objeto numa relação não linear, mas dialética, com o sujeito. Por isso insistimos que em toda estrutura vincular (e com o termo estrutura já indicamos a interdependência dos elementos) o sujeito e o objeto interagem, realimentando-se mutuamente. Nessa interação ocorre a internalização dessa estrutura relacional, que adquire uma dimensão intra-subjetiva. A passagem ou internalização terá características determinadas pelo sentimento de gratificação ou frustração que acompanha a configuração inicial do vínculo, que será então um vínculo "bom" ou um vínculo "mau".

As relações intra-subjetivas, ou estruturas vinculares internalizadas, articuladas num mundo interno, condicionarão as características de aprendizagem da realidade. Na medida em que o confronto entre o âmbito do intersubjetivo e o âmbito do intra-subjetivo seja dialético ou dilemático, essa aprendizagem será facilitada ou dificultada. Ou seja, dependerá de que o processo de interação funcione como um circuito aberto, com uma trajetória em espiral, ou como um circuito fechado, viciado pela estereotipia.

O mundo interno define-se como um sistema, no qual interagem relações e objetos, numa mútua realimentação. Em síntese, a inter-relação intra-sistêmica é permanente, enquanto se mantém a interação com o meio. Formularemos os critérios de saúde e doença a partir das qualidades da interação externa e interna.

Esta concepção do mundo interno e a substituição da noção de instinto pela de estrutura vincular (entendendo-se o vínculo como uma proto-aprendizagem, como o veículo das primeiras experiências sociais, constitutivas do sujeito como tal, com uma negação do narcisismo primário) conduzem necessariamente à definição da psicologia, num sentido estrito, como psicologia social.

Mesmo que essas ponderações tenham surgido de uma práxis e estejam sugeridas, em parte, em alguns trabalhos de Freud (*Psicologia das massas e análise do ego*), sua formulação implicava romper com o pensamento psicanalítico ortodoxo, ao qual aderi durante os primeiros anos de minha tarefa, e para cuja difusão contribuí com meu esforço constante. Acredito que essa ruptura tenha significado um verdadeiro "obstáculo epistemológico", uma crise profunda, em cuja superação levei muitos anos, e que, talvez, só hoje, com a publicação destes escritos, essa superação esteja sendo realmente conseguida.

Esta hipótese poderia ser confirmada pelo fato de que, a partir da tomada de consciência das modificações significativas de meu quadro referencial, me voltei mais intensamente para o ensino, interrompendo o ritmo anterior de minha produção escrita. Só em 1962, no trabalho sobre "Emprego de Tofranil no tratamento do grupo familiar", em 1965, com "Grupo operativo e teoria da enfermidade única", e em 1967, com "Introdução a uma nova problemática para a psiquiatria", obtive uma formulação mais totalizadora de meu esquema conceitual, ainda que alguns aspectos fundamentais desses trabalhos estejam relacionados entre si, e muito especialmente nos mais recentes, ou seja, "Propósitos e metodologia para uma escola de psicólogos sociais" e "Grupo operativo e modelo dramático", apresentados respectivamente em Londres e Buenos Aires, no Congresso Internacional de Psiquiatria Social e no Congresso Internacional de Psicodrama, no ano de 1969.

A trajetória de minha tarefa – que pode ser descrita como a investigação da estrutura e do sentido do comportamento, na qual surgiu a descoberta de sua índole social – configura-se como uma práxis que se expressa em um esquema conceitual, referencial e operativo.

A síntese atual dessa investigação pode evidenciar-se pela postulação de uma epistemologia convergente segundo a qual as ciências do homem dizem respeito a um objeto único: "o homem-em-situação" suscetível de uma abordagem pluridimensional. Trata-se de uma interciência, com uma metodologia interdisciplinar que, funcionando como unidade operacional, permite um enriquecimento da compreensão do objeto de conhecimento e uma mútua realimentação de suas técnicas de abordagem.

E. P.-R.

Uma nova problemática para a psiquiatria[1]

A história da psiquiatria aparece demarcada, em diferentes épocas, pelas especulações de alguns investigadores quanto à possibilidade de haver um parentesco entre todas as doenças mentais, a partir de um núcleo básico e universal. No entanto, essas tentativas, viciadas por uma concepção organicista da equação etiológica (origem da doença), excluem da patologia mental a dimensão dialética em que, através de saltos sucessivos, a quantidade se transforma em qualidade. A concepção mecanicista e organicista leva, por exemplo, no caso da psicose maníaco-depressiva, a estabelecer uma divisão entre formas endógenas e exógenas, sem indicar a correlação existente entre ambas. Freud, por sua vez, sustenta que a relação entre o endógeno e o exógeno deve ser vista como relação entre o *disposicional* e os elementos vinculados ao *destino* do próprio sujeito. Ou seja, há uma *complementaridade entre disposição e destino*. Acrescentamos a essa idéia que, quando se insiste no fator endógeno ou não compreensível psicologicamente, os psiquiatras ditos clássicos

---

1. *Acta psiquiátrica y psicológica de América Latina*, 1967, 13. (Número em homenagem ao autor.)

deixam transparecer sua incapacidade de detectar o montante de privação, que ao exercer impacto sobre um limiar, variável em cada sujeito, completa o aspecto pluridimensional da estrutura da neurose ou da psicose. Ao considerar endógena uma neurose ou psicose, nega-se de forma implícita a possibilidade de modificá-la. O psiquiatra assume o papel de condicionante da evolução do paciente e entra no jogo do grupo familiar que tenta segregar o doente, por ser este o porta-voz da ansiedade grupal. Em síntese: o psiquiatra transforma-se no líder da resistência à mudança em nível comunitário e trata o paciente como um sujeito "equivocado", do ponto de vista racional.

Nos últimos anos, ao uso instrumental da lógica formal acrescentou-se o da lógica dialética e o da noção de conflito, em que os termos não se excluem, mas estabelecem uma continuidade genética com base em sínteses sucessivas. A operação corretora ou terapêutica é levada a termo seguindo o trajeto de um vínculo não linear, que se desenvolve na forma de uma espiral contínua, através da qual se resolvem as contradições entre as diferentes partes do mesmo sujeito. Inclui-se assim uma problemática dialética no processo corretivo ou no vínculo com o terapeuta, que funciona como enquadramento geral, permitindo investigar contradições que surgem no interior da operação e do contexto em que ela ocorre.

A fragmentação do objeto de conhecimento em domínios particulares, produto da fragmentação do vínculo, é seguida de um segundo momento integrador (epistemologia convergente), cumprindo-se assim dois processos de sinais contrários, que adquirem complementaridade através da experiência emocional corretora. Pode-se também afirmar que se trata de dois momentos de um mesmo processo, tanto na doença como na correção. Se esse acontecer é posto em movimento pelo terapeuta, será impedida, segundo a eficácia de sua técnica, a configuração de situações dilemáticas, gênese de todo estancamento, e a formação de estereótipos de uma conduta que assume características de desvio por falta de ajuste dos momentos de divergência e convergência.

A dificuldade de integração desses dois momentos é dada pela inevitável presença, no campo da aprendizagem, do obstáculo epistemológico. Esse obstáculo, que na teoria da comunicação é representado pelo ruído e na situação triangular pelo terceiro, transforma a espiral dialética da aprendizagem da realidade num círculo fechado (estereótipo), que atua como estrutura patogênica. O perturbador de todo o contexto de conhecimento é o terceiro, cuja presença em nível do vínculo e do diálogo condiciona os mais graves distúrbios da comunicação e da aprendizagem da realidade. Daí deriva minha definição de vínculo, substituindo a denominação freudiana de relação de objeto. Todo vínculo, como mecanismo de interação, deve ser definido como uma *Gestalt*, que é ao mesmo tempo bicorporal e tripessoal. (*Gestalt* como *Gestaltung*, nela introduzindo-se a dimensão temporal.)

Dessa *Gestalt* vai surgir o instrumento adequado para apreender a realidade dos objetos. O vínculo configura uma estrutura complexa, que inclui um sistema transmissor-receptor, uma mensagem, um canal, sinais, símbolos e ruído. Segundo uma análise intra-sistêmica e extra-sistêmica, para obter eficácia instrumental é necessária a similitude no esquema conceitual, referencial e operativo do transmissor e do receptor; do contrário, surge o mal-entendido. Toda a minha teoria da saúde e da doença mental centra-se no estudo do *vínculo* como estrutura. A adaptação ativa à realidade, critério básico de saúde, será avaliada segundo a operatividade das técnicas do ego (mecanismos de defesa). Seu uso pluridimensional, horizontal e vertical, adaptativo, operacional e gnosiológico, em cada aqui e agora, ou seja, de uma forma situacional, através de um planejamento instrumental, deve ser tomado como sinal de saúde mental, que se expressa através de um limitado desvio ou *bias** do modelo natural. Isso é possível através de uma primeira fase, que podemos chamar teórica, realizada através de técnicas de percepção, penetração, depositação e ressonância (empatia), em que o objeto é reconhecido e mantido a uma distância ótima do sujeito (alteridade). É por isso que tanto a qualidade como a dinâmica do conhecimento condicionam uma atividade na qual se reconhece um estilo próprio de abordagem e de criação do objeto. Abordagem que tende a apreendê-lo e modificá-lo, constituindo-se assim o juízo de realidade, critério de saúde e doença mental, através de uma permanente referência, verificação e avaliação no mundo externo. A adaptação ativa à realidade e a aprendizagem estão indissoluvelmente ligadas. O sujeito sadio, à medida que apreende o objeto e o transforma, também modifica a si mesmo, entrando num interjogo dialético, no qual a síntese que resolve uma situação dilemática se transforma no ponto inicial ou tese de outra antinomia, que deverá ser resolvida nesse contínuo processo em espiral. A saúde mental consiste nesse processo, em que se realiza uma *aprendizagem da realidade* através do confronto, manejo e solução integradora dos conflitos. Enquanto se cumpre esse itinerário, a rede de comunicações é constantemente reajustada, e só assim é possível elaborar um pensamento capaz de um diálogo com o outro e de um confronto com a mudança.

Essa descrição refere-se à superestrutura do processo. O campo da infra-estrutura, depósito de motivos, necessidades e aspirações, constitui o inconsciente com suas fantasias (motivação), que são o produto das relações dos membros do grupo interno entre si (grupo interno como grupo mediato e imediato internalizado). Esse fenômeno pode ser

---
* Em inglês no original. (N. do T.)

estudado no conteúdo da atividade alucinatória, em que o paciente ouve a voz do líder da conspiração inconsciente em diálogo com o *self*, a quem controla e observa, já que é uma parte projetada dele mesmo. Outro fato curioso do desenvolvimento da psiquiatria é que até hoje se insistia exclusivamente na relação com o objeto perseguidor projetado, abrindo-se um campo tão vasto quanto o anterior ao se descobrir uma *patologia do vínculo bom*, e a dimensão grupal do conteúdo inconsciente, perceptível através da noção de grupo interno, em permanente inter-relação com o externo. Encontramos na fantasia motivacional, como fizemos na alucinação, uma escala de motivos, necessidades e aspirações que subjazem no processo da aprendizagem, da comunicação e das operações que tendem à obtenção de gratificação em relação com determinados objetos. A ação e a decisão alicerçam-se nessa constelação de motivos e o ganho está mais relacionado com a apreensão do objeto do que com a descarga de tensões, como foi descrito por Freud. A aprendizagem e a comunicação, aspectos instrumentais da conquista do objeto, possuem uma subestrutura motivacional.

A conduta motivacional, a mais ligada ao destino do sujeito, consta também dessa dupla estrutura, na qual se pode observar que o aspecto direcional primário está ligado às etapas iniciais do desenvolvimento. O processo universal que promove a motivação é o da recriação do objeto, que adquire em cada sujeito uma determinação individual, surgida da conjugação das necessidades biológicas e do aparato instrumental do ego. O aspecto direcional secundário, escolha de tarefa, par, etc., passa pelo filtro grupal, que decide a escolha em definitivo. A descoberta da motivação constitui a maior contribuição de Freud, que relacionou os fenômenos do "aqui e agora" com a história pessoal do sujeito. Isso se chama "sentido de sintoma".

A dupla dimensão do comportamento, verticalidade e horizontalidade, torna-se compreensível por uma psicologia dinâmica, histórica e estrutural, distanciada da psiquiatria tradicional, que se movimenta somente no campo do fenomênico e descritivo. A dupla dimensão condiciona aspectos essenciais do processo corretivo. A correção é obtida através da *explicação do implícito*. Essa concepção coincide com o esquema que alguns filósofos, economistas e sociólogos relacionaram ao econômico-social, falando de uma superestrutura e de uma infra-estrutura, situando a *necessidade* como núcleo dinâmico de ação. No âmbito do processo terapêutico, a resolução da fissura entre as duas dimensões é conseguida através de um instrumento de produção, expresso em termos de conhecimento que permite a passagem da alienação ou da *adaptação passiva* num *bias* progressivo à *adaptação ativa* à realidade. Em nossa cultura, o homem sofre a fragmentação e dispersão do objeto de sua tarefa, criando-se então, para ele, uma situação de privação e anomia que lhe torna impossível manter um vínculo com esse objeto, com o qual conserva uma relação fragmentada, transitória e alienada.

Ao fator insegurança diante de sua tarefa vem acrescentar-se a incerteza diante das mudanças políticas, sendo ambas sentimentos que repercutem no contexto familiar, no qual a privação tende a se globalizar. O sujeito vê-se impotente no manejo de seu papel, e isso cria um baixo limite de tolerância às frustrações, em relação com seu nível de aspirações. A vivência de fracasso inicia o processo de enfermidade, configurando uma estrutura depressiva. A alienação do vínculo com sua tarefa desloca-se para vínculos com objetos internos. O conflito internaliza-se em sua totalidade, passando do mundo externo ao mundo interno com seu modelo primário da situação triangular. Essa depressão, que aparece com os caracteres estruturais de uma depressão neurótica ou neurose de fracasso, submerge o sujeito num processo regressivo para posições infantis. O grupo familiar, em estado de anomia diante da doença de um de seus membros, incrementa a depressão do sujeito. Estamos no ponto de partida que, num processo de regressão, vai articular-se com uma estrutura depressiva anterior, reforçando-a. É o momento, nesta exposição, de considerar a vigência de outras depressões e analisá-las na direção do desenvolvimento, no sentido inverso àquele seguido no processo terapêutico que parte do aqui e agora.

Tomarei como esquema de referência aspectos da teoria de M. Klein, Freud e Fairbairn para tornar compreensível minha teoria da enfermidade única. Levarei em consideração as duas primeiras posições do desenvolvimento: a instrumental esquizoparanóide e a depressiva (patogenética existencial), à qual acrescento outra: a patorrítmica (temporal), que inclui os diferentes tempos em que se manifestam os sintomas gerados na posição patogenética ou depressiva, estruturada com base na posição instrumental esquizoparanóide. Através de todo esse trajeto permanecerei conseqüente com minha teoria do vínculo. Porém, antes de prosseguir na descrição das posições, vamos estudar os ingredientes da causação de uma neurose ou psicose, ou, usando a formulação de Freud: a equação etiológica. Entendo que os princípios que regem a configuração de uma estrutura patológica são: 1) policausalidade, 2) pluralidade fenomênica, 3) continuidade genética e funcional, 4) mobilidade das estruturas, 5) papel, vínculo e porta-voz, 6) situação triangular.

Como primeiro princípio devemos destacar o da *policausalidade* ou equação etiológica, processo dinâmico e configuracional, expresso em termos do montante de causação. Em detalhe, os parâmetros são: *fator constitucional*, dividido em dois anteriores: o *genético* propriamente dito e o *precocemente* adquirido na vida intra-uterina. A influência sofrida pelo feto através de sua relação biológica com a mãe já inclui um *fator social*, visto que a segurança ou insegurança da mãe está relacionada com o tipo de vínculo que esta mantém com seu parceiro e a situação de seu grupo familiar. Levando em consideração a situação triangular, vemos que ela opera desde o início. Ao *fator constitucional* se acrescenta, no desenvolvimento, o impacto no grupo familiar. A interação desse fato com o fator anterior tem como resultado aquilo que se chama disposição ou *fator disposicional* (segundo Freud, fixação da libido numa etapa de seu percurso), lugar ao qual se volta no processo regressivo com a finalidade de se instrumentar, como aconteceu no momento disposicional. O regresso é promovido pelo *fator atual*, no qual o montante disposicional entra em complementaridade com o conflito atual, descrito por mim como depressão desencadeante, iniciando-se aí uma regressão que marca o começo da doença.

Pluralidade fenomênica. Este princípio baseia-se na consideração de três dimensões fenomênicas da mente com suas respectivas projeções, denominadas em termos de áreas: área um, ou mente; área dois, ou corpo; área três, ou mundo exterior. Essas três áreas, fenomenicamente, têm importância enquanto o diagnóstico é feito em função do predomínio de uma delas, ainda que uma análise estratigráfica demonstre a existência ou coexistência das três áreas comprometidas nesse processo em termos de comportamento, porém em diferentes níveis. É isso que constitui o comportamento na forma de uma *Gestalt* ou *Gestaltung* em permanente interação das três áreas. No entanto, levamos em conta que o processo ordenador, ou seja, o planejamento, em termos de estratégia, tática, técnica e logística, funciona a partir do *self* situado na área um, ou seja, que nenhum comportamento lhe é estranho. Qualquer outra investigação que negasse esta totalidade totalizante cairia numa flagrante dicotomia.

As áreas são utilizadas na posição instrumental esquizoparanóide que se segue à depressão regressiva, para situar os diferentes objetos e vínculos de sinais opostos num clima de divalência, com a finalidade, como já dissemos, de preservar o bom e controlar o mau, impedindo assim a fusão de ambas as valências, o que significaria a configuração da posição depressiva e a aparição do caos, do luto, da catástrofe, da destrutividade, da perda, da solidão, da ambivalência e da culpa. Se a posição instrumental não está paralisada, funciona na base do *splitting*, configurando os vínculos bom e mau, com seus respectivos objetos. Aqui aparece a fundamentação de uma nosografia genética estrutural e funcional em termos de localização dos dois vínculos nas três áreas, com todas as variáveis que podem existir. Por exemplo, a título de ilustração: nas fobias, agorafobia e claustrofobia, o objeto mau, paranóide ou fobígeno, está projetado na área três e atuando; isso configura a situação fóbica, em que tanto o objeto mau (fobígeno-paranóide) como o objeto bom, sob a forma de acompanhante fóbico estão situados na mesma área. Por um lado, o paciente teme ser atacado pelo objeto fobígeno, preservando, por outro lado, o objeto acompanhante depositário de suas partes boas, por meio do mecanismo de evitação. Assim não se juntam, evitando a catástrofe que se poderia produzir diante do fracasso da evitação. Toda uma nosografia poderia manifestar-se em termos de área comprometida e valência do objeto parcial. Essa nosografia, muito mais operacional do que as conhecidas, caracteriza-se pela compreensão na operação corretora, nos termos já assinalados, e por sua mobilidade ou passagem de uma estrutura a outra, constituindo o quarto princípio que pode ser observado durante o adoecer e durante o processo corretivo.

Continuidade genética e funcional. A existência de uma posição esquizoparanóide com objetos parciais, ou seja, o objeto total cindido, pressupõe a existência de uma etapa prévia em relação com um objeto total, com o qual se estabelecem vínculos de quatro vias. A cisão ou *splitting* produz-se no ato do nascimento, e todo vínculo gratificante fará que o objeto seja considerado bom. É o que Freud chama (erradamente, a meu ver) instinto de vida (Eros), enquanto a outra parte do vínculo primário e de seu objeto, com base em experiências frustrantes, se transforma em objeto mau, num vínculo persecutório, o que de novo Freud considera instinto, neste caso, instinto de morte, agressão ou destruição (Thanatos).

Como se vê, no meu entender, os instintos de vida ou de morte são, de fato, uma experiência em forma de *comportamento* em que o social está incluído através de momentos gratificantes ou frustrantes, produzindo-se a inserção da criança no mundo social. Ela adquire através dessas frustrações e gratificações a capacidade de discriminar entre vários tipos de experiências como primeira manifestação de pensamento, construindo assim uma primeira escala de valores. A divisão do objeto total tem como motivação impedir a destruição total do objeto, que, ao cindir-se em bom e mau, configura os dois comportamentos primários em relação com o amar e ser amado, e odiar e ser odiado, ou seja, dois comportamentos sociais que determinam o começo do processo de socialização na criança, que tem um papel e um *status* no interior de um grupo primário ou familiar. Retomando o ponto de partida da protodepressão, com o aparecimento do *splitting* como primeira técnica do ego, introduzimo-nos na posição esquizoparanóide, descrita por Fairbairn e M. Klein de forma paralela aos meus primeiros trabalhos sobre esquizofrenia.

Com o surgimento dessa técnica defensiva, configuram-se dois vínculos: uma situação de objeto parcial em relação de *divalência* (e não de ambivalência como definiu Bleuler), processos de introjeção e projeção, de controle onipotente, de idealização, de negação, etc. Levando em conta esse conceito da posição esquizoparanóide, é possível revisar o conceito de repressão, tão importante na teoria psicanalítica e ponto de partida da divergência entre Freud e P. Janet. Freud sustentava que o processo de repressão era uma estrutura única e característica na gênese das neuroses; Janet, no entanto, entendia que o processo primário podia ser definido em termos de dissociação. Penso que a questão fica resolvida ao se considerar que a repressão é um processo complexo que inclui a dissociação ou *splitting*, processos de introjeção e projeção, e de controle onipotente, etc.

Por exemplo, o fracasso deste último constitui o que Freud chama a volta do reprimido, que é o negado, o fragmentado, o introjetado e projetado, podendo voltar a qualquer das três áreas ou dimensões fenomênicas em que a mente situa os vínculos e objetos para seu melhor manejo. Nesse voltar, o reprimido é vivido pelo *self* como o estranho e o alienado. A ansiedade dominante na posição esquizoparanóide é a ansiedade persecutória ou paranóide de ataque ao ego, como produto de uma retaliação pela projeção da hostilidade[2] que volta agigantada ou realimentada, como um bumerangue, sobre o próprio sujeito. Essa ansiedade paranóide volta como se procedesse de objetos humanos ou deslocamentos, depositários da hostilidade da qual o ego se liberou pela projeção. A essa ansiedade, a única descrita anteriormente, acrescento a outra, proveniente das vicissitudes do *vínculo bom*, ou dependência de objetos depositários dessa qualidade de sentimentos. As alternativas sofridas por esse vínculo têm como produto outro tipo de ansiedade, diferente da persecutória, com a qual, no entanto, muitos a confundem: é o sentimento de "estar à mercê do depositário".

A ansiedade paranóide e o "sentimento de estar à mercê" (ansiedade depressiva da posição esquizóide) são coe-

....
2. A hostilidade emerge como produto da frustração.

xistentes e cooperantes em toda estrutura neurótica normal. A antiga diferenciação entre ansiedade, angústia e medo desaparece à medida que incluímos a dimensão do inconsciente ou do implícito. As definições de ansiedade e angústia estavam viciadas pelo conceito de relação an-objetal.

A posição esquizoparanóide vincula-se à crescente idealização do objeto bom, conseguindo o ego, por meio de sua técnica, a preservação do objeto idealizado. À medida que se incrementa a idealização do bom, aumentam o controle e o afastamento do mau e persecutório, tornando-se o primeiro um objeto invulnerável. Essa situação de tensão entre os dois objetos em diferentes áreas torna necessária a emergência de uma nova técnica diante do caráter insuportável da perseguição: a negação mágica onipotente.

Entre os outros processos que operam, devemos assinalar a identificação projetiva. Nesse mecanismo, o ego pode projetar parte de si mesmo com diferentes objetivos: por exemplo, as partes más, para livrar-se delas, assim como para atacar e destruir o objeto (irrupção). Podem-se também projetar partes boas, por exemplo, para colocá-las a salvo da maldade interna ou melhorar o objeto externo através de uma primitiva reparação projetiva. Nesse momento, podemos compreender aquilo que chamo situação depressiva esquizóide ou neurótica. Ela é produzida pela perda do controle do depositário e do depositado. Essa depressão não deve ser confundida com a depressão da posição depressiva básica. Nesta, observamos a presença de um objeto total, vínculos de quatro vias, *ambivalência*, culpa, tristeza, solidão em relação à imagem do próprio sujeito. Na *depressão esquizóide* observa-se o vínculo com um objeto parcial, com depositação dos aspectos bons. É uma depressão vivida fora, sem culpa, em uma situação *divalente* e com sentimento de estar à mercê.

O sentimento básico da depressão esquizóide é a *nostalgia*. M. Klein a descreveu, sem perceber sua estrutura diferenciada, quando se referiu à situação de despedida normal. A parte boa colocada no objeto viajante ou depositário afasta-se da pertença do ego. Este fica enfraquecido, e a partir desse momento não deixará de pensar em seu destino; e ainda que a preocupação manifesta seja pelo depositário, sua preocupação está vinculada ao estado das partes dele próprio que se desprenderam, criando-se uma situação de naufrágio permanente.

A nostalgia é algo diferente da melancolia. O termo, criado por Hofer, é uma condensação das palavras gregas *nostos* – (νοστος) retorno – e *algos* – (αλγος) dor.

O *splitting* permite ao ego emergir do caos e ordenar suas experiências. Está na base de todo pensamento se consideramos que a discriminação é uma das primeiras manifestações deste comportamento da área 1.

Posição depressiva. A posição esquizoparanóide, ao obter um manejo bem-sucedido das ansiedades dos primeiros meses, leva a criança pequena a organizar seu universo interno e externo. Os processos de *splitting*, introjeção e projeção permitem-lhe ordenar suas emoções e percepções, e separar o bom (objeto ideal) do mau (objeto mau). Os processos de integração tornam-se mais estáveis e contínuos, surgindo um novo momento do desenvolvimento: a posição depressiva caracterizada pela presença de um objeto total e um vínculo de quatro vias. A criança sofre um processo de mudança súbita e a existência de quatro vias no vínculo causa nela um *conflito de ambivalência*, do qual emerge a *culpa*. A maturação fisiológica do ego traz como conseqüência a organização das percepções de origem múltipla, assim como o desenvolvimento e a organização da memória. A ansiedade dominante, ou medo, refere-se à perda do objeto, devido à coexistência no tempo e no espaço de aspectos maus (destrutivos) e bons, na estrutura vincular[3].

---
3. Que abrange o ego, o vínculo e o objeto.

Os sentimentos de luto, culpa e perda formam um núcleo existencial junto à solidão. A tarefa do ego, nesse momento, consiste em imobilizar o caos possível ou iniciante, recorrendo ao único mecanismo ou técnica do ego pertencente a essa posição: a inibição. Essa inibição precoce, mais ou menos intensa em cada caso, irá constituir uma pauta estereotipada e um complexo sistema de resistência à mudança, com perturbações da aprendizagem da comunicação e da identidade. A regressão a partir de posições mais elevadas do desenvolvimento a esses pontos disposicionais, que adquirem o contexto daquilo que M. Klein chamou de *neurose infantil*, traz como conseqüência a reativação desse estereótipo que denominamos *depressão básica*, com a paralisação das técnicas instrumentais da posição esquizóide. Se o processo regressivo do adoecer consegue reativar o *splitting* e todos os outros mecanismos esquizóides, com a reestruturação de dois vínculos com objetos parciais, um totalmente bom e outro totalmente mau, configuram-se então as estruturas nosográficas, segundo a localização desses objetos nas diferentes áreas.

Às duas posições descritas por M. Klein e Fairbairn (estruturas predominantemente espaciais), acrescentamos o fator temporal para construir a estrutura tetradimensional da mente. A situação patorrítmica expressa-se em paradas, velocidades ou ritmos que constituem *momentos* de estruturação patológica, que vão da inibição e desaceleração dos processos mentais ao pólo explosivo, onde tudo acontece com as características das crises coléricas infantis (e de onde tomarão sua configuração). Se essa bipolaridade chega a predominar na maneira de ser e de expressar-se das ansiedades e das técnicas do ego que tendem a controlá-las e elaborá-las, encontramo-nos no amplo campo da enfermidade paroxística (epilepsia).

Na equação etiopatogênica da neurose e psicose, devemos considerar o que acontece no processo do adoecer e do recuperar-se, durante a operação corretora com o psicoterapeuta, assim como a reparação dos aspectos instrumentais do par aprendizagem-comunicação. É a essa perturbação – uma estrutura com vigência na posição depressiva do desenvolvimento, e com antecedentes constitucionais – que se retorna (partindo da depressão desencadeante) no *processo regressivo*. A funcionalidade desse processo deve ser descrita em termos de "voltar ao lugar onde as técnicas do ego foram eficientes"; mas ao imobilizar e dificultar a estrutura depressiva, esta se torna rígida, repetitiva (estereótipo), permanecendo, de forma latente, como posição básica. Essa estrutura atuou como ponto disposicional no momento do desenvolvimento, e, se houve um bom controle dos medos básicos, ficou estancada como estrutura prototípica que constitui o núcleo patogenético do processo do adoecer. Isso é o que eu chamo de depressão básica (depressão do desenvolvimento, acrescida da depressão regressiva com aspectos da protodepressão).

Denomino *depressão desencadeante* a situação habitual de começo, cujo denominador comum foi expresso por Freud em termos de privação de ganhos vinculados em nível de aspiração. Esse fator pode ser retraduzido quando se estuda sua estrutura, em termos de depressão por perda ou privação. Não só em termos de satisfação da libido e seu estancamento, mas também em termos de privação de objeto, ou situação em que o objeto aparece como inatingível por *impotência instrumental* de origem múltipla. A impossibilidade de estabelecer um vínculo com o objeto acarreta primeiro fantasias de recuperação, nas quais o fantasiado está em relação com os instrumentos do vínculo (exemplo: caso do membro-fantasma na amputação de um braço; negação da perda do membro). Isso constitui a defesa imediata diante da perda que, contudo, não resiste à confrontação com a realidade e faz o sujeito mergulhar na depressão. Ao impor-se a cruel verdade da perda, inicia-se a regressão e elaboração do luto que configuram a complexidade fenomênica e genética da depressão regressiva.

Em síntese, a estrutura da pauta depressiva da conduta está assentada na situação de ambivalência diante de um objeto total. Dessa situação de ambivalência surge a culpa (amor e ódio diante de um mesmo objeto, num mesmo tempo e espaço). A ansiedade depressiva deriva do medo da perda real ou fantasiada do objeto, o conflito de ambivalência, produto de um vínculo quádruplo (o sujeito ama e sente-se amado, e odeia e sente-se odiado pelo objeto), paralisa o sujeito devido a sua intrincada rede de relações. A inibição centra-se em determinadas funções do ego. A tristeza, a dor moral, a solidão e o desamparo derivam da perda do objeto, do abandono e da culpa. Diante dessa situação de sofrimento surge a possibilidade de uma regressão a uma posição anterior, operativa e instrumental para o controle da ansiedade da posição depressiva. O mecanismo básico é a divisão do ego e seus vínculos, e o surgimento do medo do ataque ao ego, seja a partir da área 2 (hipocondria) ou a partir da área 3 (paranóia). Aparece também um medo depressivo diante do objeto bom depositado, com sentimento de estar à mercê e de nostalgia.

As neuroses são técnicas defensivas contra as ansiedades básicas. São as mais bem-sucedidas e próximas do normal e estão distanciadas da situação depressiva básica prototípica. As psicoses são também formas de manejo das ansiedades básicas, assim como a psicopatia. As perversões são formas complexas de elaboração da ansiedade psicótica, e seu mecanismo centra-se no apaziguamento do perseguidor. O crime é uma tentativa de aniquilar a fonte de ansiedade projetada a partir da área 1 para o mundo exterior, enquanto esse mesmo processo, quando internalizado, configura a situação de suicídio. A "loucura" é a expressão de nossa incapacidade para suportar e elaborar um montante determinado de sofrimento. Esse montante e o nível de capacidade são específicos para cada ser humano e constituem seus pontos disposicionais, seu estilo próprio de elaboração.

Depressão iatrogênica. Denominamos depressão iatrogênica o aspecto positivo da operação psicoterápica, que consiste em integrar o sujeito através de uma dosificação operativa de partes desagregadas e fazer que a constante universal de *preservação do bom e controle do mau* funcione em níveis sucessivos, caracterizados por um sofrimento tolerável, por diminuição do medo da perda do bom e uma diminuição paralela do ataque durante a confrontação com a experiência corretora. Na adjudicação sucessiva de papéis que aí se realiza, o psicoterapeuta deve ter a flexibilidade suficiente para assumir o papel adjudicado (transferência), não o atuando (*acting in* do terapeuta), mas introduzindo-o (interpretação) em termos de uma conceitualização, hipótese ou fantasia acerca do acontecer subjacente do outro, estando atento para sua resposta (emergente), que, por sua vez, deve ser retomada num contínuo, como um fio de Ariadne em forma de espiral. Agora já podemos formular o que deve ser considerado como unidade de trabalho, único método que, por suas possibilidades de predição, mais se aproxima de um método científico, de acordo com critérios tradicionais. Critérios que, por sua vez, devem ser analisados para não se tornarem vítimas de estereótipos, que, atuando a partir de dentro do ECRO, de maneira quase inconsciente, funcionam da parte do terapeuta como resistência à mudança. A *unidade de trabalho* é composta por três elementos que representam o ajuste da operação: existente-interpretação-emergente. O emergente é expresso no contexto da operação e tomado pelo terapeuta como material. Quando o conteúdo é multifacetado e, em seguida, atua fora pelo paciente, configura-se o *acting out*, diante do qual o terapeuta não terá de emitir juízo segundo uma ética formal, mas funcional, relacionando-o com o aqui e agora que inclui aspectos positivos vinculados com a aprendizagem da realidade ou da reparação das comunicações. Se o terapeuta julga o paciente em termos de bom, mau, imoral, etc., põe em risco sua possibilidade de compreensão.

No processo corretor, através de fenômenos de aprendizagem, comunicação e sucessivos esclarecimentos, diminuem os medos básicos e possibilita-se a integração do ego, produzindo-se a entrada em depressão e a emergência de um projeto ou prospectiva que inclui a finitude como situação própria e concreta. Aparecem mecanismos de criação e transcendência. Então a posição depressiva dá oportunidade ao sujeito de adquirir identidade, base do *insight*, e facilita uma aprendizagem de leitura da realidade por meio de um sistema de comunicações, base da informação. Em síntese, as conquistas da penosa passagem pela posição depressiva, situação inevitável no processo corretor, incluem a integração que coincide com a diminuição dos medos básicos, reativados pelo processo desencadeante, a diminuição da culpa e da inibição, o *insight*, a movimentação de mecanismos de reparação, criação, simbolização, sublimação, etc., que têm como resultado a construção do pensamento abstrato, que, por não arrastar o objeto subjacentemente existente, acaba sendo mais útil, flexível, capaz de avaliações em termos de estratégia, tática, técnica e logística de si mesmo e dos outros.

O planejamento e a prospectiva, juntamente com as últimas técnicas citadas, constituem o que Freud chama de processo de elaboração que se segue ao *insight*. Esse processo, uma vez ativado, persiste ainda que se interrompa o vínculo com o terapeuta, continuando-se a elaboração depois da análise (*after analysis*). Isso acontece quando o processo corretor seguiu uma estratégia adequada. Paradoxalmente, é o momento dos maiores ganhos para a autocondução. Com a depressão iatrogênica, fechamos nosso esquema das cinco depressões: protodepressão, de desenvolvimento, desencadeante, regressiva, iatrogênica. Elas constituem o núcleo básico do acontecer da enfermidade e da cura.

Retomando os componentes da causação configuracional, depois do princípio de continuidade genética estrutural e funcional através de cinco depressões, irei referir-me ao quarto princípio: *mobilidade e interação das estruturas*. Já assinalamos o caráter funcional e significativo das estruturas mentais que adquirem a fisionomia do que chamamos doença mental. Uma análise seqüencial e estratigráfica prova-nos o caráter complexo e misto de cada uma delas, diferenciando-se umas das outras pelo caráter dominante da colocação dos medos básicos em cada área, através de vínculos significativos. Geneticamente, observa-se no desenvolvimento o mesmo que no processo de adoecer e no processo corretor. As estruturas são instrumentais e situacionais em cada aqui e agora do processo de interação. As discussões bizantinas dos psiquiatras devem-se, em grande parte, a um mal-entendido, já que a estrutura que foi vista em um momento de observação pode variar no tempo e no espaço, considerando-se que a relação vincular com o pesquisador determina a configuração de estruturas com esse caráter funcional, instrumental, situacional e vincular, figurando este último em relação com o tipo específico de codificação e decodificação, aprendizagem, etc. Por isso sustentamos esse princípio em seus aspectos fenomenológico e genético, estrutural e clínico.

Quinto princípio: *vínculo, papel, porta-voz*: já definimos o conceito de vínculo como uma estrutura complexa de interação, não de forma linear, mas em espiral, fundamento do diálogo operativo, em que a cada giro há uma realimentação do ego e um esclarecimento do mundo. Quando essa estrutura se estanca pelo montante dos medos básicos, paralisam-se a comunicação e a aprendizagem: estamos na presença de uma estrutura estática e não dinâmica, que impede uma adaptação ativa à realidade.

O conceito de papel, incorporado à psicologia social e desenvolvido por G. H. Mead, o grande precursor dessa disciplina, que baseou todo o seu desenvolvimento teórico no conceito de papel, de sua interação, o conceito de mim, de outro generalizado, que representaria o grupo interno como produto de uma internalização dos outros, padece, no entanto, de uma limitação que resolvemos incorporando à idéia de grupo interno ou mundo interno do sujeito a internalização chamada ecológica. Consideramos que a internalização do outro não se faz como a de um outro abstrato e isolado, mas inclui os objetos inanimados, o hábitat em sua totalidade, que alimenta intensamente a construção do esquema corporal. Defino este último como a representação tetradimensional que cada um tem de si mesmo em forma de uma *Gestalt-Gestaltung*, estrutura cuja patologia compreende os aspectos da estrutura espaço-temporal da personalidade.

A noção popular de "querência", ou "pago", vai muito além das pessoas que a integram, e isso é observado nas reações das situações de migração: o medo da perda paralisa o migrante camponês no momento em que tem de assumir um papel urbano, provocando sua marginalização. Retomando o conceito de papel, consideraremos algumas situações que se apresentam com maior freqüência nos grupos operativos. O campo do grupo operativo está povoado por papéis prescritos ou estabelecidos, que definimos em termos de pertença, afiliação, cooperação, pertinência, comunicação, aprendizagem e telê, os quais, representados na forma de um cone invertido, convergem como papéis ou funções para provocar na situação de tarefa a ruptura do estereótipo.

Pode-se dizer que, no acontecer do grupo, determinadas pessoas vão assumir esses papéis correspondentes de acordo com suas características pessoais: porém, nem tudo se realiza em termos de uma tarefa positiva.

Outros papéis, de certa maneira prescritos por sua freqüência, são assumidos por membros do grupo, como os papéis de porta-voz, sabotador, bode expiatório e, quando algum deles vem associado a comando, o papel de líder (o líder autocrático, democrático ao qual acrescento o demagógico, cuja estranha ausência nos pesquisadores nos chama a atenção). Os membros do grupo podem assumir os papéis prescritos, e, quando a adjudicação ou assunção do papel se realiza adequadamente dentro dos limites do lugar que ocupam, sua funcionalidade aumenta. Certos papéis, como o de conspirador ou sabotador, são geralmente eleitos pelo extragrupo e introduzidos no intragrupo com uma missão secreta de sabotar fundamentalmente a tarefa e o esclarecimento. Essas infiltrações, em forma de conspiração, devem ser tomadas como um fato natural e são as forças que atuam a partir de fora, introduzidas no interior do grupo com a finalidade de sabotar a mudança, ou seja, são representantes da resistência à mudança. Papéis por delegação, às vezes com infinitos degraus, mas que desembocarão em outro grupo, o qual, como grupo de pressão, assume na comunidade o papel da resistência à mudança e do obscurantismo.

O nível de cooperação nos pequenos grupos pode ser operativo, porém também o é, principalmente, nos grupos maiores. Quando as lideranças adquirem um campo maior, à identificação cooperativa soma-se a identificação chamada cesariana, que pode exercer um papel na história quando as situações grupais estão em perigo, ou são incapazes de compreender o processo histórico, e quando o medo reativado por situações de insegurança e perigo torna-se persecutório. O movimento regressivo dirigido por um líder cesariano tenta então controlar o grupo ou tomar o poder. As identificações deste tipo entre os membros de um grupo ou comunidade, massa e líder, conduzem à idéia de que a desgraça que caiu sobre a comunidade foi produzida exclusivamente por uma conspiração de certas pessoas ou grupos, aos quais é adjudicado o papel de responsáveis e de bodes expiatórios. Porém, é freqüente encontrar um fio condutor que vai da liderança ao "bode expiatório", no qual ambos desempenham uma espécie de *role-playing*, em que um é o bom e o outro é o mau.

Situação triangular

O complexo de Édipo, tal como foi descrito por Freud, com suas variantes negativas e positivas, pode ser compreendido de uma maneira muito mais significativa se recorrermos à sua representação espacial em forma de um triângulo, colocando no ângulo superior o filho, no ângulo inferior esquerdo, a mãe, e no ângulo inferior direito, o pai.

Seguindo a direção de cada lado do triângulo, temos uma representação de quatro vínculos. Por exemplo: a criança, num primeiro nível, ama e sente-se amada pela mãe; num nível subjacente, odeia e sente-se odiada pela mãe; no outro lado está a relação da criança com o pai, na qual, num primeiro nível, odeia e sente-se odiada e, num segundo nível, ama e sente-se amada. O que poucas vezes é assinalado é o parâmetro que opera desde a vida pré-natal. É a estrutura vincular entre mãe e pai, na qual um ama e sente-se amado pelo outro, ou odeia e sente-se odiado pelo outro. Fazendo abstração dos participantes, este vínculo teria também quatro vias; mas, na realidade, visto simultaneamente a partir de cada um dos extremos, complica-se mais ainda, porque tanto um como outro adjudicam e assumem papéis originários de cada um dos membros do casal. O montante de adjudicações e assunções dependerá do papel de ser amado e ser odiado. Essa totalidade, verdadeira selva de vínculos, forma uma totalidade totalizante, ou seja, uma *Gestalt* em que a modificação de um dos parâmetros acarreta a modificação do todo.

Cerca de 80% dos trabalhos que tratam da criança e de seus vínculos referem-se à relação com a mãe; o pai aparece como uma personagem escamoteada, mas por isso mesmo operativa e perigosa. É a noção do terceiro, que definitivamente nos leva a definir a relação bipolar ou vínculo como sendo de caráter bicorporal, mas tripessoal.

O terceiro, na teoria da comunicação, é representado pelo ruído, que interfere numa mensagem entre emissor e receptor, conceito este que, ao ser aplicado em qualquer situação de conflito social, nos faz de novo encontrar a situação triangular como estrutura básica e universal. Partem de cada ângulo, por deslocamentos sucessivos, pessoas que desempenham papéis semelhantes com relação a idade e sexo; dessa maneira, separamo-nos progressivamente do endogrupo endogâmico para o extragrupo exogâmico, que representa a sociedade. No endogâmico, o tabu do incesto orienta as linhas de parentesco com suas proibições e tabus, e dessa maneira passamos da psicologia individual, com sua situação endopsíquica, à psicologia social, que trata das inter-relações no endogrupo ou intragrupais, e finalmente à sociologia, quando tratamos das inter-relações intergrupais. É o campo do exogrupo, âmbito específico da sociologia.

Se consideramos a função partindo desses parâmetros, podemos falar de comportamento econômico, político, religioso, etc., num nível grupal ou comunitário, cuja análise e evolução se realizam partindo das seis funções descritas: pertença e afiliação, cooperação e pertinência, aprendizagem, comunicação e telê, cooperando nos níveis correspondentes aos dos campos das ciências sociais mencionadas e dirigidas para uma situação de mudança que pode ser descrita nos níveis individual, psicossocial, comunitário e nas direções dos comportamentos.

A noção de tarefa em psiquiatria[1]
(em colaboração com o dr. A. Bauleo)

A noção de tarefa na concepção de psicologia social por nós proposta permite-nos um posicionamento diante da patologia e, por sua vez, uma estrutura de linhas de ação.

Para isso, distinguiremos três momentos abrangidos por essa noção: a pré-tarefa, a tarefa e o projeto. Esses momentos apresentam-se numa sucessão evolutiva, e seu surgimento e interjogo constante podem situar-se diante de cada situação ou tarefa que envolva modificações no sujeito.

Iremos desenvolvendo cada um desses momentos sabendo, desde já, que são proposições relativas a posições terapêuticas, e como tais devem ser admitidas, isto é, como proposições.

Na pré-tarefa situam-se as técnicas defensivas, que estruturam o que se denomina resistência à mudança e que são mobilizadas pelo incremento das ansiedades de perda e ataque.

Essas técnicas são empregadas com a finalidade de postergar a elaboração dos medos básicos; por sua vez, estes últimos, ao se intensificarem, operam como obstáculo epistemológico na leitura da realidade. Ou seja, estabelece-se uma

---
1. 1964.

distância entre o real e o fantasiado, que é sustentada por aqueles medos básicos.

A pré-tarefa também aparece como campo no qual o projeto e a resistência à mudança seriam as exigências de sinais opostos e criadoras de tensão; a busca de saídas para essa tensão é obtida através de uma figura transacional, resolução transitória da luta: aparece o "como se" ou a impostura da tarefa. Tudo é feito "como se" se tivesse executado o trabalho especificado (ou a conduta necessária).

Os mecanismos defensivos atuantes no momento da pré-tarefa são os característicos da posição esquizoparanóide (M. Klein), instrumental e patoplástica (P.-Rivière); mecanismos que operam como meios de expressão e configuração das estruturas patológicas (neurose, psicose, perversões, etc.). Além disso, é nessa pré-tarefa que se observa um jogo de dissociações do pensar, atuar e sentir, como que fazendo parte também dos mecanismos enunciados anteriormente.

Podemos estipular que o "como se" aparece através de condutas parcializadas, dissociadas, semicondutas – poderíamos dizer –, pois as partes são consideradas como um todo. É impossível a integração dos aspectos manifestos e latentes numa denominação total que os sintetize.

O problema da *impostura* nos é apresentado nessas semicondutas da pré-tarefa. Se a significação está reduzida e o sujeito não apresenta a opacidade que sua presença requer, há uma certa transparência. Com a falta de totalidade, efetua-se em seu corpo a decantação significativa. O sujeito é uma caricatura de si próprio, seu "negativo". Falta-lhe a revelação de si mesmo, sua denominação como homem. A situação se lhe apresenta com um sabor de estranheza, e é essa estranheza que o desespera; para superá-la recorre a comportamentos estranhos a ele como sujeito, porém coerentes com ele enquanto homem alienado.

Entrega-se então a uma série de "tarefas" que lhe permitem "passar o tempo" (mecanismo de postergação, atrás do qual se oculta a impossibilidade de suportar frustrações de início e término de tarefas, causando, paradoxalmente, uma constante frustração).

Os mecanismos de defesa são somente elementos formais, cujo conteúdo (tarefa e projeto para cada sujeito) está dissolvido neles. O sujeito aparece como mais uma estrutura daqueles mecanismos e seus fins esgotam-se em cada manifestação.

Portanto, o que se observa são maneiras ou formas de não entrar na tarefa.

O momento da tarefa consiste na abordagem e elaboração de ansiedades, e na emergência de uma posição depressiva básica, na qual o objeto de conhecimento se torna penetrável pela ruptura de uma pauta dissociativa e estereotipada, que vinha funcionando como fator de estancamento da aprendizagem da realidade e de deterioração da rede de comunicação.

Na tarefa, aquela posição depressiva requer elaboração, processo cuja significação central está em tornar "consciente o inconsciente", e no qual se observa uma total coincidência das diferentes áreas de expressão fenomênica.

O sujeito apareceria com uma "percepção global" dos elementos em jogo, com a possibilidade de manipulá-los e com um contato com a realidade no qual, por um lado, lhe é acessível o ajuste perceptivo, ou seja, o situar-se como sujeito, e por outro lado, lhe é possível elaborar estratégias e táticas mediante as quais pode intervir nas situações (projeto de vida), provocando transformações. Essas transformações, por sua vez, modificarão a situação, que se tornará então nova para o sujeito, e assim o processo começa outra vez (modelo da espiral).

Na passagem da pré-tarefa para a tarefa, o sujeito efetua um salto, ou seja, a acumulação quantitativa prévia de *insight* realiza um salto qualitativo durante o qual o sujeito se personifica e estabelece uma relação com o *outro* diferenciado.

No contexto da situação terapêutica, corretora, a situação transferencial e contratransferencial ocorre, principalmente, no âmbito da pré-tarefa do sujeito. Se confunde a pré-tarefa com a tarefa, o terapeuta entra no jogo da neurose transferencial e atua nela. A tarefa do terapeuta transforma-se em pré-tarefa, ao ter ele mesmo resistência a entrar em sua tarefa específica, por evitar o problema essencial do tornar-se responsável, do "compromisso", do ser consciente e do projeto. (Resistências ideológicas à práxis.)

Conclui-se então que as noções de pré-tarefa, tarefa e projeto apareceriam como elementos para situar uma atitude terapêutica.

Seria esquemático resumir, sob a noção de *tarefa*, tudo o que implica modificação em dupla direção (a partir do sujeito e para o sujeito), envolvendo assim a constituição de um vínculo.

Trata-se de estabelecer uma noção que englobe, ao examinar um sujeito, sua relação com os outros e com a situação. A noção "trabalho" tem a conotação ideológica de ser feito por alguém, modificando algo. Sua indeterminação faz que diversas concepções filosóficas, teológicas e metafísicas tenham falado a respeito dele. Para nós também é um elemento ideológico, mas sua inclusão em nossa concepção psicossociológica tem por finalidade, como eu disse anteriormente, elaborar, através de esquemas adequados, certas situações práticas. O estabelecer pré-tarefa, tarefa e projeto como momentos situacionais de um sujeito, permite-nos uma aproximação e um diagnóstico de orientação. Pois em cada um desses momentos configuram-se um pensar, um sentir e um agir, cuja discriminação é central para toda terapia. Mas isso, por sua vez, nos leva a pensar que, se situamos o sujeito em cada uma dessas situações, em direção a alguém com quem está relacionado, não será necessário estabelecer o porquê e o para quê da situação total e de cada momento particular. E é assim que, tanto em relação à situação geral como diante de nós mesmos enquanto observadores, temos de agir logo sobre esses mecanismos, já que o porquê e o para quê da situação assim se nos apresentam:

Por outros		*Para outros*
Etiopatogenia	Diagnóstico	Profilaxia
	Profilaxia	Tratamento

Por último, diremos que estabelecer pré-tarefa, tarefa e projeto consiste na busca de noções que, partindo da suposição do homem-em-situação (Lagache), permitam estabelecer melhor a relação entre os dois limites dessa suposição, para poder operar no campo prático.

Práxis e psiquiatria[1]

1) *A práxis da higiene mental, tarefa essencialmente social, nutre-se das principais teorias provenientes de diferentes posturas ideológicas. Segundo seu esquema referencial, qual a contribuição desse mesmo esquema para a higiene mental?*

Chama a minha atenção o uso de uma linguagem que entra em flagrante contradição com o aspecto da semântica e da tarefa. Ao perguntar se a práxis da higiene mental, tarefa essencialmente social, se nutre das principais teorias provenientes de diferentes posturas ideológicas, poderíamos responder dizendo que não existe uma práxis da higiene mental. Talvez exista uma confusão entre métodos de higiene mental. De qualquer maneira, ainda que o problema formal esteja repleto de mal-entendidos, a "tarefa essencialmente social" centra o problema não sobre os métodos da HM, mas sobre os métodos ou estratégias de como mudar a estrutura socioeconômica da qual emerge um doente mental. Há mais de vinte anos venho sustentando que o doente mental é o porta-voz da ansiedade e dos conflitos

---
1. Reportagem realizada pela *Revista Latinoamericana de Salud Mental*, 1966.

do grupo imediato, ou seja, do grupo familiar. E essas ansiedades e conflitos que são assumidos pelo doente são de ordem econômica e acabam acarretando um sentimento crônico de insegurança, um índice de ambigüidade considerável e, principalmente, um índice de incerteza também crônico, submetido a ziguezagues, de acordo com a situação histórica de cada momento. O paciente, se for analisado detidamente, está denunciando: ele é o "alcagüete" da subestrutura da qual ele se tornou responsável e que traz como conseqüência o emprego de técnicas de marginalidade ou segregação (internamento em hospital psiquiátrico), em que num interjogo implícito, mas certamente não explícito, o psiquiatra assume o papel de resistência à mudança, ou seja, de mantenedor da cronicidade do paciente. Ele está inexoravelmente comprometido com a situação e, dessa maneira, é leal à sua classe social. Poderíamos chegar a uma interpretação mais profunda, com o risco de atrair a repulsa dos psiquiatras como comunidade, se empregarmos a palavra símbolo, já que alguns acreditam que ela foi uma invenção de Freud. O doente mental, então, é o símbolo e depositário do aqui e agora de sua estrutura social. Curá-lo é transformá-lo ou adjudicar-lhe um novo papel, o de "agente de mudança social". Assim, estamos em plena militância, todos estão comprometidos através de uma ideologia com revestimentos científicos. Quanto às principais teorias provenientes de diferentes "posturas", são simplesmente ideologias. A psicoterapia tem como finalidade essencial a transformação de uma situação frontal numa situação dialética, que percorre um trajeto com a forma de uma espiral permanente, através de uma tarefa determinada. Ali sim, encontramos o verdadeiro sentido da práxis, no qual teoria e prática se realimentam mutuamente através dessa sucessão, resultando na criação de um instrumento operacional que configura uma situação que poderíamos denominar "operação-esclarecimento". O que chamamos ECRO, *esque-*

ma conceptual, referencial e operativo, é o produto da síntese de correntes aparentemente antagônicas, mas principalmente ignoradas, situação que cria, por exemplo, pelo desconhecimento da psicanálise, um clima sonolento e de bizantinismo. Finalizando essa resposta, direi que o psiquiatra, em geral, tem todas as características de uma personalidade autoritária etnocêntrica, que pensa sempre em termos absolutos e não dialéticos; e naqueles que aparentemente pensam dessa forma dialética, suas proposições chegam a estereotipar-se de tal modo, "como se as tivessem estudado de memória", transformando-se paradoxalmente em pessoas que, devendo ter adquirido flexibilidade e personalidade democrática, se comportam da mesma maneira que os primeiros, de forma autoritária, absoluta, sem aberturas, chegando alguns deles a situar-se na mais covarde das posições, que é difícil de pronunciar, e que se intitula *ecleticismo*.

2) *Complementam-se essas idéias com as provenientes de outras escolas?*

Se considerarmos o homem como um ser total e totalizante em pleno desenvolvimento dialético, as idéias com as quais se propõe atuar sobre ele são emergentes das próprias contradições do paciente e absorvidas pelo terapeuta, configurando-se uma situação alienada e realimentada por ambos os personagens. Toda compreensão do paciente mental deve partir da compreensão vulgar, ou seja, de uma psiquiatria da vida cotidiana. O grau de profundidade a que se pode chegar dependerá do instrumental operacional e situacional empregado por cada psiquiatra, já que no final das contas não existem prognósticos em relação às enfermidades, mas sim prognósticos em relação a cada terapeuta.

3) *Considera possível o trabalho em comum de investigadores de diferentes ideologias científicas no campo da saúde mental?*

Sou um veterano da investigação grupal, sempre que o grupo seja manejado com técnicas operativas centradas na tarefa (a doença mental), e não se gaste o tempo da tarefa no pingue-pongue da pré-tarefa, nas discussões intermináveis sobre ideologias científicas. A tarefa deve estar centrada no como obter uma maior saúde mental numa comunidade específica, situada no tempo e no espaço.

4) *No campo concreto da práxis, e de acordo com seus princípios teóricos e com suas experiências, que medidas práticas considera oportunas para uma educação sanitária em higiene mental?*

Primeiramente, eu faria que o estudante de psiquiatria entendesse o sentido real da práxis e não o dissociasse em campos concretos e princípios teóricos. O melhor meio didático para formar psiquiatras é fazer que a tarefa esteja centrada não na doença mental, mas na saúde mental. O termo higiene está viciado por um materialismo ingênuo, e os grupos de trabalho, repetimos, devem estar centrados nos fatores que condicionam um certo modo de saúde mental (não na forma absoluta de saúde mental como valor máximo e absoluto). Trata-se de quantidades de saúde mental que, através de saltos dialéticos, transformam a quantidade em qualidade, já que a saúde mental é medida principalmente em termos de qualidade de comportamento social e suas causas de manutenção ou deterioração estão relacionadas com situações sociais como os fatores socioeconômicos, estrutura de família em estado de mudança e principalmente nesse índice de incerteza que se torna persecutório e que perturba o comportamento social, já que o que se quer obter é uma adaptação ativa à realidade, na qual o sujeito, na medida em que muda, muda a sociedade, que, por sua vez, atua sobre ele no interjogo dialético em forma de espiral, na medida em que se realimentando em cada passagem realimenta também a sociedade à qual pertence. Aqui está o erro mais freqüente: o de considerar um paciente "curado" quando é capaz apenas de cuidar de seu asseio pessoal, adotar boas maneiras e, principalmente, não demonstrar rebeldia. Este último sujeito, desde já, com sua conduta passiva e parasitária, continua filiado à alienação.

5) *Qual é sua opinião quanto a uma orientação em higiene mental relacionada com as estruturas socioeconômicas e culturais?*

Creio que em minhas opiniões anteriores estão mais implícitas as respostas a esta pergunta. O que, por sua vez, me faz perguntar a mim mesmo: é possível que exista algum psiquiatra que ainda duvide disto?

Freud: um ponto de partida da psicologia social[1]

Sigmund Freud assinala claramente sua posição diante do problema da relação entre psicologia individual e psicologia social ou coletiva em seu trabalho *Psicologia das massas e análise do ego*. Na introdução desse livro, em geral tão mal compreendido, diz: "A oposição entre psicologia individual e psicologia social ou coletiva, que à primeira vista pode nos parecer muito profunda, perde grande parte de sua significação quando a submetemos a um exame mais minucioso. A psicologia individual concretiza-se, sem dúvida, no homem isolado e investiga os caminhos através dos quais ele tenta alcançar a satisfação de seus instintos, porém, só muito poucas vezes, e sob determinadas condições excepcionais, lhe é dado prescindir das relações do indivíduo com seus semelhantes. *Na vida anímica individual, aparece integrado sempre, efetivamente, o outro como modelo, objeto, auxiliar ou adversário, e desse modo a psicologia individual é ao mesmo tempo, e desde o princípio, psicologia social, num sentido amplo, mas plenamente justificado.*"

Freud refere-se logo às relações do indivíduo com seus pais, com seus irmãos, com a pessoa objeto de amor e com

----
1. 1965.

seu médico, relações que têm sido submetidas a investigações psicanalíticas e que podem ser consideradas como fenômenos sociais. Esses fenômenos estariam em oposição àqueles denominados por Freud narcísicos (ou autísticos, por Bleuler)[2]. Podemos observar, de acordo com as contribuições da escola de Melanie Klein, que se trata de relações sociais externas que foram internalizadas, relações que denominamos vínculos internos, e que reproduzem no âmbito do *ego* relações grupais ou *ecológicas*. Essas estruturas vinculares que incluem o sujeito, o objeto e suas mútuas inter-relações se configuram com base em experiências muito precoces; por isso, excluímos de nossos sistemas o conceito de *instinto*, substituindo-o pelo de *experiência*. Mesmo assim, toda vida mental inconsciente, ou seja, o domínio *da fantasia inconsciente*, deve ser considerada como a interação entre objetos internos (*grupo interno*), em permanente inter-relação dialética com os objetos do mundo exterior.

Freud insiste na necessidade de uma diferenciação dos grupos, mas afirma que de qualquer maneira as inter-relações entre indivíduos continuam existindo, e que para sua compreensão não é necessário recorrer à existência "de um instinto social primário e irredutível, podendo o começo de sua formação ser encontrado em círculos mais limitados, por exemplo, na família".

Em outro parágrafo, diz Freud: "Basta pensar que o *ego* entra, a partir desse momento, na relação de objeto com o ideal do *ego* por ele desenvolvido, e que, provavelmente, todos os efeitos recíprocos (que poderíamos assinalar como *regidos pelo princípio de ação recíproca funcionando em forma*

....
2. Poderíamos objetar aqui que essa oposição não existe, pois todo narcisismo é secundário, na medida em que no vínculo interno, que pode ter uma aparência narcísica, o objeto foi previamente introjetado. Ou seja, dada uma estrutura vincular, "o outro", o objeto, está sempre presente através de tal vínculo, ainda que seja escamoteado sob a aparência de um narcisismo secundário.

de espiral) desenvolvidos entre o objeto e o *ego* total, conforme nos foi revelado na teoria das neuroses, se reproduzem agora no interior do *ego*."

Esse conjunto de relações internalizadas, em permanente interação, e sofrendo a atividade de mecanismos ou técnicas defensivas, constitui o *grupo interno*, com suas relações, conteúdo da fantasia inconsciente.

A análise destes parágrafos mostra-nos que Freud alcançou, por momentos, uma visão integral do problema da inter-relação homem-sociedade, sem poder desapegar-se, no entanto, de uma concepção antropocêntrica, que o impede de desenvolver um enfoque dialético.

Apesar de perceber a falácia da oposição dilemática entre psicologia individual e psicologia coletiva, seu apego à "mitologia" da psicanálise, à teoria instintivista, e seu desconhecimento da dimensão ecológica, impediram-lhe a formulação do vislumbrado, isto é, de que *toda psicologia, num sentido estrito, é social.*

Emprego do Tofranil em psicoterapia individual e grupal[1]

Minha contribuição neste Colóquio Internacional sobre Estados Depressivos trata do uso instrumental e situacional de uma droga antidepressiva (Tofranil), empregada durante o transcurso de tratamentos psicoterápicos individuais e grupais. O objetivo principal do uso da droga é facilitar a *mobilização* de estruturas ou pautas estereotipadas (estereótipos) que se apresentam e operam com as características de *resistências* ao progresso do processo terapêutico. As ansiedades diante da mudança ou aprendizagem, de tipo depressivo e paranóide, promovem a estruturação do estereótipo ("mais vale um pássaro na mão do que dois voando"). A *oportunidade* de um colóquio sobre estados depressivos fundamenta-se no fato de que, finalmente, a psiquiatria aparece progressivamente centrando-se ao redor da gênese, estrutura e vicissitudes de uma *situação depressiva básica*. Acredito ser necessário esclarecer previamente, em termos gerais, o texto e contexto do quadro ou esquema de referência com o qual penso e opero. Assim, farei primeiro uma rápida crônica do desenvolvimento biográfico desse esquema referencial.

----

1. *Acta Neuropsiquiátrica Argentina*, 6, 1960.

I
Construção de um esquema conceitual, referencial e operativo (ECRO)

Minhas investigações sobre uma *situação depressiva básica* (1938) partiram de dois campos ou quadros de trabalho em contínua interação:

1) de uma prática contínua como psicoterapeuta de casos individuais e de grupos, e 2) de uma vasta experiência paralela à anterior e, amiúde, combinada com ela, empregando tratamentos biológicos: choque hipoglicêmico, convulsoterapia, sono prolongado, etc. No ano de 1946, publiquei a primeira síntese pessoal sobre uma teoria geral das neuroses e psicoses, introduzindo os conceitos de *pluralidade fenomênica*, de *unidade funcional e genética* (enfermidade única) e de *policausalidade*.

Sustentava então: "Através da psicanálise de esquizofrênicos e epilépticos, e apoiado pelas observações realizadas durante os tratamentos biológicos, tornou-se evidente um *núcleo psicótico central*, bem delimitado e do qual partem todas as outras estruturas como maneiras ou tentativas de resolver tal situação básica. Essa situação configura-se com os elementos que caracterizam o estado depressivo, com seus conflitos e mecanismos específicos", "... que a situação assim estabelecida... situação básica das psicoses e configurada no sentido de uma estrutura melancólica, é o ponto de onde se inicia a elaboração de outras situações que vão configurar todos os outros tipos clínicos descritos. Em termos gerais, poderíamos dizer que esta *é a única enfermidade*; todas *as demais estruturas são tentativas feitas pelo ego para 'desfazer-se dessa situação depressiva básica...'*. Criada essa situação penosa, o ego tende a livrar-se dela recorrendo a um novo mecanismo de defesa que é a *projeção*. Se for projetada no corpo, configura-se a *segunda estrutura, que é a* *hipocondríaca*. Tudo o que o hipocondríaco diz de seus órgãos é uma transposição da situação anterior, podendo-se dizer que, enquanto o *melancólico é um sujeito perseguido por sua consciência, o hipocondríaco o é por seus órgãos*... Se a projeção for feita no exterior, configura-se a *terceira estrutura: a estrutura paranóide*... À fórmula já expressa de que o melancólico é um sujeito perseguido por sua consciência e o hipocondríaco por seus órgãos, acrescentaremos que o paranóide o é por seus inimigos interiores projetados"(3, 4, 5)*.

Indagações posteriores, em continuidade a estas, permitiram-me a construção de um esquema conceitual, referencial e operativo cujas características podemos, *grosso modo*, assim definir:

1) A *resposta depressiva* deve ser considerada como pauta total de conduta diante de situações de frustração, perda, privação, tendo além disso um caráter unitário em seu aparecimento, estrutura e função.

2) Uma *situação depressiva* infantil está incluída no desenvolvimento normal (M. Klein [2]), junto a outras situações: *esquizóide e epileptóide*.

3) A *situação depressiva básica* opera no desenvolvimento de toda doença mental (situação *patogenética vivencial*). O fator disposicional pode ser expresso em termos de *graus de fracasso na elaboração da situação depressiva infantil* (luto). A regressão, durante o processo da enfermidade, reativa a posição depressiva infantil (situação patogenética), assim como promove o emprego da posição *esquizóide* (situação patoplástica e instrumental), como também da situação *epileptóide* (situação patorrítmica temporal).

4) Outra situação depressiva a ser descrita é aquela que está incluída em todo processo *terapêutico*. A resolução das

---

* Esses números remetem à bibliografia no final do capítulo.

divisões ou cisões do ego e de seus vínculos, ou seja, o processo de integração, só é possível através desta nova passagem por uma situação depressiva (grau de *insight* conseguido; é a conseqüência, junto com o processo de re-dissociação).

5) A estrutura da pauta de reação inclui o *conflito de ambivalência* diante de um objeto total. Daí surgem o sentimento de culpa e a inibição ou desaceleração de determinadas funções do ego. A tristeza, a dor moral, o sentimento de solidão e desamparo derivam da perda de objeto e da culpa. A possibilidade de *reparar e sublimar* estão seriamente impedidas.

6) Diante dessa situação de sofrimento surge a possibilidade de uma regressão a uma posição anterior, *operativa e instrumental*, para o controle da ansiedade (situação esquizóide). O mecanismo básico aqui é a divisão ou *dissociação* (*split*) do ego e de seus vínculos, com a conseqüente emergência da ansiedade paranóide que substitui a culpa. A situação epileptóide e patorrítmica assinala as formas nas quais o tempo se manifesta através do manejo das *ansiedades básicas ou medos*.

7) As *neuroses* são técnicas defensivas contra ansiedades básicas, psicóticas. Essas técnicas são as mais bem-sucedidas e as mais próximas do normal, e estão afastadas da situação depressiva básica prototípica. As *psicoses* são também formas de manejo de menor sucesso que as anteriores, como as *psicopatias*, que têm como característica privativa o mecanismo de delegação. As *perversões* manifestam-se como formas complexas de elaboração das ansiedades psicóticas e seu mecanismo geral centra-se em torno do *apaziguamento do perseguidor*. O *crime* constitui a tentativa de aniquilar a fonte de ansiedade máxima projetada no mundo externo, enquanto esse processo centrado no próprio sujeito configura a conduta *suicida*.

8) O *sofrimento* inerente à posição depressiva está vin-

culado ao incremento do *insight* (autognose), ou seja, o conhecimento e compreensão da realidade psíquica interna e externa. O fracasso da elaboração da posição depressiva (luto), além das conseqüências assinaladas, acarreta inevitavelmente o predomínio de defesas que carregam em seu bojo o bloqueio das emoções e da atividade da fantasia. Impedem, principalmente, o aparecimento de um certo grau de autognose necessário a uma boa adaptação à realidade. (As defesas *maníacas* que emergem em certos casos condicionam a superficialidade manifestada pelo ego, impedindo de certa maneira seu fortalecimento e aprofundamento durante o processo terapêutico.)

9) Rickman afirma (6) que *não existe uma psiquiatria sem lágrimas* e que é melhor enfrentar concretamente o que se relaciona com a vivência depressiva sem, é claro, descuidar dos outros aspectos que têm relação com o processo de progressão. Além disso, no contexto de toda psiquiatria dinâmica *a indagação e o processo terapêutico são inseparáveis*. O paciente, diz Rickman, só poderá nos revelar os mais profundos níveis de seu sofrimento sob a condição de experimentar, ao mesmo tempo que acontece o processo de indagação, um alívio de seu próprio sofrimento devido ao próprio processo de indagação (temos aqui um modelo daquilo que é denominado indagação ativa operativa dentro do campo da psicologia).

10) Esse esquema referencial foi depois completado com o *enquadramento grupal* da situação depressiva, assim como com as noções de porta-voz da ansiedade do grupo (o paciente), de pauta grupal estereotipada, de depressão básica grupal, de grupo operativo, de coincidência do processo de comunicação, esclarecimento, aprendizagem e treinamento centrado na tarefa e no processo terapêutico. Uma espiral dialética assinala a direção desse complexo processo.

II
Psicoterapia individual e Tofranil
(uso instrumental e situacional da droga)

H. Azima (1950) vem estudando, em particular, as modificações psicodinâmicas provocadas pela administração de Tofranil, tentando encontrar uma explicação dos efeitos desta droga. Observou o seguinte: 1) Uma mudança na direção das preocupações. Estas passam dos objetos internos para os externos. 2) Uma diminuição do sentimento de culpa. 3) Uma diferente orientação dos impulsos agressivos e, em certos casos, sua liberação sob a forma de explosões agressivas. 4) Uma reorganização secundária das cargas de objeto. 5) Euforia e conduta hipomaníaca em pacientes classificados como maníaco-depressivos. 6) Necessidade de certa intensidade de depressão para a obtenção desses efeitos; as manifestações depressivas leves não são influenciáveis pelo Tofranil. 7) Diminuição da necessidade de beber álcool. 8) Uma mudança centrada, unicamente, no estado depressivo. 9) Nenhuma modificação das características básicas da personalidade, anteriores ao estado depressivo (1).

Apoiado nessas observações, Azima põe em evidência uma mutação do equilíbrio da agressividade em relação ao superego. Essa reorganização traz como conseqüência uma sedação do estado depressivo, mas essa mudança no equilíbrio psicodinâmico parece ser transitória e necessita, além disso, para se produzir, de uma certa intensidade de depressão.

O Tofranil representa até o momento o único timoléptico e, em conseqüência, novas orientações em psicofarmacologia. Ao manter o humor e elevar o impulso vital, desenvolve uma ação seletiva sobre o *núcleo central* da depressão, sem os efeitos de um sedativo, ou de um estimulante ou euforizante.

A indagação sobre a ação dessa droga antidepressiva (Tofranil) – que realizei com a ajuda de meus colaboradores, os doutores F. Taragano, G. Vidal, A. Marranti e A. Benchetrit – tinha como ponto de referência a consideração da situação depressiva básica já descrita. Também se incluiu o conceito de que a enfermidade traz implícita, como causa ou conseqüência, uma perturbação da aprendizagem e da comunicação.

O montante de ansiedade predominantemente *depressiva* seria responsável pela *pauta* estereotipada de conduta anormal. A *ansiedade diante da mudança*, tornada possível pela ação específica do esclarecimento, provoca, por outro lado, a *resistência à mudança*, que em termos gerais é denominada reação terapêutica negativa. *O Tofranil atua baixando o montante de agressão, de ansiedade, de ambivalência e de culpa.* Dessa maneira, sua ação possibilita uma mudança, produzida pelo esclarecimento do campo de trabalho. Produz-se a abertura de um círculo vicioso anterior, criando-se as condições para a emergência de uma espiral dinâmica de aprendizagem e de comunicação. A transferência negativa diminui (ao diminuir a hostilidade) e a tarefa entre paciente e psicoterapeuta orienta-se para um nível de maior integração. *A vivência da monotonia ou estereotipia torna-se consciente em sua estrutura e motivações.* Observa-se um grande progresso no *insight* e o paciente chega a vivenciar a entrada numa posição depressiva necessária a todo tratamento realmente eficaz. Expressa de diferentes maneiras que *sente que coisas dispersas começam a juntar-se, que adquirem vida e agora as compreende melhor* (integração).

Para ilustrar essa situação prototípica de todo tratamento, vou utilizar o caso analisado por um de meus colaboradores, o dr. Guillermo Vidal. Trata-se de uma doente de trinta e cinco anos, casada, que faz uma consulta queixando-se de depressões periódicas, quase sempre durante o inverno, coincidindo com a estação do ano em que seu marido mais viaja. Seu primeiro episódio depressivo ocorreu em conseqüência do primeiro parto. Normalmente duravam de três a quatro meses. Aplicaram-lhe várias vezes insulina e *eletrochoque*. Começa seu tratamento psicanalítico em *maio de 1959*, em estado de depressão leve. Logo depois de umas curtas férias, em julho, ocorre a *sexta crise depressiva*. A depressão desenvolve-se lenta e progressivamente, acompanhada de uma *grande inibição* psicomotora. A doente mostra-se *impermeável às interpretações* que lhe são feitas. É perceptível o tom choroso e *monótono* em que fala. Diz: "Eu me sinto muito mal." "Eu não posso nem me levantar da cama." "É impossível trabalhar." "Quero ajudar minhas filhas e não posso." "*Não posso, não posso*", repete insistentemente. *Como o quadro se agrava ostensivamente* e a doente quase não pode vir para a consulta, o terapeuta decide administrar-lhe Tofranil em doses progressivas, até cinco drágeas diárias. Isso foi numa sexta-feira; no dia seguinte, sábado, não foram registradas maiores variações. Porém, na segunda-feira, quando já havia tomado oito drágeas, a doente aparece mudada. Diz: "*Não sei o que se passa comigo. É como se não pudesse continuar triste. Ou então, agora estou triste mas não angustiada.* Sinto-me simplesmente cansada. Não posso precisar bem o que está acontecendo comigo." Com certa estranheza assiste ao seu próprio acontecer. Dois dias depois, a transformação manifesta-se com mais clareza; expressa-a assim: "Doutor, hoje me sinto bem." "Imagine que ontem à noite pude ter relações com meu marido, e de forma natural (a doente era frígida), coisa que nunca havia acontecido antes..." "Além disso, acontece-me uma coisa estranha, *agora é como se de repente eu compreendesse tudo o que você me disse antes no decorrer da análise, e as coisas dispersas se juntassem todas e recuperassem a vida, e eu as compreendesse melhor.* Não sei francamente o que me está acontecendo."

Na semana do *início do tratamento* com Tofranil, a paciente acha-se praticamente recuperada, melhor ainda do que nos intervalos anteriores, com a *vivência* de que compreendeu muitas coisas (*insight*) e de que é outra mulher. Poder-se-ia dizer que, subitamente, *cristalizara* o efeito de *cinco meses de tratamento psicanalítico*. A doente tomou no total cem drágeas de Tofranil.

III
Psicoterapia grupal (grupo familiar).
Uso instrumental e situacional do Tofranil

A loucura é a expressão de nossa incapacidade para suportar e elaborar um montante determinado de sofrimento. Esse nível de tolerância é específico para cada um de nós e depende, em grande parte, da dificuldade relativa em superar a depressão infantil básica, tecida de frustrações, aspirações, demandas biológicas excessivas, provocando a emergência da agressão (birras), de ansiedades depressivas e paranóides (os medos), da ambivalência, da culpa, de inibições, etc.

A emergência de uma neurose ou psicose no âmbito de um grupo familiar significa que um membro desse grupo assume um novo papel, transforma-se no *porta-voz ou depositário da ansiedade* do grupo. A estrutura grupal altera-se, ocorrem perturbações no sistema de adjudicação e assunção de papéis, aparecem mecanismos de segregação do doente, o prognóstico do caso depende, em grande parte, da intensidade desses mecanismos de segregação. *O doente é alienado por seu grupo imediato.*

Uma determinada *insegurança social* instala-se no interior do grupo. Essa insegurança está ligada à ansiedade *diante da mudança*. Essas ansiedades são de dois tipos, tal como indicamos anteriormente: *ansiedade depressiva*, expressa como temor ou medo da perda de um *status* determinado, e *ansiedade paranóide* diante de novas condições de vida ou medo do ataque. A pauta estereotipada configura-se depois da emergência da enfermidade num de seus membros. Constitui um mecanismo de segurança patológico; é um sistema em *círculo fechado*. E um sistema de realimentação entra em funcionamento a serviço da pauta estereotipada.

O sistema de *inter-relações do grupo familiar* segue um modelo básico triangular: o sujeito, a mãe e o pai, ou seus substitutos, a quem são adjudicados determinados papéis que são por eles assumidos. Os irmãos, de acordo com o sexo, agrupam-se no contexto do papel materno ou paterno. Distorções nesse sistema fazem surgir uma série de perturbações e *mal-entendidos*.

É nesse âmbito ou campo que a doença de um dos membros do grupo deve ser compreendida e esclarecida. Esse grupo *estereotipado* e pouco produtivo se transformará, com o uso de determinadas técnicas, no *próprio instrumento da operação corretora*. A técnica empregada é a que denominamos *grupos operativos de esclarecimento*, de aprendizagem, de treinamento ou de tarefa, que atua como processo terapêutico. A tarefa está centrada na cura do doente. Configura-se uma nova rede de comunicações. Isso possibilita a mudança e a conseqüente aprendizagem. A ansiedade global assumida pelo paciente novamente *se fragmenta* e cada membro do grupo torna-se encarregado de uma parte dela. *O grupo transforma-se em uma empresa cujo negócio é a cura de um de seus membros através do esclarecimento de todos.*

Porém, novamente, como na análise individual, percebemos que a pauta estereotipada básica se alicerça na situação depressiva. Se a ansiedade incluída em tal pauta é demasiadamente intensa, estrutura-se a resistência à mudança (reação terapêutica negativa); o tratamento estanca, aparecendo sérias dificuldades no manejo da situação global. É nesse momento que incluímos, de maneira instrumental e situacional, uma droga (Tofranil) que é administrada a todo o grupo, de uma vez, com o objetivo de diminuir *o estado de tensão grupal* proveniente da situação depressiva, estereotipada.

Assinalarei agora os delineamentos gerais desse método de psicoterapia grupal, tomando como unidade de trabalho o *grupo familiar*, com a inclusão de uma variável: uma droga administrada a todo o grupo. O princípio geral, como já assinalei, é o de que todo sujeito que adoece psiquicamente adoece porque assumiu um papel particular, e de certa forma operativo, dentro do grupo familiar, ao transformar-se no *porta-voz ou depositário da ansiedade* do grupo. Dessa maneira, quando o grupo familiar lhe adjudica esse papel e ele o assume, obtém-se um efeito que pode ser expresso como superação da situação de caos subjacente. O grupo é transformado através da *tarefa* psicoterápica num verdadeiro grupo operativo quando, baseado em progressivos esclarecimentos, há um reajuste nos papéis, uma maior *heterogeneidade* entre seus membros e uma maior *homogeneidade* na tarefa.

As técnicas empregadas pelo coordenador ou terapeuta do grupo consistem em criar, manter e fomentar a comunicação, que vai adquirindo um desenvolvimento progressivo em forma *de espiral*. Dessa maneira o grupo aprende, comunica-se, opera e alivia-se da ansiedade básica.

O esclarecimento familiar, que às vezes acontece na forma de "revelações", tende a diminuir progressivamente *o mal-entendido básico* existente no grupo. Os sistemas referenciais, as ideologias começam a ter uma importância particular nessa análise grupal; a redução do *índice de ambigüidade*, devido à resolução de contradições intragrupais (*análise dialética*), constitui uma das principais tarefas do grupo. O *esquema de referência* do grupo agora se realimenta, mantém-se flexível, ou seja, não estereotipado. A situação de rigidez ou estereotipia da conduta grupal doentia constitui o principal ponto de ataque: aí centra-se a tarefa. O grau de estereotipia obtido pelo grupo após a eclosão de uma psicose em seu interior constitui o montante de resistência ao esclarecimento e à cura.

Criada a situação de *estereótipo*, funcionam também *os mecanismos de segregação*, de expulsão ou alienação do paciente. Se isso se produz, o grupo muda sua forma e se estereotipa, no sentido de não mais admitir o membro segregado. O *prognóstico* da enfermidade desse elemento está relacionado, principalmente, com a receptividade ou não-receptividade do grupo. Este pode se organizar para manter fora o paciente, realizando, por vezes, verdadeiros sacrifícios, contanto que se mantenha a segregação.

Os *processos de motivação* (motivos e necessidades) e a *ação* em sua fase de articulação têm a ver com os *processos de decisão* dentro do grupo. O temor diante da mudança e a insegurança social estão na base das ansiedades do grupo, que se expressam em termos das ansiedades básicas depressiva e paranóide, como já dissemos. A posição depressiva constitui, essencialmente, a situação patogenética, e a modificação da ansiedade do grupo vai girar em torno de sua resolução (dos medos e birras do grupo).

A luta contra as ansiedades depressivas e os *estereótipos configurados* como defesa vão constituir o centro de todo ataque terapêutico, seja por meio da psicoterapia, seja pela ação de uma droga antidepressiva. O propósito é transformar um círculo vicioso, fechado, num círculo benéfico, com aberturas dialéticas sucessivas.

A administração de Tofranil a *todo o grupo familiar* ao mesmo tempo tem por finalidade diminuir e fracionar a ansiedade, tornando possíveis a ruptura do estereótipo familiar e a transformação desse grupo rígido, não operante, em um grupo flexível, plástico, operativo, que assume agora, como tarefa concreta, a cura da enfermidade do grupo na ocasião de sua emergência num de seus integrantes.

Em síntese: o coordenador ou terapeuta do grupo favorece, com sua técnica, os vínculos dentro do grupo. O campo da tarefa está baseado numa situação triangular, devendo-se compreender e interpretar o vínculo transferencial no interior desse contexto triangular. A família reorganiza-se na tarefa de lutar contra a ansiedade do grupo açambarcada por seu porta-voz (o paciente). Os papéis redistribuem-se e chegam a operar como lideranças funcionais. Os mecanismos de segregação que contribuíram para alienar o paciente diminuem. As ansiedades são redistribuídas, o estereótipo perde sua rigidez e o grupo pode então enfrentar situações de mudança. A *droga favorece a ruptura do estereótipo* e, pela ação do esclarecimento psicoterápico, o grupo integra-se, adquirindo agora a característica de uma estrutura funcional.

Bibliografia

1. Azima, H., "Psychodynamic Alterations Concomitant with Tofranil Administration", *Canad. Psychiat. Ass. J.*, 1959, IV, S 172.
2. Klein, M. e Rivière, J., *Las emociones básicas del hombre*, Nova, Buenos Aires, 1960.
3. Pichon-Rivière, E., "Patogenia y dinamismos de la epilepsia", *Revista de Psicoanálisis*, 1944, II, 615.
4. ——, "Contribución a la teoría psicoanalítica de la esquizofrenia", *Revista de Psicoanálisis*, 1946, IV, 1.
5. ——, "Psicoanálisis de la esquizofrenia", *Revista de Psicoanálisis*, 1947, V, 293.
6. Rickman, J., *Selected Contributions to Psychoanalysis*, The Hogarth Press, Londres, 1957.

Tratamento de grupos familiares: psicoterapia coletiva[1]

As definições das relações humanas, diz Friederic Allen, estão sujeitas à experiência vivencial dos indivíduos, que desempenham papéis correspondentes ao seu agrupamento biológico (sexo, idade) e à sua adaptação social, adquirida através de seu crescimento e treinamento. Os acontecimentos mais significativos para a vida dos indivíduos e dos grupos estão vinculados ao esclarecimento dessas diferenças funcionais e biológicas, referentes a cada ser humano. As comparações, imitações, rivalidades, satisfações e desilusões de cada um constituem o drama dos seres humanos, que convivem e que se empenham em encontrar a maneira de manter sua posição individual num mundo que pertence aos outros. As inter-relações existentes entre os grandes e os pequenos, os jovens e os velhos, os homens e as mulheres, preenchem com uma significação dinâmica, para cada ser humano, essa descrição universal das diferenças possíveis. A criança, ao adaptar-se a essas diferenças evidentes, define e dá sentido ao próprio papel individual, que desempenha na relação com os demais. Através do processo que

---

1. Baseado em anotações feitas pelo Dr. Alegro, 1960.

conduz à definição desse papel para cada indivíduo, seja ele criança ou adulto, ele próprio se torna uma influência integral que contribui para definir os papéis dos outros indivíduos que integram seu meio social.

Malinowski insiste na "impossibilidade de se imaginar qualquer forma de organização social carente de estrutura familiar". Esta constitui a unidade indispensável de toda organização social, através da história do homem. A família adquire essa significação dinâmica para a humanidade porque, mediante seu funcionamento, fornece o quadro adequado à definição e conservação das diferenças humanas, dando forma objetiva aos papéis distintivos, mas mutuamente vinculados, do pai, da mãe e do filho, que constituem os papéis básicos em todas as culturas.

A família só pode funcionar mediante as diferenças individuais que existem entre seus membros, as quais lhes atribuem os três papéis, intimamente relacionados, de pai, mãe e filho. Se essas diferenças são negadas ou negligenciadas, ainda que isso ocorra por parte de um só membro do grupo, modifica-se a configuração essencial que condiciona a vida normal, criando-se um estado de confusão e de caos.

Segundo Kretch e Crutchfield, a família, como grupo primário, pode ser analisada em três diferentes níveis (análise polidimensional):

1) Do ponto de vista psicológico ou psicossocial. Os problemas típicos a serem estudados seriam os seguintes: a conduta do indivíduo em função de seu próprio meio familiar, as reações de agressão e submissão em relação aos diferentes tipos de autoridade familiar, o impacto que significa para ele o ingresso de novos membros na família, suas crenças e atitudes como resultado da educação e experiências familiares. Os problemas desse tipo devem ser investigados através do estudo do campo psicológico do indivíduo, quer di-

zer, esclarecendo as noções e idéias sobre sua família em conjunto e sobre cada membro em particular (grupo interno).

2) Do ponto de vista da dinâmica de grupo ou ponto de vista sociodinâmico. Investigam-se os problemas referentes a determinadas famílias segundo determinadas circunstâncias. Por exemplo: perigos externos que ameaçam a felicidade da família, morte ou admissão de novos membros na família que acarretam mudanças nas relações de autoridade, prestígio, etc. Desse ponto de vista, é importante medir os *índices de rigidez ou de maleabilidade* do grupo familiar.

3) Do ponto de vista institucional, os problemas típicos são os da estrutura da família nas diversas classes sociais (meio urbano, rural, classes abastadas, pobres); as transformações da instituição familiar devidas a crises econômicas, guerras, mudanças de costumes.

O estudo desses problemas baseia-se, por um lado, na busca de correlações entre os índices da estrutura da família e da força do patrimônio familiar, e, por outro, nos diferentes índices da situação econômica, meio geográfico, casamentos, nascimentos, etc. Esses três níveis complementam-se e estão numa relação de dependência recíproca, sendo impossível interpretar os dados recolhidos em um nível sem apelar para aqueles que foram obtidos nos outros.

Tratamento do grupo familiar

Tendo definido a família como uma *estrutura social básica*, que se configura pelo interjogo de *papéis diferenciados* (pai, mãe, filho), e enunciado os níveis ou dimensões envolvidos em sua análise, podemos afirmar que a família é o *modelo natural da situação de interação grupal*. Os conceitos já enunciados são decisivos na elaboração de uma teoria da doença mental e na conseqüente orientação da tarefa psiquiátrica.

Como ponto de partida do enfoque terapêutico por nós proposto, estabeleceremos as relações existentes entre doença mental e grupo familiar.

As contribuições da teoria gestáltica, as investigações de Kurt Lewin e as conclusões resultantes de nossas próprias experiências permitem-nos considerar a doença mental não como a doença de um sujeito, mas como a da unidade básica da estrutura social: o grupo familiar. O doente desempenha um papel, é o *porta-voz*, emergente dessa situação total.

O estudo dos aspectos patológicos de um grupo familiar e sua abordagem terapêutica deverão incluir vários vetores de análise, entre os quais assinalaremos, em primeiro lugar, os quatro momentos da operação terapêutica, que são: a) o diagnóstico, b) o prognóstico, c) o tratamento e d) a profilaxia.

Cada uma destas dimensões deve ser centrada:
1) no paciente,
2) no grupo,
3) na situação.

Assim temos um *diagnóstico*, um *prognóstico*, um *tratamento* e uma *profilaxia*, seja do paciente, do grupo ou da situação. Esses aspectos são cooperantes e interatuantes, e se complementam. O enfoque grupal permite fazer uma avaliação diagnóstica, prognóstica, terapêutica e profilática muito mais operativa do que aquela resultante do centrar o problema no paciente com exclusão de seu meio familiar. Os postulados básicos que permitem a compreensão do que foi exposto podem ser assim sintetizados:

A) *Quanto ao diagnóstico*

1) Na *situação* há um *grupo familiar doente*, do qual o paciente é emergente e adquire a qualidade de *porta-voz* da enfermidade grupal.

2) Isso pode ser mais bem compreendido se virmos a doença do paciente como um "papel" dentro da situação grupal.

3) O paciente é o *depositário* das ansiedades e tensões do grupo familiar.

4) Nesse sistema de depositação é necessário considerar: *a*) os depositantes, *b*) o depositado e *c*) o depositário.

O paciente é o *depositário* que se faz portador de diferentes aspectos patológicos depositados por cada um dos outros membros do grupo ou *depositários*. Um exemplo típico é o dos pacientes que aparecem clinicamente com quadros de deficiência intelectual; o paciente ("louco") faz-se portador da parte "louca" de cada um dos outros membros, que a projetam maciçamente, fechando-se assim o círculo vicioso. Ou seja, os outros o tratam como "louco", e este, por sua vez, assume o papel.

5) Isso permite inferir que o paciente é o membro dinamicamente *mais forte* (e não o mais frágil), já que sua estrutura pessoal lhe permite tornar-se o portador da doença grupal.

6) A dinâmica subjacente é a de que o paciente adoece como uma forma de "preservar" do caos e da destruição o restante do grupo; e pede ajuda (direta ou indiretamente) na tentativa de buscar a solução para a cura.

7) Na medida em que a assunção do papel pelo paciente é eficaz, o grupo consegue manter certo equilíbrio e certa economia sociodinâmica.

8) Aparecem, em relação ao paciente, mecanismos de segregação do interior do grupo, como um desejo de eliminar a enfermidade grupal.

B) *Quanto ao prognóstico*

O prognóstico do paciente do grupo e da situação são dados:

9) Pela estrutura pessoal do paciente nesse momento (dinâmica e funcionalmente).
10) Em estreita relação com a *imagem interna* que o grupo tem do paciente.
11) Pelo grau de intensidade de *estereótipos* com que esses aspectos são dinamizados no paciente e no grupo.
12) Pelo montante dos *mecanismos de segregação*.

C) *Quanto ao tratamento*

É importante romper com o primeiro estereótipo: a *delegação do papel* pelo grupo e a sua *assunção* pelo paciente.

13) A terapia pode ser dirigida ao grupo (incluindo ou não o paciente), tendendo a romper os estereótipos e diminuir os mecanismos de segregação.

D) *Quanto à profilaxia*

14) Ao reduzir as estruturas individuais e grupais, faz-se a profilaxia:
a) Da *recorrência* de um novo episódio no paciente.
b) De outro membro que pode adoecer ao melhorar o paciente.
c) Do grupo familiar em sua totalidade.

Os níveis de abordagem terapêutica seguem o esquema delineado para a análise polidimensional. Consideraremos, então, a partir do ângulo da tarefa corretora:

a) Um nível *psicossocial*: refere-se às relações do paciente com cada um dos outros membros do grupo familiar. Nesse sentido, a abordagem do grupo é feita através da *representação interna* que o doente tem de cada um dos familiares, ou seja, aquilo que se denomina grupo *interno*. A análise dos vínculos internos permite melhorar os vínculos externos (ao curar-se, o doente por sua vez "cura" o grupo externo, os outros, através de suas mudanças de atitudes).

b) Um nível *sociodinâmico*: refere-se à abordagem do grupo em sua totalidade gestáltica, e ao estudo do que Lewin denomina dinâmica grupal. Podem-se aplicar as técnicas grupais e as sociométricas.

c) Um nível *institucional*: refere-se à abordagem da família como instituição através do estudo da história familiar, de sua estrutura socioeconômica e de suas relações intergrupais e ecológicas: com outras famílias, a vizinhança, o bairro, o clube, a igreja, etc.

A análise sistemática das situações grupais nos tem possibilitado registrar um conjunto de processos relacionados entre si, que nos permitem, por sua reiteração, considerá-los como fenômenos universais de todo grupo, em sua estrutura e dinâmica.

Para a melhor compreensão desse conceito, empregamos o esquema que denominamos *do cone invertido*. Nesse cone vemos uma *base*, um *vértice* e a *espiral dialética*.

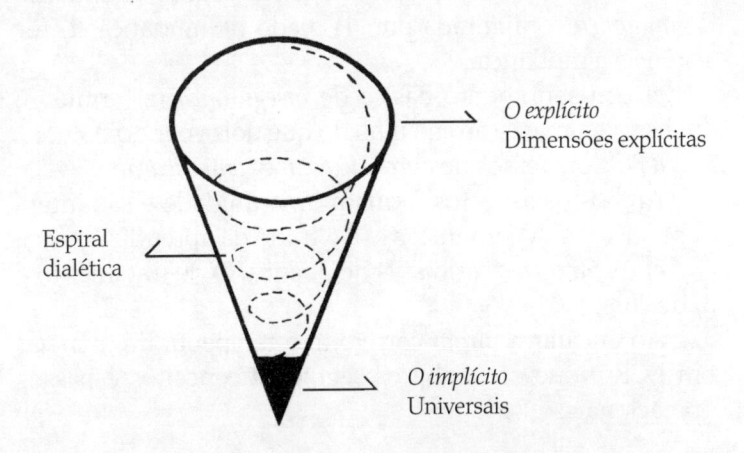

O explícito
Dimensões explícitas

Espiral dialética

O implícito
Universais

a) Na base: localizam-se os conteúdos emergentes, manifestos ou "explícitos".

b) No vértice: encontram-se *as situações básicas ou universais* "implícitas".

c) A espiral gráfica representa o movimento dialético de indagação e esclarecimento que vai do explícito ao implícito, com o objetivo de explicitá-lo.

Analisar é tornar explícito o implícito.

Enquanto o *explícito* é configurado pelos quatro momentos da operação corretora, apresentados no primeiro ponto desta análise, o *implícito* é constituído pelos "universais" que permanentemente estão atuando e cuja investigação cabe ao terapeuta em sua operação. O esquema do cone invertido tem a intenção de configurar em sua *base* todas as situações manifestas no campo operacional e, no seu vértice, as soluções básicas universais que estão atuando de forma latente.

Estes *universais* são:

a) Os medos básicos: 1) medo da perda da estrutura já obtida e 2) medo do ataque na nova situação a ser estruturada.

b) "A situação terapêutica negativa" diante da situação de *mudança* configurada por: 1) medo da mudança, 2) resistência à mudança.

c) Um sentimento básico de *insegurança* (a fórmula é "mais vale um pássaro na mão do que dois voando").

d) Os processos de *aprendizagem* e *comunicação*:

Ambos os aspectos formam uma unidade e são interdependentes. A comunicação é o trilho da aprendizagem.

e) As *fantasias básicas*: 1) de doença, 2) de tratamento e 3) de cura.

Ao encarar a tarefa corretora, o terapeuta irá manejar um ECRO que contenha os seguintes conceitos e passos operacionais:

1) O conceito de *porta-voz*: o doente é o porta-voz da enfermidade grupal.

2) A análise dos *papéis*: funções sociais perturbadas, papéis assumidos em situações de emergência. (Por exemplo: um pai com papéis maternos.) (Rigidez ou rotatividade.) Lideranças.

3) A análise das *ideologias* (ou preconceitos). Cada família tem sua ideologia grupal e o membro pode ter sua própria ideologia, distinta da familiar. Assim vemos os conflitos de gerações (nos judeus, por exemplo, acontece o fato de os velhos serem sionistas e conservadores; por sua vez, os jovens chegam a assumir idéias de esquerda). Delineiam-se assim as *contribuições* a ser resolvidas.

4) A análise do *mal-entendido básico*.

5) A análise dos *segredos familiares*. (Todos os conhecem, mas ninguém fala deles.)

6) A análise dos mecanismos de *splitting*.

7) A análise dos *mecanismos de segregação* e de suas infra-estruturas.

8) A análise dos *mecanismos de preservação*.

9) As fantasias de *onipotência* e *impotência*, que facilmente são projetadas no terapeuta como uma forma de torná-lo impotente e paralisá-lo. (O terapeuta é o ser onipotente que resolve tudo, ou o ser impotente que nada pode fazer.)

10) A análise da *situação triangular básica* reeditada em séries de situações triangulares intragrupais.

11) *A evolução dos meios ou logística.*

Grupos familiares.
Um enfoque operativo[1]

O processo terapêutico tem como objetivo obter uma diminuição das ansiedades psicóticas básicas. Em conseqüência, como terapeutas, não falamos de "cura", mas tentamos diminuir um montante determinado de medos básicos, de ansiedades, de perda e ataque, de forma que o ego do sujeito não precise recorrer ao emprego de mecanismos defensivos que, estereotipando-se, configurem a doença, e lhe impeçam uma adaptação ativa à realidade.

A doença, tal como manifesta fenomenologicamente, é uma tentativa de elaboração do sofrimento provocado pela intensidade dos medos básicos. Como tentativa, leva ao fracasso, pela utilização de mecanismos defensivos estereotipados, rígidos, que se mostram ineficazes para manter o sujeito em um estado de adaptação ativa ao meio. (Esse processo acarreta a alienação do grupo do qual o sujeito que adoece é porta-voz. Ou seja, a alienação do *intra* e do *extra* grupo.)

Insistiremos no conceito de adaptação, pois parece-nos fundamental para a elaboração de uma teoria da saúde e da doença mental diferenciar um processo de adaptação ativa

---
1. Notas de um curso dado no "Centro de Medicina", 1965-66.

à realidade de um processo de adaptação passiva. Na prática psiquiátrica, é freqüente observar que a alta é dada a muitos pacientes mediante a utilização, como indicador de cura, do fato de comerem bem, de se vestirem corretamente, etc., ou seja, de apresentarem um comportamento aparentemente "normal", de terem chegado a construir um estereótipo segundo o qual se conduzem, quase que automaticamente, em sua vida cotidiana. Nesse estereótipo, o médico, a família e os mais chegados integram-se como contexto. O sujeito pode comer, pode dormir, etc., porém não acontecem nele modificações profundas, nem, tampouco, atua como um agente modificador de seu meio. Converte-se, assim, num líder alienante de toda uma estrutura, à mercê da situação de impostura grupal, na qual impera a "má-fé". O conceito de adaptação ativa que propomos é um conceito dialético, no sentido de que o sujeito, ao transformar-se, modifica o meio, e ao modificar o meio, modifica-se a si mesmo. Dessa maneira, configura-se uma espiral permanente, pela qual um doente que está em tratamento e apresenta melhoras opera simultaneamente em todo o círculo familiar, modificando estruturas nesse meio (produzindo uma desalienação progressiva do intra e do extra grupo).

A afirmação de Melanie Klein de que os conflitos, os vínculos e as redes de comunicação perturbados pela doença estão relacionados mais com os *objetos internos* do que com os externos permite visualizar que a imagem interna que o paciente tem de seu grupo familiar está distorcida por determinadas situações ocorridas em algum momento de sua história. O paciente tem uma visão de seu grupo primário totalmente diferente do que este é na realidade, produzindo-se então uma intensificação do processo de incomunicação, provocada pelo desajuste ou desarticulação entre ambas as imagens.

Com base nisso, podemos definir o mundo interno e as fantasias inconscientes como a crônica que o *self* realiza sobre seus vínculos de via dupla com objetos internos, que por sua vez podem chegar a interagir, prescindindo do *self*. É nesse momento que o sujeito experimenta a vivência de perder o controle sobre esse agir de seus objetos internos, instalando-se a "loucura". Ou seja, surge uma "conspiração" interna vivenciada como o enlouquecer, a derrubada do ego. O mundo interno é constituído por um processo de progressiva internalização dos objetos e dos vínculos. Este mundo encontra-se em permanente interação, interna e com o mundo exterior. Através da diferenciação entre mundo externo e interno, o sujeito adquire identidade e autonomia (sentimento de *mesmidade* ou vivência do *self*). A noção de mundo interno aparece como possibilidade de resolver o conflito entre o geral e o particular. Assim, entramos no terreno da *ecologia interna*, que investiga os mecanismos pelos quais se constrói um mundo interno em interação permanente com o externo através de processos de introjeção e projeção.

Essa unidade fundamental que é o *vínculo* constitui-se, durante o desenvolvimento infantil, com base nas necessidades corporais que promovem o reconhecimento das fontes de gratificação, mediante técnicas mais ou menos universais. Definimos o vínculo como a estrutura complexa que inclui o sujeito e o objeto, sua interação, momentos de comunicação e aprendizagem, configurando um processo em forma de espiral dialética, processo este em cujo começo as imagens internas e a realidade externa deveriam ser coincidentes. Isso não acontece, visto que o objeto atua em duas direções: para a gratificação (constituindo assim o vínculo bom) e para a frustração (configurando o vínculo mau). Assim surge a estrutura *divalente* no sistema vincular com objetos parciais ou, esclarecendo melhor, com uma cisão do objeto total em dois objetos parciais; um deles vivido com uma *valência* totalmente positiva, pelo qual o sujeito se sente totalmente amado e ao qual ama; o outro objeto é marcado por uma *valência* negativa: o sujeito sente-se totalmente odiado, sendo recíproco esse vínculo negativo, do qual necessita desfazer-se ou controlar.

Creio que cabe aqui uma definição de *fantasia inconsciente*: ela é o projeto ou a estratégia totalizante de uma ação com base numa necessidade.

Para a abordagem do processo corretor, quando enfocamos terapeuticamente um grupo familiar – do qual surgiu um doente como porta-voz de suas ansiedades –, torna-se um passo decisivo detectar a estrutura e a dinâmica do grupo interno do paciente, ou seja, a representação que ele tem do grupo real internalizado. Essa representação constitui a base de suas fantasias inconscientes na relação com sua família. O terapeuta questionará a articulação desse mundo interno com o grupo externo. Através dessa confrontação com a realidade, poderemos avaliar a intensidade e a extensão do *mal-entendido*, enfermidade básica do grupo familiar.

O paciente tem uma imagem distorcida dos membros de sua família, com os quais não pode comunicar-se, exatamente por essa perturbação no vínculo. Sua emissão e recepção de mensagens sofrem permanentemente a interferência da projeção de imagens internas construídas durante sua infância em situações de frustração ou gratificação que não pode modificar. Como dissemos, essas imagens não coincidem com a realidade, porque se configuram com base nos vínculos bom e mau, seguindo um modelo estereotipado e arcaico.

Como vimos, o vínculo mau relaciona-se com experiências de frustração, e o vínculo bom com experiências gratificantes. Referimos a noção de vínculo ao que Freud chama "instinto de vida e instinto de morte". Contudo, não falamos de instinto, mas de *estrutura vincular*, de atitudes que são o produto de experiências muito precoces de gratificação e frustração. O objeto gratificante, na medida em que satisfaz as necessidades do sujeito, permite-lhe estabelecer com ele um vínculo bom, enquanto o frustrante o é na medida em que não satisfaz essas necessidades, estabelecendo-se um vínculo negativo. Nele, a hostilidade é permanentemente realimentada pelo mecanismo de *retaliação*.

Diante do objeto gratificante, o sujeito experimenta uma ansiedade que denomino "sentimento de estar à mercê". O objeto não é perseguidor, mas uma fonte de angústia na medida em que pode ser perdido. A ansiedade e o temor diante do objeto bom são experimentados não tanto pelo medo da perda do objeto em si, porém, muito mais, pelo medo da perda das próprias partes do sujeito que ele depositou nesse objeto. No grupo interno, a dependência surge pela projeção, numa das figuras parentais, dos aspectos bons do sujeito, estabelecendo-se um vínculo bom, de via dupla, com objetos parciais. A ansiedade relacionada com esse vínculo bom (patologia do vínculo bom), o temor do abandono e da perda, originam o sentimento de *nostalgia* característico da depressão esquizóide.

Sobre o outro objeto, e com raízes em experiências frustrantes, o sujeito projeta suas partes más, gerando um retorno da agressão contra si mesmo, o que dá origem aos sentimentos ou idéias de perseguição. São estas, então, duas imagens básicas que operam na mente do paciente.

Como possibilidade de conceituar e sintetizar, insistiremos que a interação num grupo familiar se estrutura com base num interjogo de imagens internas. Quando em um grupo se produz a emergência de uma doença mental, os integrantes terão uma imagem do sujeito que adoece, que será conjugada com as imagens que ele tem dos outros integrantes, de si mesmo e com o que acredita que os outros pensam dele.

A tarefa corretora consiste na ratificação ou retificação dessas imagens em interjogo. Se forem muito diferentes entre si, aparece a dúvida, a incerteza, como medida da intensidade da fissura existente entre a qualidade da auto-representação e a imagem que os outros têm do sujeito.

Se o ajuste de imagens for perfeito, mas ainda persistir uma conotação negativa, pode surgir o masoquismo, através do qual o sujeito se tornará o portador da situação de doença. Quando alguém adoece num grupo familiar, há a tendência de excluir esse membro, surgindo o *mecanismo de segregação*, de cuja intensidade dependerá o prognóstico do paciente. A marginalização produz-se porque o doente mental é o depositário das ansiedades de seu grupo, e assim trata-se de afastá-lo, com a fantasia de que, com o desaparecimento dele, desaparecerá a ansiedade.

Mutação do objeto protetor em bode expiatório

Propõe-se aqui um problema curioso: quem adoece num grupo familiar é o membro mais forte ou o mais fraco? O mesmo acontece quando se trata de uma enfermidade psicossomática. A localização de um distúrbio num determinado órgão abre uma questão sobre se esse órgão serviu para elaborar ansiedades durante muito tempo e foi, em certo momento, um órgão forte, até que se tornou vítima da fadiga do conflito e do estado de *stress* crônico provocado por ele.

Na família, o doente é, fundamentalmente, o porta-voz das ansiedades do grupo. Como integrante dela, desempenha um papel específico: é o *depositário* das tensões e conflitos grupais. Torna-se o portador dos aspectos patológicos da situação nesse processo interacional de adjudicação e assunção de papéis, que compromete tanto o *sujeito depositário* como os *depositantes*. O estereótipo configura-se quando a projeção de aspectos patológicos é maciça. O sujeito fica paralisado, fracassa em sua tentativa de elaboração de uma ansiedade tão intensa (salto do quantitativo ao qualitativo) e adoece. A partir desse momento, o círculo se fecha, completando-se o ciclo de configuração de um mecanismo patológico de segurança que, desencadeado por um aumento das tensões, consiste numa depositação maciça dos conteúdos ansiógenos no membro doente, com a posterior segregação desse *depositário* em razão da periculosidade dos conteúdos *depositados*.

A doença de um membro, contudo, opera como *denunciante* da situação conflitiva e do caos subjacente que esse dispositivo patológico de segurança tenta controlar. O paciente, por sua conduta desviada, transforma-se no porta-voz, no "alcagüete"do grupo.

Uma vez iniciado o processo corretor, é muito freqüente que, após algumas sessões de grupo familiar, haja a eclosão de um conflito que, apesar de conhecido por todos, era mantido em silêncio. Esse conflito silenciado, secreto, converteu-se, com a cumplicidade explícita ou implícita dos integrantes, num "mistério familiar", gerador de ansiedades. Provocou-se, assim, uma ruptura da comunicação.

O caráter misterioso (perigoso) dessa situação vê-se permanentemente realimentado por essa "conspiração do silêncio". A família vive a confrontação do conflito, a desocultação, como uma catástrofe, resistindo ao esclarecimento.

A mudança, que por uma ruptura da estereotipia dos papéis possibilitava a redistribuição das ansiedades, produz um temor que se manifesta por um modo particular de tratar o doente, uma ocultação dos fatos, uma forma de cuidado que configura, na realidade, um mecanismo sutil de segregação. Esse processo subjacente atua como reforçador da doença, já que a insegurança do paciente se vê aumentada por sua percepção de que "algo se passa", sem que esse "algo"lhe seja esclarecido.

Perante essa situação, o terapeuta deverá realizar um manejo adequado do *timing* de esclarecimento, esperando o ponto de urgência, ou seja, um avizinhamento do implícito ao explícito.

A tarefa corretora consistirá na reconstrução das redes de comunicação tão profundamente perturbadas, na reconstrução dos vínculos, com uma reestruturação do interjogo de papéis. Precisamente no processo de adjudicação e assunção de papéis é que surgem a confusão e as perturbações da comunicação, viciando-se a leitura da realidade.

Tudo isto desencadeia e realimenta os sentimentos de insegurança e incerteza, que estão na base de todos os transtornos individuais e grupais. No sentimento de insegurança, incluem-se o medo da perda e o medo do ataque. O sujeito adoece de insegurança (por amor e de ódio), visto que o grupo do qual provém não lhe permite obter uma identidade. A anormalidade dos vínculos, os transtornos da comunicação impossibilitam discriminar, saber realmente "quem é quem".

Uma família é, então, uma *Gestalt-Gestaltung*, um "estruturando" que funciona como totalidade. Seu equilíbrio é obtido quando a comunicação é aberta e funciona em múltiplas direções, configurando uma espiral de realimentação.

Quando um grupo familiar adquire um determinado montante de saúde mental, o sistema, a rede de comunicações, é multidirecional. Essa rede perfeita que, representada graficamente, nos permitirá visualizar múltiplas linhas de comunicação partindo de cada membro e incluindo cada um dos integrantes, é característica do grupo que obteve um grau ótimo de integração.

Em alguns casos podem surgir subgrupos, que se comunicam no interior de uma estrutura vincular de via dupla. A existência de subgrupos é natural em toda situação grupal, mas em certos casos esses subgrupos adquirem características mais estáveis, mais rígidas, com uma tendência a estereotipar a direção da comunicação.

É freqüente observar-se, em certos grupos familiares, membros com uma tendência ao isolamento ou à inclusão em outro grupo, que progressivamente vão adquirindo uma certa autonomia, uma pertença a um extragrupo ou grupo de referência.

Na medida em que deslocam sua pertença do grupo primário para o grupo de referência, transferem também sua cooperação e pertença. O grupo primário é mantido na medida em que outros integrantes podem assumir o papel do ausente, já que os papéis podem ser complementares ou suplementares.

Um grupo familiar que possui uma boa rede de comunicação, que se desenvolve eficazmente em sua tarefa, é um grupo *operativo*, no qual cada membro tem um papel específico atribuído, porém com um grau de plasticidade tal que lhe permite assumir outros papéis funcionais. Essa capacidade de assunção de papéis (potencial de substituição na emergência) constitui um elemento a ser considerado no prognóstico do grupo familiar. Na assunção de papéis necessitados situacionalmente, configura-se um processo de aprendizagem da realidade, tarefa fundamental do grupo.

Em síntese: um grupo obtém uma adaptação ativa à realidade quando adquire *insight*, quando se torna consciente de certos aspectos de sua estrutura e dinâmica, quando torna adequado seu nível de aspiração a seu *status* real, determinante de suas possibilidades. Num grupo sadio, verdadeiramente operativo, cada sujeito conhece e desempenha seu papel específico, de acordo com as leis da complementaridade. É um grupo aberto à comunicação, em pleno processo de aprendizagem social, em relação dialética com o meio.

Insistimos no conceito de aprendizagem do papel no grupo primário, porque as falhas na instrumentação (papel) geram no sujeito um sentimento de insegurança que o predispõe a cair numa situação neurótica. A aprendizagem é perturbada porque o sujeito, segundo um mecanismo já descrito, se torna portador das ansiedades do grupo, configurando-se a situação de *bode expiatório*. Então o sujeito defende-se da ansiedade recorrendo aos mecanismos ou técnicas do ego estudadas pela psicologia individual.

Se esse recurso adaptativo falhar, a enfermidade eclodirá, com a conseqüente segregação do paciente, abandono do papel, dificuldades na reintegração do membro doente, etc.

Um enfoque imediato e pluridimensional da situação de enfermidade facilitará uma redistribuição de ansiedades, liberando o paciente da *ansiedade global* que havia assumido, numa tentativa de *preservação* do grupo. Abre-se assim uma possibilidade de esclarecimento do *mal-entendido* grupal, que opera como estrutura patogênica, tornando possível uma reorganização funcional e operativa do grupo.

De acordo com as pesquisas da Sra. Minkowska, pode-se fundamentar uma tipologia familiar utilizando-se como critérios de classificação os diferentes graus de aglutinação, dispersão e dissolução dos vínculos intergrupais.

A Sra. Minkowska iniciou sua tarefa estabelecendo uma distinção entre as famílias estudadas, que foram divididas em dois grandes grupos. Consignou num deles todos os núcleos familiares nos quais a tendência à aglutinação aparecia como predominante, chamando-os "grupos epileptóides". No outro grupo enquadrou as famílias caracterizadas pela tendência à dissociação e dispersão, denominando-os "grupos esquizóides". Estabeleceu também, entre esses dois pólos representativos de situações extremas, uma gradação de quadros mistos, posições intermediárias entre a aglutinação e a dispersão.

A família do tipo epileptóide evita o deslocamento, está apegada à terra, seus integrantes não emigram ou, se se impuser o abandono do lugar natal, é feito pelo grupo em sua totalidade. A estrutura familiar é fechada, rígida, aceita com muita dificuldade o ingresso de um novo integrante, que é sempre colocado num *status* inferior. (Nas famílias rurais de tipo epileptóide, o genro ou a nora desempenham sempre as tarefas mais árduas.) Os papéis são fixos, estereotipados.

Nas situações de luto torna-se mais notória a viscosidade do grupo epileptóide: diante da perda, parecem aglutinar-se com maior intensidade, e mesmo plasticamente este processo é mais perceptível, já que o luto na família epileptóide parece mais negro e os rituais fúnebres, mais parcimoniosos e lentos.

Nas festas, a família epileptóide mostra uma excitação contrastante com sua viscosidade habitual. O epiléptico apresenta um baixo limite de reação ao álcool (alcoolismo patológico). O estouro de um conflito, com características de violência súbita e desproporcional, é um traço habitual nas festas das famílias epileptóides. Nessas situações, não é raro que o conflito culmine num crime. Estudando as características de um conflito desse tipo, observamos que tem uma história dentro do grupo que, ao ser reativada por algum fator desencadeante, determina o estouro.

A família esquizóide, por sua vez, tende à dissolução, à ruptura progressiva dos vínculos. A unidade familiar é escassa, quase nula. Seus integrantes emigram freqüentemente, rompem a comunicação e desconhecem a nostalgia. O arquétipo ou modelo de conduta é o do pioneiro, do aventureiro, que perde contato com a família, que não escreve. Na realidade, isso se deve à intensidade da internalização, que lhe permite manter um diálogo com seus objetos internos, experimentando assim uma proximidade interior que o impede de vivenciar sua solidão.

Entre as estruturas intermediárias podemos mencionar a hipocondríaca, com características relativamente similares às do grupo epileptóide quanto à viscosidade. A personagem central desse grupo, em torno da qual se estrutura a rede de comunicação, é a doença. Os integrantes estabelecem entre si vínculos com características particulares, fazendo-se uma codificação em termos de órgãos.

É importante assinalar as possibilidades de contaminação que apresentam esses grupos familiares hipocondríacos, no sentido de que, pela convivência, podem reativar núcleos hipocondríacos latentes em todos nós, núcleos que têm sua origem numa posição não esclarecida diante da própria morte.

No processo corretor de um grupo familiar, sejam quais forem as características por ele apresentadas, a operação estará centrada na abordagem do núcleo depressivo básico patogenético, a partir do qual todas as outras estruturas patológicas se tornam tentativas fracassadas de elaboração. Como tarefa complementar, ao enfrentar o tratamento de um grupo familiar com traços esquizóides, objetivar-se-á particularmente o estabelecimento de uma rede eficaz de comunicação para obter uma maior integração.

Num grupo que apresente traços epileptóides, o trabalho terapêutico tenderá a promover a discriminação, a tomada de uma distância ótima, o esclarecimento dos mal-entendidos e a ruptura de um estereótipo viscoso, de acordo com o qual cada integrante é, para o outro, sua propriedade privada.

Aplicações da psicoterapia de grupo[1]

Retomarei alguns dos aspectos desenvolvidos por meu colega para enfatizar as alterações ou dificuldades na aprendizagem da psiquiatria. Mencionarei também as aplicações das técnicas grupais na indústria e na empresa, no hospital e em outros grupos. Há muito tempo tenho a preocupação de poder encontrar o meio mais fácil para ensinar psiquiatria. Na realidade, podemos pensar que o conhecimento psiquiátrico, ou seja, o que chamamos de esquema referencial da psiquiatria, está na mente do estudante. Isto é, ele tem funcionando dentro de si todos os mecanismos da doença com variações quantitativas entre ele e o doente mais grave do hospital psiquiátrico. O problema é formulado da seguinte maneira: para poder conhecer o paciente, entrar nele, o aprendiz tem de assumir o papel do paciente. O papel do paciente é um papel que acaba sendo angustiante, porque é o papel do doente mental. Ou seja, uma autêntica aproximação do doente significa para o estudante um perigo, uma ansiedade especial, cujo conteúdo iremos analisar. A preo-

....
1. Relato oficial do Primer Congreso Latinoamericano de Psicoterapia de Grupo, 1951.

cupação com esse problema didático levou-me a outras considerações no âmbito da teoria geral das neuroses. Em certa medida, podemos considerar as neuroses ou as psicoses como uma perturbação da aprendizagem e uma perturbação da aprendizagem da realidade: uma perturbação da aprendizagem da realidade através de papéis, ou seja, de funções sociais. Se a sociedade está internalizada, estão depositadas uma série de atitudes, uma série de conhecimentos psicológicos, e é necessário somente encontrar o meio, uma maiêutica particular, para que cada um dos aprendizes possa explicitar a assunção desses papéis. A teoria da aprendizagem, principalmente em seus últimos desenvolvimentos com Kurt Lewin, com Mead, com Bachelard e Melanie Klein, vem trazendo-nos sucessivas aproximações. De Kurt Lewin, por exemplo, utilizamos a noção de campo, a de situação e muitos aspectos de alguns princípios topológicos da aprendizagem. De Mead utilizamos a noção de papel. De Bachelard, a de que existe no conhecimento e, mais ainda, neste tipo de conhecimento, o que ele chama de "obstáculo epistemofílico". Ou seja, que no campo do conhecimento, o objeto do conhecimento situa-se quase como um inimigo do sujeito. Esse obstáculo tem de ser penetrado, tem de ser conhecido. Neste caso, repetimos novamente, o campo é a aprendizagem, a aprendizagem da psiquiatria, da psiquiatria, não individual mas em grupo, e o obstáculo epistemofílico é o outro, o paciente, que, além de obstáculo, tem de ser conhecido. A possibilidade de conhecer essa situação, o que, na verdade, foi feito, através de análises individuais, deu lugar à tentativa de aplicar todos esses conhecimentos ao ensino em grupo. Isso ocorreu certamente porque o grupo oferece a possibilidade da co-participação do objeto de conhecimento, ou seja, do objeto mental. É como se no grupo se fragmentasse a ansiedade provocada pela aproximação desse objeto. Essas primeiras abordagens provocaram a revisão da antiquada didática do ensino da psiquiatria e da psicanálise. No entanto, a psicanálise não incorporou em sua didática a própria psicanálise. Ou seja, o campo de aprendizagem da psicanálise, na realidade, é bastante velho. O que se tem feito, sim, é destacar uma série de perturbações da aprendizagem, porém mais em termos de mecanismos, assinalando-se principalmente todos os distúrbios de aprendizagem nas crianças; no que diz respeito ao adulto, tem havido muito poucas contribuições. Contudo, nos últimos tempos, alguns investigadores têm se preocupado com o ensino da psiquiatria, da psicanálise e, ultimamente, com a psicoterapia de grupo, ou seja, o tema que nos reuniu aqui. Uma vez configurado esse esquema de conhecimento, decidimos abordar o problema. O primeiro grupo que tratamos dessa maneira foi um grupo constituído por seis estudantes dos primeiros anos de medicina (há quase três anos), estruturado com o propósito de ensinar psiquiatria. Era um grupo de alunos que freqüentava o hospital, que tinha contato com pacientes – coisa importantíssima, porque poderíamos dizer que um ensino de psiquiatria sem contato com os pacientes, seguindo esse esquema de trabalho, seria um ensino abstrato. Dessa maneira, configurou-se um grupo que era praticamente do hospital, e colocou-se então a possibilidade de ensinar. Bem, agora, uma das prescrições era que não deveriam estudar e que deveriam aproximar-se dos pacientes. Dessa maneira, começamos a trabalhar. As primeiras ansiedades que sofreram nessa situação podem ser comparadas, muito diretamente, ao tipo de ansiedade que havíamos visto nas análises individuais de candidatos a analistas. Ou seja, imediatamente apareceram situações fóbicas, de temor de penetrar na situação, de temor de penetrar no próprio campo em que estávamos, no próprio campo do grupo, e isso logo foi interpretado. Apresentava-se também uma situação de grande rejeição. A resistência expressava-se como uma resistência a aprender, já que a prescrição era analisar o aprender. Por exemplo, muito cedo na terceira aula ou sessão (as sessões realizavam-se uma vez por semana no próprio hospital e duravam uma hora), apareceu uma situação especial, momento em que pudemos ver quase toda a patologia mental. Tratava-se de uma situação de exame. Os seis estavam na mesma situação e os seis reagiram ao impacto do exame com diferentes quadros. Ou seja, pudemos ver todos os quadros psicossomáticos e todos os quadros mentais atenuados nessa situação. Alguns experimentaram ansiedade claustrofóbica, outros uma situação agorafóbica, outros ansiedades depressivas, outros ansiedades paranóides, outros tiveram diarréia, e outros tiveram diversos sintomas: náuseas, vômitos, dores de cabeça, etc.

O impacto dessa primeira aula criou neles uma situação de resistência, até que pouco a pouco foi fragmentado esse objeto de conhecimento e novamente compartilhado. Então, periodicamente, cada vez que se penetrava numa série de conhecimentos, produzia-se a mesma situação. Ou seja, a elaboração, que é na realidade um processo de assimilação e reestruturação no grupo, é feita de maneira grupal, e isso constitui então, para um tipo de ensino como o da psiquiatria, da psicologia, da filosofia, etc., um meio realmente eficaz. Além disso, poderíamos dizer que toda a pedagogia e a didática se configuram, em geral, com base numa situação falsa, pois quase sempre se referem a uma situação a dois. Contudo, a situação natural é grupal; por exemplo, ensinar um grupo de crianças. É curioso encontrar na história da pedagogia algumas tentativas muito importantes, por exemplo, na escola de Cousinet na França, que aproveita a situação do grupo para o ensino. O tema da aula não tem uma ordenação sistemática. Ele é trazido por um dos alunos, que então assinala uma dificuldade. Por exemplo, uma técnica que pouco a pouco foi surgindo – porque na realidade aprendemos uma técnica com esse primeiro grupo – era a seguinte: cada vez que aparecia um quadro clínico determinado, eu solicitava aos alunos que cada um falasse sobre a vivência que tinha a respeito de um determinado distúrbio. Numa aula sobre esquizofrenia, por exemplo, cada um havia recebido um impacto particular. Ou seja, para alguns chamou a atenção o isolamento, para outros a indiferença, ou a dissociação, ou o delírio, e assim podíamos montar o quadro fragmentado através do grupo, facilitando sua assimilação. Esse grupo teve características particulares, no sentido de que sofreu várias situações impactantes no hospital; também situações com o observador, que, por uma situação política, criou uma tensão muito grande dentro do grupo, sendo finalmente expulso. Essa situação de expulsão do observador do grupo coincidiu com um aumento da ansiedade na penetração do objeto do conhecimento. Na realidade, ele foi utilizado como "bode expiatório". Isso criou um grande sentimento de culpa, muito difícil de elaborar. Pouco a pouco, no decorrer do tempo, cada um teve a fantasia de fazer uma análise individual, e, assim, progressivamente, foram entrando em análise individual. A prescrição era de que aqueles que fizessem análise individual deixassem o grupo. Isso criou uma grande ansiedade para desapegar-se do grupo. No entanto, vários o fizeram, e atualmente é um grupo que, de seis elementos, ficou reduzido a três, dos quais dois, a semana que vem, ou por estes dias, começam uma análise individual. Permanece apenas um, que não a pode fazer.

O balanço desse primeiro grupo de trabalho de ensino foi muito positivo, porque depois os vi trabalhar em ocupações não psiquiátricas clínicas; por exemplo: trabalharam comigo em trabalho social, em trabalho de pesquisas, e demonstram uma compreensão notável de todo o acontecer e, principalmente, não têm conhecimentos psiquiátricos clínicos clássicos, mas possuem, especialmente, uma grande compreensão do fenômeno mental referente ao seu contexto social. Considero essa experiência notavelmente positiva.

A outra experiência, seguindo outra técnica, consiste na possibilidade de ensinar psiquiatria de maneira acumulativa, ou seja, propor um plano de ensinar psiquiatria a um grupo, seguindo mais ou menos esta técnica e trabalhando três ou quatro horas diárias durante dez dias. É uma experiência que realizei quatro vezes em diferentes lugares, diferentes países, também com excelente resultado. Porém eram pessoas que tinham experiência psiquiátrica e, em muitos casos, tinham começado uma análise. A fantasia básica que dificulta a aprendizagem é uma fantasia que foi assinalada por Melanie Klein: o temor, a ansiedade de destruir o objeto de conhecimento, que neste caso, por exemplo, pode estar representado pelo peito ou pelo corpo da mãe; entretanto, outra ansiedade soma-se a esta: o temor de permanecer dentro do objeto, uma vez que penetrou nele e o esvaziou. O aprisionamento no objeto e a situação claustrofóbica dentro dele – e neste caso o objeto é um alienado mental – produzem então uma ansiedade particular que se expressa nos sonhos que pude recolher neste grupo, caracterizados, fundamentalmente, por manifestos conteúdos claustrofóbicos, no sentido de que não podiam sair do hospital, que o porteiro não os conhecia, que haviam mudado de aspecto, que estavam vestidos como os doentes. Toda uma gama de sonhos que indicavam exatamente essa situação. Uma vez conhecida essa situação básica, com um grupo novo, já pude trabalhar diretamente sobre ela. Ou seja, desde as primeiras sessões é possível abordar o problema, já que a atitude de rejeição à psiquiatria, a dificuldade diante da psiquiatria, é uma atitude natural, principalmente em quem tem vocação para esse tipo de conhecimento. Se a situação não for analisada precocemente, produz-se um fenômeno muito especial, que podemos chamar de fenômeno de distanciamento do objeto. Pouco a pouco, então, o estudante ou o aprendiz se afasta do objeto de conhecimento, toma-o superficialmente e, inclusive, não assume o papel, mas representa o papel do paciente, imitando coisas dos doentes. É muito freqüente ver, nos hospitais psiquiátricos, a presença de um grupo de estudantes ou médicos que têm traços particulares que lembram aspectos dos doentes. É muito comum dizer que o psiquiatra se "contagia". É evidente que sim, porém, desse ponto de vista. Se ele se identifica com o paciente ou o imita, cai finalmente no jogo. Ou seja, temos dois tipos de aprendizes de psiquiatria: aqueles que permanecem dentro do hospital, que geralmente se identificam com os pacientes, criando uma vida parasitária; e aqueles que, geralmente, vão se distanciando do paciente até que, por fim, fazem uma psiquiatria por delegação, ou seja, por intermédio dos ajudantes, dos médicos, enfermeiros, fazendo-os realizar, por exemplo, as terapias biológicas. Creio que essa experiência é muito útil, tanto para aquele que recebe o ensinamento como para aquele que a realiza.

O outro aspecto fundamental que deve ser analisado é um tema que temos mencionado muito neste congresso: o esquema referencial. O esquema referencial é o conjunto de conhecimentos, de atitudes, que cada um de nós tem em sua mente e com o qual trabalha na relação com o mundo e consigo mesmo. Ou seja, que pode ser, até certo ponto, nucleado e conhecido. O fundamental, então, é que aquele que se aproxima de qualquer campo de conhecimento conheça, mais ou menos conscientemente, até onde lhe for possível, os elementos com os quais opera. A situação do psiquiatra, do psicanalista, é particular, visto que não somente têm de penetrar no paciente para conhecê-lo e então, por analogia, reconhecer o do outro como de si mesmo, mas deve modificar seu campo de trabalho, devolvendo esse conhecimento e modificando a estrutura do campo e do objeto. Esta maneira de trabalhar, ou seja, buscando fantasias básicas de uma tarefa, pode ser realizada em outros âmbitos. Essa é a fantasia básica da aprendizagem da psiquiatria. O mesmo poderia ser realizado em qualquer profissão, e assim, então, poderíamos estender este tipo de aprendizagem a outras disciplinas que formam o contexto geral das relações humanas. Por exemplo, tanto uma empresa como um hospital ou uma instituição podem ser estudados e considerados como uma totalidade e como um grupo. Há dois magníficos estudos integrais de um hospital psiquiátrico de Stuart, onde foram analisados todos os tipos de relações estabelecidas dentro dele: todas as hierarquias, os *status* e todos os fenômenos de comunicação e formação. E assim foi possível descobrir uma série de fenômenos, importantes não só do ponto de vista do conhecimento em si, mas pelo fato de esse conhecimento ser imediatamente operacional. Quer dizer que, modificando certos aspectos da estrutura de um hospital e os contatos entre funcionários e pacientes, resolveram um *quantum* bastante considerável do isolamento dos pacientes. Estudaram justamente o problema do isolamento, da ruptura da comunicação dentro do hospital psiquiátrico, e de que maneira um paciente psiquiátrico, incluído nesse contexto, pouco a pouco, por falta de contato humano, rompe com a possibilidade de comunicar-se com o exterior e permanece fixado, preso definitivamente numa comunicação interna com um vínculo interno. Quando os problemas de isolamento eram muito agudos, descobriu-se sempre que esse problema não existia apenas no paciente, mas também no pessoal encarregado de tratá-lo. E assim, então, fazendo grupos com enfermeiros e também com médicos, pôde-se reduzir esse problema tão sério que afeta o hospital psiquiátrico: o isolamento. Outros problemas foram encarados, como a excitação, a falta de controle esfincteriano, problemas do sono, de fuga, de suicídio. Enfim, todos os problemas dessa pequena comunidade que é o hospital foram, assim, considerados em seu conjunto, e muitos deles puderam ser reduzidos.

Assim como há uma fantasia total sobre o hospital, existe também uma fantasia total do que é uma empresa ou uma fábrica. Quanto à empresa ou fábrica, essa situação foi estudada pela primeira vez com um surpreendente grau de profundidade por Elliot Jacques, psicanalista e sociólogo inglês. Surgiram nas fábricas problemas de grupo. Os problemas podem acontecer entre os grupos dirigentes ou entre funcionários e operários*. O conflito foi criado por uma modificação no regime de salários. Jacques pôde pesquisar a situação psicológica e o significado do conflito em cada um dos grupos. Era uma grande empresa em Londres. As características de sua atuação foram: ele e sua equipe haviam sido contratados pela fábrica, pelo sindicato e pelo governo. Essa situação ideal pôde condicionar uma investigação profunda. Todo o tipo de ansiedades paranóides, depressivas, que caracterizam profundamente a situação foi visto ali, e Jacques pôde pesquisar, através desse trabalho, como as instituições sociais funcionam como defesa contra ansiedades psicóticas. Ou seja, o enfraquecimento dessa estrutura acarreta um fenômeno de aumento de ansiedade, aumento de insegurança, aumento de conflito e hostilidade, criando-se assim um círculo vicioso que às vezes é impossível reduzir no campo das relações humanas na empresa.

----

* No original, *trabajadores y obreros*. (N. do T.)

Discurso

*pronunciado como presidente do Segundo
Congresso Argentino de Psiquiatria*[1]

Este Segundo Congresso Argentino de Psiquiatria é uma contribuição para o Ano Mundial da Saúde Mental (1959-1960), auspiciado, principalmente, pela Federação Mundial para a Saúde Mental, cujo presidente, o professor Pacheco e Silva, hoje nos honra e incentiva com sua presença e colaboração.

Afirma-se: "O maior problema sanitário no mundo de hoje é o da má saúde mental, que ocupa mais leitos de hospital do que o câncer, as doenças do coração e a tuberculose juntos. E mais, para cada paciente que recebe tratamento num hospital psiquiátrico há pelo menos dois que não estão internados, ou seja, que vivem fora do hospital, não suficientemente doentes para ser hospitalizados, nem suficientemente sadios para viver uma existência saudável e feliz." Calcula-se, além disso, que cerca de metade dos leitos hospitalares se acha ocupada por casos psiquiátricos, enquanto um terço ou mais dos pacientes externos que procuram, por qualquer motivo, consultas nos hospitais gerais, fazem-no por motivos psicológicos. A gravidade desse pro-

---

1. *Acta Neuropsiquiátrica Argentina*, 7, 1961.

blema foi considerada, há muitos anos, num seminário da Organização Mundial de Saúde, quando se fez a seguinte declaração, tão atual hoje quanto na época: "Se as doenças físicas alcançassem no mundo as proporções de muitos dos atuais males sociais que têm sua origem em fatores emocionais (como a delinqüência, o alcoolismo, as toxicomanias, os suicídios, etc., sem contar os casos de doenças mentais típicas), declarar-se-ia, sem dúvida, um estado de epidemia, e adotar-se-iam poderosas medidas para combatê-la." Ou seja, colocar-se-ia a humanidade numa situação de emergência, num estado de quarentena.

Muitos dos problemas da vida moderna são na realidade problemas de saúde mental, como medo, insegurança, nervosismo, intolerância, preconceitos, etc.; porém, por sorte, pode-se afirmar, por outro lado, que diagnósticos e tratamentos precoces com métodos adequados podem fazer que 80% dos doentes mentais possam reintegrar-se à sociedade, num tempo cada vez mais curto.

Quanto à insalubridade psiquiátrica, existe um problema cuja importância adquire um significado particular: é o da insalubridade psiquiátrica no âmbito estudantil, de onde sairão os quadros dos futuros dirigentes nos diferentes níveis da estrutura social. Calcula-se, por exemplo, que nos Países Baixos cerca de 35 em cada 1.000 estudantes necessitam de assistência psicológica ou psiquiátrica. Em nosso meio, não realizamos estudos sistemáticos, mas obtemos dados concretos através de investigações em grupos vocacionais. O problema é sério, tanto mais sério quanto maior a coincidência do próprio campo da aprendizagem com a orientação e a mente do aprendiz: ou seja, os estudantes de psicologia e os aprendizes de psiquiatria são os que estão em um estado de maior vulnerabilidade.

Nos Estados Unidos, tem-se dado especial atenção à saúde dos estudantes, e os estabelecimentos de ensino superior contam, em sua maioria, com seus próprios psiquiatras, psicólogos, assistentes sociais, etc. Pesquisas realizadas têm provado a importância desses problemas; a demanda de psicoterapia no meio estudantil é muito maior do que até então se acreditava. Provou-se também que as causas que estão por trás dessas perturbações derivam de situações familiares ou das comunidades e dos meios sociais dos quais os estudantes são originários. Por exemplo, um desajuste ou desnível existente entre os valores e os costumes de um grupo de estudantes e os da coletividade de onde provêm contribui para criar um estado de tensão particular que dificulta a aprendizagem. Já em 1920, a Associação Norte-Americana para a Saúde Estudantil insistia nesse problema, com o objetivo de zelar pela integridade da comunidade estudantil. Constitui uma economia considerável fazer a prevenção de fracassos parciais ou totais na aprendizagem. Além disso, é fazer higiene mental em seu sentido verdadeiro. Assinala-se que aproximadamente 10% dos estudantes do nível universitário correm o risco de sofrer sérias dificuldades na aprendizagem, o que acarreta ainda problemas mais sérios de adaptação social no futuro.

Afirma-se que uma pessoa mentalmente sã é aquela capaz de enfrentar a realidade de uma maneira construtiva, de tirar proveito da luta e transformá-la numa experiência útil, de encontrar maior satisfação no dar do que no receber e estar livre de tensões e ansiedades, dirigindo suas relações com os outros para obter mútua satisfação e ajuda, de poder usar certo montante de hostilidade com fins criativos e construtivos e de desenvolver uma *capacidade de amar*. Toda escola de psicologia ou de psiquiatria deve dispor, por tudo o que foi dito, de consultórios de saúde mental, com o objetivo de tratar as tensões que emergem dentro do próprio campo da aprendizagem. A *identificação* com o outro, ou os outros, é o instrumento com o qual a aprendizagem opera. O aprendiz de psicólogo, psiquiatra ou psicólogo social pode vir a ter perturbado esse instrumento de trabalho, que é facilmente vulnerável, e o processo de identificação, uma vez viciado, acarreta graves distorções no campo concreto da observação, ou seja, da *leitura da realidade*.

Para resolver esses problemas, faz-se necessário utilizar técnicas grupais na didática e na aprendizagem da psicologia, da psiquiatria, das ciências sociais, etc. O que caracteriza nosso *modo atual* de encarar os problemas psiquiátricos e sociais *é o enquadramento grupal* em diferentes contextos:

1) Promover uma didática e uma aprendizagem com técnicas grupais, uma didática interdisciplinar, acumulativa e departamental.

2) Tanto o diagnóstico como o prognóstico devem também ser estabelecidos de forma grupal. São surpreendentes os novos emergentes que aparecem com essa abordagem. Os tratamentos com drogas podem ser utilizados de forma instrumental e situacional para ajudar a *mobilizar o estereótipo* neurótico ou psicótico do indivíduo e do grupo. O tratamento pode chegar a atingir – além de grupos restritos – comunidades, que se transformam assim em operativas, terapêuticas, o que equivale à criação de estruturas com esse propósito. Obtemos assim três instrumentos básicos de trabalho: *a)* grupos operativos, *b)* estruturas operativas, e *c)* comunidades operativas ou terapêuticas.

3) Técnicas grupais são empregadas no âmbito da empresa para o tratamento de tensões no contexto das relações humanas. O mesmo pode ser dito para o tratamento da delinqüência, do alcoolismo e de outros males sociais.

4) Grupos operativos *heterogêneos* de aprendizagem são uma garantia de eficiência, pois incluem, em níveis que alternam funcionalmente, psiquiatras, psicólogos, sociólogos, economistas, etc.

A *unidade de trabalho* é o grupo ou comunidade que trabalha tendo por base outros grupos ou comunidades. Cada trabalhador social (psiquiatra, sociólogo, antropólogo, etc.)

deve ter seu papel e assumir uma liderança funcional em cada momento específico da tarefa.

Os grupos operativos ou comunidades do mesmo tipo têm sua atividade centrada na mobilização de estruturas estereotipadas, dificuldades de aprendizagem e comunicação provocadas pelo montante de ansiedade despertada por *toda mudança*. Os grupos podem ser verticais, horizontais, homogêneos ou heterogêneos, primários ou secundários; mas em todos deve-se observar uma diferenciação progressiva, ou seja, uma heterogeneidade adquirida à medida que aumenta a *homogeneidade na tarefa*. Tal tarefa depende do campo operativo do grupo; num *grupo terapêutico*, a tarefa é resolver o denominador comum da ansiedade grupal, que adquire características particulares em cada membro; é a cura da doença do grupo. Quando se trata de um grupo de aprendizagem de psiquiatria ou psicologia clínica, a tarefa consiste na resolução das ansiedades ligadas à aprendizagem dessas disciplinas, facilitando-se assim a assimilação de uma informação realmente operativa. O propósito geral é o *esclarecimento* dado em termos dos medos básicos, aprendizagem, comunicação, quadro de referência, semântica, decisões, etc. Dessa maneira, a aprendizagem, a comunicação, o esclarecimento e a resolução da tarefa coincidem com a cura do grupo.

A aplicação dessas técnicas a grupos primários (a família, por exemplo), cuja tarefa é curar alguns de seus membros, oferece o exemplo mais evidente do que é um grupo operativo. O mesmo poderíamos dizer do campo da delinqüência juvenil: trata-se aqui de transformar um bando ou quadrilha num grupo operativo, ao qual se atribui uma tarefa social construtiva. No caso da família, esta se reorganiza, ou melhor, organiza-se contra a ansiedade do grupo açambarcada por seu porta-voz, o doente. Os papéis são redistribuídos com características de lideranças funcionais, os mecanismos de *segregação* que alienam o paciente passam por um enfraquecimento progressivo, a ansiedade é redistribuída, cada um se faz portador de uma determinada quantidade desta, ou seja, de uma responsabilidade específica. Desse modo, o grupo familiar transforma-se numa empresa e o negócio que realiza é a cura da ansiedade do grupo.

O ensino departamental – ou interdepartamental – e interdisciplinar é a base institucional necessária à mudança que propomos. É nesse âmbito departamental que se deverão reduzir as contradições, as rivalidades e as invejas profissionais que hoje obscurecem o campo de nossa tarefa. Todo adiamento quanto a esse aspecto só consegue alimentar sentimentos de culpa com ressentimento e perseguição, quando este sentimento de culpa é projetado sobre os outros. Cada intragrupo considera o extragrupo como responsável pelo atraso da tarefa, emergindo assim um bode expiatório num dado contexto. Por isso, cada um de nós deve assumir seu papel e sua responsabilidade correspondente, já que estamos comprometidos numa situação de emergência. Isto do ponto de vista assistencial.

Uma última questão: nós, que assumimos a responsabilidade de contribuir para a formação de psiquiatras, psicólogos clínicos, psicólogos sociais, etc., não devemos esquecer-nos de identificar basicamente o ato de ensinar e aprender com o ato de inquirir, indagar ou investigar, caracterizando assim *a unidade do ensinar-aprender* como uma contínua experiência de aprendizagem em espiral, na qual num clima de plena interação, professor e aluno – ou grupo – indagam se descobrem ou se redescobrem, aprendem e se ensinam.

A psiquiatria no contexto dos estudos médicos[1]
Contribuição ao subtema "O ensino da psicologia médica"
(trabalho em colaboração com o dr. Horacio Etchegoyen)

O ponto decisivo, talvez, da medicina de nossos dias é seu reencontro com o homem. Abarcá-lo em sua mais alta e complexa unidade é hoje sua grande tarefa, já que não é mais possível estudá-lo na soma de suas partes, mas em sua viva totalidade funcional.

O século XIX permitiu compreender o homem como ser biológico adaptado a seu meio. Com o método das ciências naturais, estudou o organismo, de forma profunda, racional e objetiva, alcançando assim um conhecimento de irrepreensível solidez, porém com um enfoque parcial e fragmentário. Parcial, enquanto desconsiderou o fato incontestável de que o *meio ambiente* do homem não é somente físico, mas também social; fragmentário, enquanto estudou o homem morto e em setores. Para continuar interpretando o homem como ser biológico adaptado a seu meio, teve de reconhecer seu mais alto nível de atuação, o psíquico, e apreendê-lo em sua integral e indivisível qualidade biológica, psicológica e social.

---
1. Não nos foi possível localizar onde foi apresentado originalmente este trabalho.

Essa nova antropologia sociomédica foi gestada, em grande parte, a partir da psiquiatria, o que permite resolver a antinomia entre doença e doente, valorizar a importância dos componentes psicológicos e sociais no comportamento, na saúde e na doença e captar os fatores afetivos que incidem na relação médico-paciente. Explica-se assim a missão da psiquiatria no contexto dos estudos médicos: oferecer as bases para uma visão mais integral do homem. Para atingir esses fins, é inevitável um ensino psiquiátrico novo e mais amplo.

É sabido que o ensino médico se ressente de uma excessiva extensão, não havendo justificativas que legitimem um aumento dessa extensão. A questão não é, pois, simplesmente advogar um maior ensino psiquiátrico mas assinalar de que forma pode a psiquiatria colocar-se a serviço da formação médica. Isso só poderá ser obtido se um novo equilíbrio dos planos de estudo lhe outorgar o lugar que lhe corresponde.

Convém que os novos conhecimentos se incorporem ao ensino desde o começo, para evitar que o estudante adquira um conceito parcial da natureza humana, e, mesmo assim, seria prudente que fossem ministrados pela cátedra psiquiátrica, de forma que seja somente uma a disciplina responsável por esse aspecto fundamental do ensino médico. Não seria aconselhável deixá-la entregue à boa vontade das outras cátedras, por motivos óbvios e múltiplos, embora desde o início se deva favorecer toda aproximação entre as diversas disciplinas.

Daí se segue que a psiquiatria, na condição de matéria *básica*, deve ocupar um lugar ao lado da fisiologia, da anatomia, da histologia e contribuir com essas disciplinas para a preparação do aluno desde os primeiros anos.

Incorporar esses conhecimentos é tão importante quanto criar uma nova matéria, seja ela psicologia médica ou psiquiatria pré-clínica. Esta última denominação tem a vantagem de estabelecer sua continuidade com a cátedra de psiquiatria, o que é muito importante; mas, por outro lado, complicará o funcionamento dela, porque a obrigará a um trabalho muito amplo, para o qual, em geral, não está preparada.

Em conclusão, o dilema psicologia médica ou psiquiatria pré-clínica pode ser resolvido de qualquer uma das maneiras propostas, seja criando-se a cátedra de psicologia médica, seja estendendo-se o raio de ação da psiquiatria, desde que se assegure a unidade do processo docente, articulando-o com o plano geral da formação médica.

Conteúdo do ensino da psiquiatria

Mesmo havendo um acordo geral quanto ao fato de que a psiquiatria deve ser ensinada ao longo de toda a carreira, existem discrepâncias sobre seu programa de ensino, porque fica difícil fixar os conceitos gerais que satisfaçam a todas as escolas. Contudo, talvez não seja necessário pretender esse acordo e seja mais conveniente respeitar a individualidade dos professores, em cujo bom critério cabe legitimamente confiar.

Deve-se propiciar o funcionamento paralelo de várias cátedras de psiquiatria em cada faculdade, como acontece, por exemplo, no Chile, dando aos estudantes a liberdade de se inscrever segundo suas preferências. Dessa forma, cada cátedra atenderia um grupo de alunos ao longo de toda a carreira, com uma ordenação no sentido vertical e não transversal, para assegurar a continuidade do processo docente. Se nessas cátedras houver homens representativos das grandes escolas psiquiátricas, o que existe em todo país, todos teriam oportunidade de desenvolver seus planos de ensino e confrontá-los com os demais. Por outro lado, isso estimularia os futuros psiquiatras a entrar em contato com todas as escolas, e, como assinala Whitehorn, isso é imprescindível quando se quer evitar o sectarismo. Para os alunos, no entanto, um ensino de tal amplitude e complexidade levaria a uma desalentadora exposição de dados, de valor formativo duvidoso.

A Conferência de Ithaca, "Psychiatry on Medical Education", 1951, propôs linhas gerais para o plano de estudos de psiquiatria, que abrangem os quatro anos do currículo nos Estados Unidos. Nos dois primeiros anos de psiquiatria pré-clínica, os temas principais são: a psicodinâmica (estrutura do aparelho psíquico e desenvolvimento da personalidade), a psicopatologia e as relações interpessoais; nos dois últimos anos de psiquiatria clínica, o aluno estuda doentes de ambulatório externo e interno do hospital psiquiátrico (ou melhor, da sala psiquiátrica do hospital geral), psiquiatria infantil, infecções psicossomáticas, etc. Sobre essas bases, a American Psychiatric Association estruturou um programa de psiquiatria que abrange a totalidade dos estudos médicos. Apesar de ser amplo e flexível, esse programa tem o inconveniente de estabelecer um escalonamento que vai da psicologia normal à patologia e desta à clínica psiquiátrica, o que dá ao aluno a falsa sensação de divisões, que não existem no processo fluido da vida humana.

O programa que é esboçado em seguida se inspira no propósito de assegurar a unidade do processo docente, evitando toda fragmentação no ensino.

O básico é a aproximação do doente, que deve ser total desde o primeiro momento. A gradação do conhecimento deve ser estabelecida através da compreensão cada vez mais profunda do doente, e não através de diversas matérias ou temas.

Nos primeiros passos, o estudante aborda a situação do paciente diante da sua doença e observa como esta repercute em sua conduta e em seu grupo social, passando assim gradual, espontânea e, sem dúvida, rapidamente da compreensão comum à científica. Essa aproximação deve estar presente desde o primeiro ano, para que o aluno se conecte com o doente e não só com o cadáver. Lewin, num artigo já clássico, assinalou a grave deformação que isso comporta na futura relação do médico com o doente. Esse estudo preliminar das condições superficiais do doente e seu grupo social é feito, simultaneamente, no hospital e na residência, através de visitas à família, em que o estudante atua prestando assistência social. Assim, ele se compenetra dos problemas do doente e de seu ambiente, avaliando, em ambos, o impacto da doença.

Na etapa seguinte, que corresponde ao segundo ano, o estudante ocupa o lugar de observador-participante diante do enfermo, estudando sua personalidade e sua estrutura psíquica mediante o contato com a psicologia clínica.

No terceiro ano, sempre como observador-participante, começa a penetrar nas implicações emocionais e sociais da enfermidade em si mesma, agora *dentro* do paciente, e não mais periodicamente, como nas etapas anteriores, e assim se coloca em relação com a psicopatologia, com as correlações psicossomáticas, etc.

Do quarto ano em diante, o aluno passa a ser agente operacional diante do doente, seja em relações individuais ou de grupo. O estudante adquire agora a noção do trabalho em equipe, e atua em diversos campos, estudando o doente em todos os seus matizes fenomenológicos e diagnósticos, abordando-o com a totalidade das possibilidades terapêuticas. É fundamental que, nesta etapa, o aluno veja doentes das mais variadas condições: de ambulatório externo e internados, neuróticos e psicóticos, orgânicos e funcionais, crianças e adultos, pessoas de diferentes classes sociais e níveis culturais, etc.

Problemas pedagógicos no ensino da psiquiatria

Todos os psiquiatras de orientação dinâmica concordam que o ensino da psiquiatria encontra seu maior obstáculo na forte resistência emocional que desperta. O objeto de conhecimento e os conceitos que devem ser ensinados provocam angústia, o que faz que o material de ensino seja rejeitado, enquanto reativa núcleos neuróticos da personalidade do estudante. O obstáculo essencial para o ensino da psiquiatria está, pois, na própria natureza do que se deseja ensinar.

Abrem-se dois caminhos diante desse singular problema. Alguns autores inclinam-se a lidar com essas dificuldades, pura e simplesmente, com psicoterapia; outros, em compensação, separam rigidamente as duas coisas, temerosos de desvirtuar a finalidade docente, transformando o aluno em doente.

Contudo, por pouco que se observe, compreende-se que os limites entre psicoterapia, aprendizagem e ensino são fluidos e que o problema consiste em estabelecer claramente as técnicas e métodos que permitam um ensino psiquiátrico mais livre e simples, integrando ambos os fatores.

No entanto, ainda não se investigou suficientemente, à luz da própria psicoterapia, o contexto do ensino e da aprendizagem a fim de fundamentar uma didática que, por si mesma, inclua o fator psicoterapêutico, embora já se vislumbre esse caminho.

A integração de psicoterapia e ensino mostra que não é lícito transformar o ensino em terapia, nem o aluno em doente; e que também não é sensato se furtar, no processo pedagógico, à aplicação dos princípios em que este ensino se sustenta. É evidente que não seria sensato provocar dificuldades para ter a oportunidade de resolvê-las; mas tampouco se pode renunciar ao direito de tratá-las quando, apesar de tudo, se apresentarem. O propósito é resolver, no próprio campo da aprendizagem, a freqüente e perturbadora divisão entre teoria e prática.

Com efeito, as resistências afetivas na aprendizagem da psiquiatria provêm de motivações internas, próprias do aluno, e externas, do professor e de seu método.

O professor deve estar sempre atento às suas próprias limitações, sem perder de vista que toda dificuldade no ensino lhe é, em parte, imputável, seja qual for a participação dos alunos. A forma de expor, a prudência no desenvolvimento do curso, o acerto na escolha dos temas, etc., devem ser avaliados a cada momento, à luz da tensão que surge nos alunos. O professor deve levar em consideração – e isto é o mais importante – o problema das relações interpessoais com os estudantes. A relação entre mestre e discípulo sempre mobiliza grandes quantidades de afeto, e isto é particularmente verdadeiro para a psiquiatria, pela natureza angustiante de seus temas. Esse fator, no qual temos insistido há muitos anos e que ultimamente foi destacado por Silverman, entre outros, deve interessar de forma particular o professor, que permanecerá alerta diante de seus próprios afetos conscientes e inconscientes.

A psicoterapia de grupo no ensino da psiquiatria

Razões teóricas confirmadas pela experiência prática demonstram que a situação de grupo é o melhor recurso para ensinar a psiquiatria. O alcance do método pode oscilar dos *grupos de ensino*, nos quais se desenvolve uma ampla comunicação intelectual e afetiva entre o docente e os alunos, aos *grupos de psicoterapia* que se desenvolvem com um estrito sentido terapêutico. Entre esses dois extremos, localizam-se os *grupos de aprendizagem* (Pichon-Rivière, Berman, Fey, Ganzarain, etc.), em que o fator aprendizagem se conjuga com a psicoterapia. Ele difere dos anteriores pela existência de um tema de estudo; porém, com esse ponto de partida, alcançam-se os fatores emocionais que intervêm na dinâmica grupal.

Nos grupos de aprendizagem dirigidos por um de nós (Pichon-Rivière), o tema em estudo é a própria tarefa da vocação e da aprendizagem. Através de sua análise, é possível ir ensinando a fenomenologia psiquiátrica e a psicodinâmica, ao mesmo tempo que se cumpre uma tarefa de elucidação e de psicoterapia que *limpa* o campo da aprendizagem.

Pode-se observar nesses grupos que o medo da loucura, reconhecido por todos os autores como uma das mais importantes fontes de resistência à aprendizagem da psiquiatria, assume um viés específico. Aparece como um temor estritamente fóbico, no qual se mesclam ansiedades paranóides e depressivas diante do objeto do conhecimento. Os alunos percebem, de forma muito clara e dramática, que a aprendizagem significa, no fundo, identificar-se com o objeto do conhecimento, penetrar literalmente nele. As ansiedades paranóides aparecem como fantasias de ficar preso dentro do objeto, com nítida conotação claustrofóbica, acompanhadas de temores hipocondríacos da contaminação e do contágio.

A análise precoce e sistemática dessas ansiedades específicas encurta o caminho e torna possível a obtenção da finalidade proposta, a limpeza do campo operacional da aprendizagem.

Como é lógico supor, esses conflitos aparecem com maior intensidade entre os futuros psiquiatras, em quem, por não serem resolvidos oportunamente, acabam criando uma verdadeira fobia com relação ao doente, que é resolvida numa constante evasiva, e numa técnica de tratamento à distância, "por delegação".

Com alunos do terceiro ano da Faculdade de Ciências Médicas de Cuyo, um de nós (Etchegoyen) iniciou uma experiência de psicoterapia psicanalítica de grupo. Trata-se de um núcleo pré-formado de dez estudantes que desejam abraçar a especialidade de psiquiatria. Em mais ou menos dez sessões realizadas até hoje, aparece uma intensa dependência dos membros do grupo com relação ao terapeuta. A vocação desses jovens, bem como outras circunstâncias que não podem ser detalhadas agora, explica esse aspecto especial da situação transferencial, em que não aparecem até o momento os temores fóbicos descritos anteriormente, ainda que eles sejam presumidos.

Conclusões

1) A atual antropologia sociomédica exige um ensino psiquiátrico novo e mais amplo.

2) Esses conhecimentos devem ser adquiridos ao longo de toda a carreira, seja estendendo-se o raio de ação da cátedra de psiquiatria, seja criando-se a cátedra de psicologia médica, desde que se assegure a unidade entre ambas.

3) O estudante receberá um ensino em que o informativo e o formativo se resolvam de modo harmonioso, e cujo desenvolvimento e conteúdo devem ser confiados ao titular, sem que se aspire a planos de estudo rígidos e uniformes.

4) O programa de psiquiatria deve assegurar a unidade e seqüência do processo docente e estabelecer uma gradação que vá da compreensão comum à científica, através de um conhecimento cada vez mais profundo.

5) A abordagem do doente deve ser total, desde o início, culminando com o estudo de diversos doentes (quanto ao tipo nosográfico, idade, sexo, condição social, etc.).

6) Paralelamente à cátedra oficial de psiquiatria, devem funcionar outras em que estejam representadas as principais correntes doutrinais modernas, o que permitirá uma expansão da psiquiatria e será útil para a formação dos fu-

turos psiquiatras, que terão oportunidade de ampliar seus pontos de vista.

7) O problema pedagógico fundamental no ensino da psiquiatria é a ansiedade que o contexto de aprendizagem provoca no aluno. O professor deve *prevenir* sua emergência vigiando a direção do curso e sua própria participação emocional no processo; porém não deve evitar o tratamento das inevitáveis dificuldades do aluno, quando se apresentarem.

8) As situações de ansiedade que se opõem ao livre desenvolvimento da aprendizagem encontram seu melhor tratamento na psicoterapia de grupo, que pode ser administrada, de acordo com as circunstâncias, em diferentes níveis (grupos de ensino, de aprendizagem, de treinamento e de terapia propriamente dita).

9) Em geral, devem-se preferir os grupos de aprendizagem, porque conjugam o ensino à psicoterapia.

10) Existem conteúdos específicos vinculados ao tema da aprendizagem (temor da loucura) que convém analisar de forma precoce e sistemática.

Apresentação
*à cátedra de psiquiatria da Faculdade
de Medicina da Universidade Nacional de La Plata*[1]

O ensino da psiquiatria, como situação particular, exige que a própria psiquiatria seja tomada como objeto de investigação. Tal como é realizado geralmente em nosso país, esse ensino acaba sendo de pouca utilidade tanto para o estudante de medicina como para o pós-graduado.

O psiquiatra move-se hoje, queira ou não, num amplo contexto social em que os vínculos interpessoais e a dinâmica dos grupos constituem seu principal material de trabalho.

Isto não é um plano sistemático; proponho-me somente a assinalar algumas linhas de trabalho possíveis, melhor dizendo, necessárias.

1) É necessário que o estudante tome contato, o mais rapidamente possível, com os problemas emocionais e sociais do homem doente, considerado como uma totalidade. A melhor oportunidade apresenta-se quando toma contato "vivo" com o paciente durante a aprendizagem das técni-

---

1. Respondendo ao item *i* da lista de requisitos para a apresentação no concurso, que diz: "Exposição esquemática a respeito da forma como, no caso de designação, conduzirá sua cátedra. Esta exposição é absolutamente voluntária."

cas semiológicas no Hospital Geral. Digo contato "vivo"porque o primeiro contato que toma no desenvolvimento de seus estudos é um contato "morto"com o objeto de sua futura profissão. Esse vínculo com o cadáver, o único no início da carreira médica, deixa remanescentes que orientam certas atitudes futuras.

2) Essa formação poderia durar três anos, recebendo o estudante conhecimentos de psicologia e psicopatologia dinâmicas, psicologia social, antropologia, etc., assim como a aprendizagem de técnicas psicológicas e sociais realizadas paralelamente àquelas que têm o corpo como campo de trabalho. Esse conhecimento poderia ser integrado no último curso, através da clínica psiquiátrica, junto com conhecimentos de psicoterapia individual e coletiva. É a partir do Instituto de Psiquiatria que deve ser configurada uma nova maneira de ver o paciente, o médico e sua inter-relação.

3) Os pacientes (o objeto de estudo) devem ser procedentes de diversas classes, grupos, áreas ou zonas. Por exemplo, o paciente psiquiátrico pode proceder do Hospital Psiquiátrico (interno), do Hospital Geral (interno) ou de ambulatórios externos tanto de Hospitais Psiquiátricos como de Hospitais Gerais. A zona correspondente ao Hospital Psiquiátrico, fonte de quase todo o material de ensino, é a menos extensa e a que tem menos implicações sociais; contudo, quase toda patologia mental vem sendo construída com base nesse material, e é a que habitualmente é ensinada.

4) Um Instituto de Psiquiatria deve ter um cuidado especial na formação de pós-graduados. Esses são os grupos de profissionais em atividade que podem contribuir em maior escala para criar uma consciência psiquiátrica. Podem ser realizados dois tipos de formação: 1.º) para aquele que deseja especializar-se em psiquiatria, e 2.º) para aquele que deseja aumentar a compreensão psiquiátrica de seus pacientes na clínica geral ou especializada. Também é importante a formação de um pessoal psiquiátrico auxiliar

com conhecimentos de psiquiatria dinâmica, principalmente em alguns campos, como, por exemplo, na psiquiatria infantil e na psiquiatria industrial.

5) Um Instituto de Psiquiatria deve contribuir para a educação do público. Necessita para isso, como passo prévio, realizar investigações sobre a opinião pública (preconceitos), atitudes sociais, etc. Aí residem situações-chave que devem ser esclarecidas e manejadas por uma Psiquiatria Social e Preventiva. O estudante de medicina deve familiarizar-se com as técnicas de investigação social, como enquetes, entrevistas, observações em grupos, métodos estatísticos, etc.

6) Todo Centro Universitário deve ter, como anexo ao Instituto de Psiquiatria, um Serviço de Saúde Mental para estudantes, tal como existem em alguns institutos norte-americanos. A aprendizagem da psiquiatria é freqüentemente perturbada pela emergência de situações de ansiedade implicadas na situação interpessoal paciente-médico. As terapias coletivas podem ser aqui de grande ajuda.

7) A investigação estritamente vinculada à prática (e esta à aprendizagem) depende do tipo de formação do psiquiatra. Este é nossa personagem principal, já que não há "questão psiquiátrica" que não se relacione diretamente com as características da formação e ideologia do psiquiatra.

Em síntese, devemos romper os estreitos limites em que se move a psiquiatria acadêmica. Ao ampliar seu campo operacional, a psiquiatria ocupará o lugar que lhe corresponde na formação universitária do médico de hoje.

Prólogo
ao livro de F. K. Taylor
Uma análise da psicoterapia grupal[1]

Com a publicação deste livro, iniciamos as Edições da Escola (Primera Escuela Privada de Psiquiatría Social). Nosso objetivo fundamental é dotar nossos alunos de instrumentos de trabalho, cumprindo assim a quarta etapa da estruturação de uma escola. De forma geral, o termo *escola* tem três interpretações comuns: 1) *lugar* (local, edifício, casa) onde se instruem vários indivíduos; 2) *conjunto* de professores e alunos de um mesmo ensino, e 3) a *doutrina* ou sistema que imprimiu a um ramo da ciência ou da arte uma determinada direção. A essas três acepções, consideramos imprescindível acrescentar, em quarto lugar, a de fontes materiais e instrumentos de informação adequadamente operativos em relação com o esquema geral da escola. Esse aspecto ou componente de uma escola é o que nos propomos desenvolver agora, através da produção editorial que inauguramos com o presente trabalho.

Nossa experiência assinala, como um fato cada vez mais convincente, que o homem não é compreensível por si mesmo (ou em si mesmo), e que o estudo de seu contexto so-

....
1. Taylor, F. K., *Un análisis de la psicoterapia grupal*, Primera Escuela Privada de Psiquiatría Social, Buenos Aires, 1963.

cial, imediato ou mediato, torna possível não só sua melhor compreensão como também oferece as bases para uma operação corretora de sua conduta social desajustada. Os pressupostos básicos ou o esquema conceitual, referencial e operativo (ECRO) com o qual operamos na técnica por nós elaborada, e que foi denominada grupos operativos (1947), são constituídos por uma observação sistemática que se realiza juntamente com a análise das operações da mente em sua inter-relação social e no seu contínuo intercâmbio com o mundo externo – observação e análise que se centram, ambas, na tarefa. Sobre o fundamento de uma psicopatologia grupal, propomos uma psicoterapia pelo grupo centrada na tarefa, juntamente com a análise sistemática das dificuldades na tarefa, seja essa tarefa de aprendizagem, de cura, de criação, etc. O grupo é o agente da cura, e o terapeuta reflete e devolve as imagens dessa estrutura em contínuo movimento, encarnando, além disso, as finalidades do grupo.

O principal mérito do livro de F. K. Taylor é o de assinalar linhas de avaliação da psicoterapia grupal; ou seja, centra-se numa das tarefas essenciais, e em pleno desenvolvimento em todos os campos da investigação científica atual: o problema da avaliação. Acumulamos grande quantidade de experiência e de dados, mas o que nos falta – e Taylor inicia brilhantemente esta etapa – são critérios de avaliação de nossa tarefa, ou seja, construir índices capazes de serem utilizados por outros investigadores para estabelecer comparações entre experiências similares. Pode-se observar que no campo da psicoterapia grupal reina uma grande confusão, devido à existência de múltiplos esquemas referenciais de trabalho, em meio à notória escassez de trabalhos referentes a critérios e técnicas de avaliação. Taylor inicia, com este livro, uma etapa de análise sistemática do campo mesmo de nossa própria tarefa. A partir dessa obra, podemos dizer que começamos a ter pontos de referência que servirão para nos orientar, na medida em que percorremos a grande experiência acumulada por investigadores de todo tipo e de uma bibliografia caótica que nos apresenta toda espécie de esquemas referenciais, mas sem explicitá-los com a clareza suficiente. J. B. Pontalis denomina "empirismo caótico" essa situação que se observa hoje no contexto da investigação psicossocial dos pequenos grupos.

Para Taylor, um grupo terapêutico, ou qualquer outro pequeno grupo, proporciona dois tipos de dados bem diferenciados e independentes: por um lado, ações e interações individuais e, por outro, observações microssociológicas que caracterizam o grupo como um todo ou suas diversas estruturas, não levando em conta os indivíduos. A avaliação baseia-se nas mudanças dos sintomas. Taylor não só nos relata o desenvolvimento e as vicissitudes de um grupo terapêutico concreto, como também, além disso, realiza a análise sistemática da própria tarefa, assim como a avaliação das mudanças observadas nas duas direções já assinaladas. Numa crônica detalhada de um grupo terapêutico, podem-se observar a técnica empregada, as operações realizadas, centradas na etapa, e a aplicação dos postulados ou esquemas referenciais, que o autor submete imediatamente a uma análise profunda.

Ele começa por fazer uma avaliação geral de todas as psicoterapias, individuais e grupais, tentando estabelecer as constantes que nelas podem ser observadas. Em seguida, enfoca os métodos empregados em psicoterapia de grupo e assinala as principais direções da técnica. Trata depois da seleção dos pacientes para a psicoterapia de grupo e das tarefas do grupo, objetivando alcançar: *a*) a revelação honesta de si mesmos; *b*) a descrição de experiências significativas, e *c*) a elaboração de interpretações que tornem compreensíveis as respostas neuróticas. A seguir, refere-se aos efeitos emocionais do grupo, à estabilidade e ao seu tamanho. Um grupo – diz Taylor – apresenta dados observáveis em seus diferentes momentos e que emergem – de forma simultânea ou consecutiva – da complexa conduta no diálogo e na ação dos indivíduos, que atuam em pares, em trios ou em outras configurações interpessoais, sobre outros indivíduos ou sobre outras configurações interpessoais, sobre o grupo como totalidade ou sobre o analista, ou reagem contra eles próprios.

Com a análise do conteúdo das conversações, Taylor começa a esclarecer as operações que se realizam no grupo; prossegue com a análise da interação verbal nessas discussões. Aqui já começa a analisar o processo de interação e a estabelecer coeficientes, índices e curvas que servem para objetivar os processos do grupo. A medição da interação verbal, com os pontos das interações individuais e totais, já permite extrair numerosas inferências sobre o grau de participação, a vivacidade das discussões e outros elementos significativos no desenvolvimento do grupo.

Diz Taylor que o estudo do conteúdo das discussões do grupo e das características conversacionais fica incompleto se não forem pesquisados os sentimentos, opiniões e atitudes dos membros entre si e do grupo como totalidade, utilizando-se, de forma prática e simples, os métodos da sociometria criados por Moreno.

Continuando, no capítulo intitulado "Relato de uma experiência de Psicoterapia de Grupo" (capítulo central do livro), Taylor descreve os acontecimentos mais importantes ocorridos num grupo terapêutico, tratado por ele cerca de dez anos antes da publicação de seu livro. Relata não só o que ocorreu durante a psicoterapia de grupo, como também fornece dados sobre a evolução desses pacientes depois de terminado o tratamento. Descreve as diferentes fases de um tratamento psicoterápico grupal, assim como seu resultado, fazendo uma análise detalhada do grupo terapêutico, em termos de mudança dos sintomas, medidas e resultados terapêuticos, a vivacidade das discussões do grupo, a participação pendente, a hierarquia das posições na comunicação, etc., centralizando sua atenção, finalmente, sobre mecanismos tais como uma atenção cordial, a redução temporária das restrições sociais, a confissão das faltas cometidas, a catarse emocional e a interpretação do significado dos sintomas ou da doença. Quanto a esse aspecto, sustenta que a atividade do grupo terapêutico consiste principalmente no intercâmbio de emoções e de comunicações verbais.

No início, referimo-nos à confusão que pode ser observada no material acumulado pela experiência na psicoterapia de grupo, esse "empirismo caótico" a que se refere Pontalis. Evidentemente, falta-nos ainda realizar uma tarefa: a localização ideológica dos diferentes esquemas referenciais empregados. A acusação de "artificialismo" às vezes parece bem fundada, assim como a acusação de uma certa "mistificação". F. Bourricaud escreve a este respeito: "O estudo dos pequenos grupos sem passado, sem localização territorial precisa, é perigoso quando só utiliza mecanismos psicológicos superficiais e torna manifestos os estereótipos, deixando escapar a profundidade espacial, a espessura temporal da realidade social." Por isso, Pontalis diz que é conveniente começar por interrogar-se quanto aos pressupostos ideológicos, teóricos e técnicos das experiências de grupo, questionamento necessário e permanente para toda investigação na qual o observador, com seu horizonte pessoal, político e social, já está manifestamente vinculado à observação. O livro de Taylor ordena muitas idéias, o que nos permite passar para esta segunda etapa da avaliação no terreno das ideologias científicas.

Consideramos que para o leitor comum havia algumas dificuldades na leitura e apreciação dos aspectos matemáticos e estatísticos da avaliação. Por esse motivo, a doutora Nuria Cortada de Kohan escreveu, a nosso pedido, algumas notas que classificaram consideravelmente o livro, facilitando assim sua leitura.

Técnica dos grupos operativos[1]
(em colaboração com os doutores José Bleger, David Liberman e Edgardo Rolla)

A investigação social vem adquirindo grande importância nos últimos tempos, devido à multiplicidade de fatos incorporados a seu campo de estudo, assim como ao progresso de seus métodos e técnicas.

Os resultados obtidos, cada vez mais precisos e concretos, vêm contribuindo decididamente tanto para o conhecimento da sociedade como para a solução de problemas agudos. A tarefa mais ou menos explícita a que se propõe o psicólogo social, ao planejar e realizar cada investigação, pode ser definida como a tentativa de descobrir, entre outras coisas, certo tipo de interações que entorpecem o pleno desenvolvimento da existência humana. Porém isso representa só um aspecto de seus propósitos, pois toma também como objeto de pesquisa a descoberta dos fatores que favorecem o desenvolvimento mencionado.

O psicólogo social, para poder operar com eficácia, necessita de uma ampla aprendizagem de seu ofício. É considerado, em seu meio, de duas maneiras bem opostas. Por um lado, é desvalorizado, enquanto por outro é supervaloriza-

---

1. *Acta Neuropsiquiátrica Argentina*, 6, 1960.

do em sua tarefa, com a mesma intensidade. Essa situação condiciona tensões nele e entre ele e os grupos, já que a negação e a onisciência formam um conjunto difícil de ser manejado.

O psicólogo social aborda questões fundamentais e, ao investigar em profundidade tanto indivíduos como grupos, deve evitar tanto condutas de fuga como se deixar influenciar pelas opiniões correntes em seu meio imediato. Por outro lado, deve saber que está incluído, comprometido, no próprio terreno de suas investigações e que, ao operar, produz de qualquer maneira um impacto determinado. A possibilidade de realizar seu trabalho depende em grande parte de um clima particular, que pode ser preparado ou condicionado por meio de técnicas de planejamento, transformando essa situação num campo propício à investigação ativa*, por meio de técnicas que Kurt Lewin chama de laboratório social.

O ponto de partida de nossas investigações sobre os grupos operativos, tal como os concebemos hoje, provém do que denominamos Experiência Rosário (realizada em 1958). Essa experiência esteve a cargo do Instituto Argentino de Estudios Sociales (IADES) e foi planejada e dirigida por seu diretor, o doutor Enrique Pichon-Rivière. Contou-se com a colaboração da Faculdade de Ciências Econômicas, do Instituto de Estatística, da Faculdade de Filosofia e seu Departamento de Psicologia, da Faculdade de Medicina, etc.

Essa experiência de laboratório social, ou de trabalho em uma comunidade, efetivou-se mediante o emprego de certas técnicas e teve como propósito a aplicação de uma didática interdisciplinar, de caráter acumulativo, que utiliza métodos de investigação da ação ou investigação operativa.

....

* Os termos "investigação ativa" ou "investigação da ação" são utilizados por Pichon-Rivière com referência à proposta de K. Lewin da "action research". Outra tradução possível seria a de "pesquisa-ação", bastante utilizada entre nós, mas que não nos parece tão feliz. (N. do T.)

O esquema que reproduzimos condensa graficamente todos os momentos da Experiência Rosário:

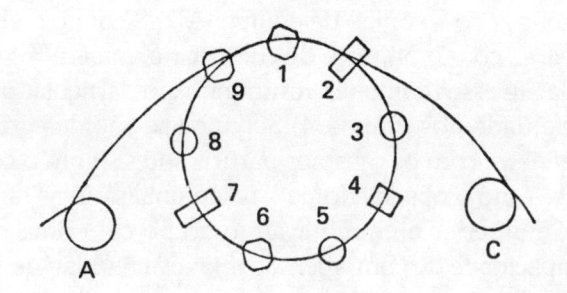

A) Preparação da equipe de trabalho no IADES com técnicas grupais. A experiência foi planejada mediante uma estratégia e uma prática operativa de caráter instrumental. Na cidade de Rosário, e em alguns lugares freqüentados por estudantes, foram colocados cartazes para fazer a publicidade da experiência.

B) A operação propriamente dita seguiu os seguintes passos: 1) No auditório da Faculdade de Ciências Econômicas, o coordenador geral da operação falou sobre o significado da experiência, propondo alguns temas que foram elaborados posteriormente nos grupos. No auditório, estavam presentes professores, estudantes universitários (de ciências econômicas, psicologia, filosofia, diplomacia, medicina, engenharia, etc.), assim como autodidatas, artistas, esportistas e público em geral. 2) Primeira sessão de grupos heterogêneos reunidos no final dessa exposição com uma média de nove membros por grupo, escolhidos ao acaso. Estes foram conduzidos por um coordenador, contando cada um com a presença de um ou dois observadores. O coordenador atuava como orientador, favorecendo a comunicação intragrupal e tentando evitar a discussão frontal. O observador registrava tudo o que acontecia no grupo através de um enfoque panorâmico. Essas sessões tiveram uma duração de quatro horas, funcionando um total de quinze grupos heterogêneos. 3) Reunião da equipe IADES com o coordenador geral, com o objetivo de controlar e analisar a tarefa realizada até esse momento, resumindo em particular o trabalho efetuado nos grupos. 4) Segunda sessão dos grupos heterogêneos, com os mesmos participantes. Tanto o coordenador como o observador já haviam analisado as tarefas da sessão anterior e enfrentavam o grupo com uma crescente capacidade de compreensão. 5) Nova reunião do grupo IADES com o coordenador geral, para controlar a segunda sessão dos grupos heterogêneos. 6) O doutor Pichon-Rivière volta a expor para o público, no auditório já citado, com assistência de um grupo maior de pessoas. O caráter deste passo da experiência evidencia uma mudança radical em relação ao anterior*: a assistência atuou, desta vez, como grupo, e não como público. A finalidade dessa reunião era trazer o material trabalhado por grupos e criar uma situação em espelho, na qual os membros se "reconhecem" como indivíduos separados e como integrantes dos grupos, através dos diferentes temas emergentes. 7) Sessões de grupos homogêneos: funcionaram, no total, cinco grupos de medicina psicossomática, três de psicologia, um de boxeadores, um de estatística, um de pintores e um de corretores de seguros. 8) Terceira sessão de controle da equipe IADES com o coordenador geral. 9) Última exposição do doutor Pichon-Rivière, da qual participaram integrantes de grupos homogêneos e heterogêneos.

C) Intervalo entre essa experiência e uma próxima a ser realizada. No Instituto de Estatística da Faculdade de Ciências Econômicas permanece em funcionamento, como se

....
* O momento anterior referido é o do primeiro passo da Experiência. (N. do T.)

fosse um departamento de relações públicas, uma secretaria que estabelece contato entre aqueles que desejam informações e o IADES. Durante esse espaço de tempo, espera-se a formação de grupos. Vários já funcionam. Já existe um grupo formado por estudantes portenhos que estudam em Rosário. Outro ficou integrado naquela cidade, disposto a trabalhar em enquetes sociais. Existem também outros, dispostos a operar diante dos problemas concretos referentes à comunidade rosariana (entre eles há estudantes de medicina, arquitetura, estatística e engenharia), no terreno das relações humanas, das relações industriais e do ensino.

Essa didática promovida por Pichon-Rivière é interdisciplinar, acumulativa, interdepartamental e de ensino orientado.

A didática interdisciplinar baseia-se na preexistência, em cada um de nós, de um esquema referencial (conjunto de experiências, conhecimentos e afetos com os quais o indivíduo pensa e age) que adquire unidade através do trabalho em grupo; ela promove, por sua vez, nesse grupo ou comunidade, um esquema referencial operativo sustentado pelo denominador comum dos esquemas prévios.

Uma das definições clássicas da didática é a de desenvolver atitudes e comunicar conhecimentos. Na didática interdisciplinar, cumprem-se funções de educar, de despertar interesse, de instruir e de transmitir conhecimentos, mas por meio de uma técnica que redunda em economia do trabalho de aprendizagem, visto que, ao se empregar o método acumulativo mencionado, a progressão não é aritmética, e sim geométrica.

A didática interdisciplinar propicia a criação de departamentos onde os estudantes das diferentes faculdades vão estudar determinadas matérias comuns a seus estudos; ou seja, teríamos assim a conjugação dos diversos grupos de alunos em um mesmo espaço, criando inter-relações entre eles.

Essa orientação, com diferenças de intensidade, existe em alguns colégios e universidades estrangeiras que sentem a necessidade de fundamentar um ensino mais vocacional e sintético. Tomando esses elementos históricos de forma ordenada, podemos assinalar algumas etapas primordiais de seu desenvolvimento:

1) Departamento especializado.
2) Comitês de articulação interdepartamental e outros dispositivos de coordenação, que agrupam representantes de diferentes disciplinas.
3) Um coordenador ou encarregado de estabelecer ligações entre as diferentes disciplinas, tal como existe atualmente na escola de jornalismo da Iugoslávia: um método de ensino orientado no qual a articulação se revela muito fecunda, ao orientar em um sentido a tarefa específica de ensino de diversas disciplinas, como se aplica, por exemplo, na escola de Ciências Políticas da Universidade de Princeton e em Ouro Preto (Brasil).
4) O método chamado interdisciplinar. No colégio mencionado acima também foram feitas tentativas, mas sem centrar o problema em torno de um determinado esquema referencial.
5) A didática interdisciplinar vem sendo o tema desta experiência de Rosário. Lá, os departamentos citados funcionariam sob a direção do professor da matéria, que se encarregaria de instruir sua equipe de chefes de trabalho ou monitores. Estes, por sua vez, seriam os encarregados de transmitir o conhecimento concreto aos estudantes, tal como nós, os autores, fazemos na Escola Privada de Psiquiatria do IADES (1959). Dessa forma, o professor tem condições de aperfeiçoar e investigar a matéria a seu cargo.

Em Rosário, empregou-se como estratégia a criação de uma situação de laboratório social; como tática, a grupal, e como técnica, a de grupos de comunicação, discussão e tarefa.

Sabe-se que em sociologia é possível efetuar experimentos que podem, tão legitimamente quanto os fatos na física ou na química, ser classificados como científicos. E o chamado laboratório social é constituído pela reunião, numa mesma equipe de trabalho, de pessoas interessadas em trazer para a comunidade que as rodeia um certo número de modificações de atitudes, com base num estudo detalhado da situação e por meio de um programa de ação racionalmente concebido. O laboratório social não se limita, pois, a uma breve sessão de trabalho durante a qual os participantes discutem em comum os projetos previstos. Geralmente, essa sessão é a fase decisiva da organização do laboratório, no qual a ação e a investigação são inseparáveis.

Assim sendo, os grupos de discussão e tarefa, nos quais se estruturam mecanismos de auto-regulação, são postos em funcionamento por um coordenador, cuja finalidade é obter, dentro do grupo, uma comunicação que se mantenha ativa, ou seja, criadora.

Esta compreende o estudo detalhado, em profundidade e no contexto global, de todos os aspectos de um problema, com o objetivo de ajudar a solucioná-lo de forma eficaz. Surge dessa definição – e isso realmente é o mais importante – a necessidade de trabalhar em grupos formados por integrantes de diversas especialidades (heterogêneos) relacionadas ao problema que será estudado. A investigação operativa pode oferecer sólidas bases à tomada de decisões, o que aumenta consideravelmente a eficácia. Seu método consiste, entre outras coisas, em observar os elementos comuns a certo tipo de problemas e analisar as possíveis soluções; nos casos em que não se introduzem novos meios, ela busca a otimização daqueles já existentes. O terreno onde mais freqüentemente se tem utilizado a investigação operativa é o dos chamados problemas executivos, que surgem da necessidade de divisão, especialização e coordenação das tarefas comerciais e industriais. Outro terreno de aplicação preferencial – e no qual se iniciou organizadamente este tipo de estudos – é o da resolução de problemas de logística, tática e estratégia militar.

Nessas técnicas grupais, a função do coordenador ou "co-pensor"* consiste essencialmente em criar, manter e fomentar a comunicação, chegando esta, através de um desenvolvimento progressivo, a tomar a forma de uma espiral, na qual coincidem didática, aprendizagem, comunicação e operatividade.

6) A investigação da ação (*action research*), verdadeira investigação operativa, adota como tarefa o esclarecimento das operações que acontecem e têm vigência no âmbito do grupo. É assim que se obtém uma comunicação operante, um planejamento e uma estratégia que condicionam táticas e técnicas de decisão e de auto-regulação.

7) Os sistemas referenciais correspondentes a esses grupos são investigados tanto em sua estrutura interna (análise intra-sistêmica) como em suas relações com os sistemas de outros grupos (análises intersistêmicas). Podem-se descobrir, entre outras coisas, sistemas fechados, estereotipados, assim como sistemas abertos, ou com fechamentos transitórios, que podem, pelo grau de ansiedade neles presente, transformar-se em sistemas rígidos, que atuam como círculos viciosos. A tarefa essencial do coordenador é dinamizar, resolvendo discussões frontais que ocasionam o fechamento do sistema, podendo valer-se do observador como observador participante em situações em que o fechamento ameaça toda a operatividade do grupo.

Os grupos podem ser mais ou menos heterogêneos (por exemplo: estudantes de diferentes faculdades), ou mais ou menos homogêneos (estudantes de uma mesma faculdade);

....
* Neologismo introduzido por Pichon-Rivière que designa o coordenador como aquele que pensa junto com o grupo, ao mesmo tempo que colige e integra os elementos do pensamento grupal. (N. do T.)

a experiência assinala a utilidade dos grupos heterogêneos em tarefas concretas em que, diante de uma máxima heterogeneidade dos componentes, pode-se obter uma máxima homogeneidade na tarefa. A eficiência do grupo pode ser medida através das variações quantitativas desses princípios.

8) Outro fenômeno observado, e que se transforma num vetor de interpretação, é que o pensamento que funciona no grupo vai desde o pensar vulgar ou comum até o pensamento científico, resolvendo as contradições aparentes e estabelecendo uma seqüência ou continuidade genética e dinâmica entre um e outro. É tarefa importante do coordenador assinalar um ponto de partida falso, como é o de começar trabalhando com um pensamento científico não elaborado e sem ter analisado previamente "as fontes vulgares do esquema referencial".

Uma problemática dialética serve de enquadramento geral; tende a investigar tanto o contexto da operação como as contradições que surgem em sua intimidade. Esse trabalho é complementado pela formulação de conceitos básicos e pela classificação sistemática do problema pertencentes a um domínio particular do conhecimento ou ao conjunto deste. Assim, impede-se a configuração da situação dilemática, base dos estereótipos de comportamento. Como principais emergentes aparecem a investigação de atitudes coletivas, de formas de reação mais ou menos fixas, de falta de flexibilidade, dos preconceitos, etc. O aprender a pensar, ou maiêutica grupal, constitui a atividade livre do grupo, que não deve ser regida pelas exclusões, mas pelas situações de complementaridade dialética (síntese). Isso implica estimular a formação da espiral.

9) A análise das ideologias é uma tarefa implícita na análise das atitudes e do esquema conceitual, referencial e operativo (ECRO), já mencionado.

As ideologias (Schilder) são sistemas de idéias e conotações de que os homens dispõem para melhor orientar sua ação. São pensamentos mais ou menos conscientes ou inconscientes, com grande carga emocional, considerados por seus portadores como resultado de um puro raciocínio, mas que freqüentemente não diferem muito das crenças religiosas, com as quais compartilham um alto grau de evidência interna, em contraste com uma escassez de provas empíricas. As ideologias são um fator fundamental na organização da vida. Podem ser transmitidas de pais e professores para filhos e alunos por processos variados de identificação. Na maioria das vezes, o próprio sujeito ignora sua existência; não estão explicitadas, mas são sempre operantes. A ideologia, tal como aparece em seu conteúdo manifesto, pode ser compreensível ou não; mas o que se faz necessário é analisar sua infra-estrutura inconsciente. As ideologias são formuladas em palavras; portanto, a análise das palavras ou da linguagem, análise semântico-semantística, constitui, além da análise sistêmica, uma parte fundamental na investigação das ideologias. Estas não costumam formar um núcleo coerente, e até pelo contrário, via de regra, coexistem várias ideologias de sinal contrário, que determinam diferentes graus de ambigüidade (índice de ambigüidade). Essa ambigüidade manifesta-se sob a forma de contradição, e é por isso que a análise sistêmica das contradições (análise dialética) constitui uma tarefa essencial no grupo. O grupo deve configurar um esquema conceitual, referencial e operativo de caráter dialético, no qual as principais contradições que se referem ao campo de trabalho devem ser resolvidas durante a própria tarefa do grupo. Todo ato de conhecimento enriquece o esquema conceitual, referencial e operativo, que se realimenta e se mantém flexível ou plástico (não estereotipado). Esse aspecto é observado através de processos de ratificação de condutas ou de retificação de atitudes estereotipadas (ou distorcidas), mantidas em vigência como guardiãs de determinadas ideologias ou instituições. Ao funcionar de uma maneira mais ou menos inconsciente, essas ideologias constituem barreiras que impedem a irrupção de soluções novas (soluções estas que aparecem sob a forma de emergentes com características de descobertas ou de invenções).

10) Grupo e práxis. Teoria e prática integram-se numa práxis concreta, que adquire sua força operativa no próprio campo de trabalho, na forma de ganhos determinados que seguem uma espiral dialética. O esquema conceitual, referencial e operativo transforma-se assim no instrumento de trabalho de cada indivíduo em sua interação grupal orientada.

11) Grupos de referência. A análise das relações entre o intragrupo e o extragrupo revela que nem sempre essas relações são de caráter antagônico. Quando um grupo muda sua atitude em relação a outros grupos – torna-se amistoso, por exemplo –, esse grupo pode tomar tais grupos como quadro de referência para comparar suas próprias situações internas; o extragrupo atua então em relação ao primeiro como grupo de referência. As semelhanças resultantes podem ser compreendidas como uma espécie de emulação e têm como base complicados processos de identificação. Entre outras coisas, isso se manifesta como expressões de desejos de ingressar no grupo de referência que foi tomado como modelo.

12) Teoria da aprendizagem e da comunicação. O indivíduo ou grupo expressam-se tanto na maneira de formular seus problemas como no próprio conteúdo do discurso. Podemos dizer que a comunicação é um contexto que inclui um mundo de sinais que todos os que se intercomunicam sabem codificar e decodificar da mesma maneira. Assim também podemos definir o esquema conceitual, referencial e operativo em termos de comunicação e informação: ao assinalar que esses processos de codificação e decodificação de sinais pertencem a esquemas referenciais individuais e dos grupos, através dos quais se torna possível, de acordo com o funcionamento e a estrutura desses esquemas, con-

figurar situações de *entendimento e mal-entendido*. Em última instância, a comunicação grupal é possível pela existência de um esquema conceitual, referencial e operativo de caráter grupal. Durante o desenvolvimento da criança, é possível observar a passagem de uma linguagem autista a uma linguagem social, na medida em que essa comunicação é capaz de condicionar relações sociais operantes. No grupo, essa comunicação tende, naturalmente, a tomar o curso de uma espiral dialética, que coincide (ou em todo caso é paralela) com o curso que segue a aprendizagem. Ambos os processos, tal como revelam nossas investigações, são coexistentes e cooperantes, e a inter-relação dinâmica permanente se estabelece entre eles desde o começo. Exemplificando, podemos dizer que a aprendizagem segue o trilho da comunicação e vice-versa.

13) Estudo das constantes e variáveis como vetor de interpretação. As variáveis podem ser a estabilidade relativa, a imposição, a recorrência, a consciência ou a sanção do grupo ou da sociedade. Reconhecê-las como qualidades torna possível uma investigação e uma verificação posterior mais precisas.

Podem ser as qualidades mais importantes para a definição de caráter de um grupo determinado, num lugar e num momento dados. O desenvolvimento de um conjunto adequado de seqüências para a mensuração das variáveis grupais contribuirá para o estudo objetivo do grupo, tanto quanto outros métodos.

14) Unidade do aprender e do ensinar. Ensinar e aprender sempre operam dentro de um mesmo quadro de trabalho. Formam uma estrutura funcional e só ao serem assim considerados é que podem se organizar e adquirir um caráter operativo e uma vigência que determinem a forma e função instrumental de uma estrutura dinâmica. O esquema referencial que serve de enquadramento e favorece a emergência dessa estrutura funcional inclui, entre outros ele-

mentos, também o esquema referencial da matéria envolvida com a qual se está trabalhando em cada uma dessas unidades, e que contém algo que é desconhecido ou pouco conhecido até então para o grupo.

É nesse campo que se deve investigar a função dessa unidade do aprender e do ensinar, o que implica, por sua vez, uma série de operações. Economizar trabalho nessa investigação é um dos principais propósitos de uma boa didática e de uma boa aprendizagem operante, sendo parte importante da tarefa a investigação dos métodos (diretos e indiretos) correspondentes a essas unidades complexas e às vezes paradoxais.

Podem-se descrever (Johnson) cinco etapas ou momentos da operação: *a*) existência de um estado de dúvida causado pelo problema apresentado; *b*) estado de tensão ou ação bloqueada; *c*) emergência subseqüente de um problema; *d*) formulação de uma hipótese; vicissitudes das provas, escolha da mais apropriada, e *e*) como conseqüência do manejo de tal hipótese, chega-se à formulação de um conceito que deve representar a forma e o conteúdo mais adequado da resolução da dúvida anterior, numa situação enquadrada no "aqui, agora e comigo".

Devemos identificar basicamente o ato de ensinar e aprender com o ato de inquirir, indagar ou investigar, e caracterizar a unidade "ensinar e aprender" como uma contínua e dialética experiência de aprendizagem em espiral, na qual, num clima de plena interação, descobrem, ou redescobrem, aprendem e "se ensinam".

15) Para Kurt Lewin, os problemas de decisão de grupo são essenciais para considerar muitas questões básicas, tanto na psicologia social como na individual. Esse problema se vincula com a relação existente entre a motivação e a ação conseqüente, e com o efeito que a estrutura grupal tem sobre a disposição do indivíduo para modificar ou conservar certas linhas de comportamento. Kurt Lewin relaciona tam-

bém este problema com um aspecto fundamental da determinação da ação humana: como modificar a conduta de um grupo numa situação de mudança para que ela não recaia, em pouco tempo, na linha anterior já superada. A decisão do grupo é um problema de condução social (ou também de autocondução do grupo) e relaciona-se principalmente com as articulações existentes entre as motivações (motivos mais ansiedades) e ação individual ou grupal. O efeito da decisão do grupo deve ser compreendido no enquadramento integrado pela teoria dos equilíbrios sociais e na teoria dos hábitos sociais, na resistência à mudança e nos diversos problemas de descongelamento, mudança e congelamento de níveis sociais.

Conclusões

Podemos resumir as finalidades e propósitos dos grupos operativos dizendo que a atividade está centrada na mobilização de estruturas estereotipadas, nas dificuldades de aprendizagem e comunicação, devidas ao montante de ansiedade despertada por toda mudança (ansiedade depressiva por abandono do vínculo anterior e ansiedade paranóide criada pelo vínculo novo e pela insegurança). Essas duas ansiedades são coexistentes e cooperantes e, se forem intensas, poderão conseguir o fechamento do sistema (círculo vicioso).

Os papéis tendem a ser fixos no começo, até que se configure a situação de lideranças funcionais, ou seja, lideranças operativas que se fazem mais eficazes em cada "aqui e agora" da tarefa.

Os grupos podem ser verticais, horizontais, homogêneos ou heterogêneos, primários ou secundários, porém em todos se observa uma diferenciação progressiva (heterogeneidade adquirida) à medida que aumenta a homogeneidade na tarefa. Essa tarefa depende do campo operativo do grupo. Quando se trata de um grupo terapêutico, a tarefa é resolver o denominador comum da ansiedade do grupo, que adquire em cada membro características particulares. É a cura da enfermidade do grupo. Se for um grupo de aprendizagem de psiquiatria, por exemplo, a tarefa consiste na resolução das ansiedades ligadas à aprendizagem dessa disciplina e na facilitação para assimilar uma informação operativa em cada caso. Em geral, diríamos o mesmo de grupos industriais, de grupos cuja tarefa é a compreensão da arte, de equipes esportivas (como uma equipe de futebol), etc.

O propósito geral é o esclarecimento, em termos das ansiedades básicas, da aprendizagem, da comunicação, do esquema referencial, da semântica, das decisões, etc. Dessa maneira, a aprendizagem, a comunicação, o esclarecimento e a resolução de tarefas coincidem com a cura. Criou-se um novo esquema referencial.

O coordenador, com sua técnica, favorece o vínculo entre o grupo e o campo de sua tarefa, numa situação triangular. O vínculo transferencial deve ser sempre compreendido neste último contexto.

A aplicação dessa técnica a grupos primários (família, por exemplo), cuja tarefa é curar alguns de seus membros, oferece o exemplo mais significativo. A família organiza-se, ou melhor, reorganiza-se, pouco a pouco, com as características de um grupo operativo, contra a ansiedade do grupo açambarcada por seu porta-voz (o doente). Os papéis redistribuem-se, adquirem características de lideranças funcionais; diminuem progressivamente os mecanismos de segregação que alienam o paciente; a ansiedade é redistribuída e cada um se torna o encarregado de uma determinada quantidade dela. Assim, o grupo familiar transforma-se numa empresa, e o negócio que realiza é a cura da ansiedade do grupo através de um de seus membros. A inveja intra e intergrupal diminui, observando-se como mudança de bom prognóstico o aparecimento de reações de gratidão em ambos os campos.

Resumo

A teoria dos grupos operativos fundamenta-se seguindo as idéias de Pichon-Rivière. O esquema ou quadro conceitual (referencial e operativo) inclui, além da concepção geral dos grupos restritos, idéias sobre a teoria do campo, a tarefa, o esclarecimento, a aprendizagem, a investigação operativa, a ambigüidade, a decisão, a vocação, as técnicas interdisciplinares e acumulativas, a comunicação e os desenvolvimentos dialéticos em espiral. Outros conceitos referem-se à estratégia, tática e técnica, assim como à horizontalidade e à verticalidade, descobertas de universais, tempestade de idéias (*brain-storming*), etc.

Em certa medida, essas idéias inspiram-se nas técnicas dos comandos; mas seu verdadeiro nascimento e desenvolvimento têm início depois do que denominamos Experiência Rosário, uma investigação de caráter interdisciplinar e acumulativo que foi realizada por membros do Instituto Argentino de Estudios Sociales (IADES) sobre uma comunidade heterogênea dessa cidade. Os resultados tiveram uma influência decisiva tanto sobre a teoria como sobre a prática dos grupos operativos aplicados à didática (ensino da psiquiatria, compreensão da arte, etc.), à empresa, à terapêutica (grupos familiares), à publicidade, etc. A técnica desses grupos está centrada na tarefa, na qual teoria e prática se resolvem numa práxis permanente e concreta no "aqui e agora"de cada campo assinalado.

As finalidades e propósitos dos grupos operativos podem ser resumidos dizendo-se que sua atividade está centrada na mobilização de estruturas estereotipadas por causa do montante de ansiedade despertada por toda mudança (ansiedade depressiva pelo abandono do vínculo anterior e ansiedade paranóide criada pelo vínculo novo e pela conseqüente insegurança). No grupo operativo, o esclarecimento, a comunicação, a aprendizagem e a resolução de tarefas coincidem com a cura, criando-se assim um novo esquema referencial.

Grupos operativos e doença única[1]

O presente trabalho, no qual desenvolvemos alguns dos conceitos básicos de nossa teoria da doença única, assim como da teoria e técnicas dos grupos operativos, foi elaborado como introdução metodológica à resenha de uma experiência realizada pelo dr. Abraham Korob numa enfermaria do Hospital Neuropsiquiátrico de Hombres. Nessa experiência, o dr. Korob empregou a técnica de grupo operativo, reelaborando conosco o material recolhido num total de 1.374 horas de tarefa grupal – material que permitiu a verificação de algumas das proposições básicas de nosso esquema referencial.

Em nossos primeiros trabalhos sobre esquizofrenia, já assinalamos a existência de um núcleo psicótico central, situação depressiva básica, patogenética, sendo todas as estruturas patológicas tentativas de elaboração ou de desligamento de tal situação nuclear. Toda a nossa investigação centralizou-se nesta linha conceitual, numa práxis contínua, na qual teoria e prática se enriqueciam numa realimentação permanente.

....
1. Desenvolvimento atualizado da introdução metodológica ao relato dos drs. Pichon-Rivière e Korob, apresentado no Congresso Internacional de Psiquiatria, Madri, 1965.

Falamos de "doença única" na medida em que consideramos a depressão como situação patogenética básica, e as outras estruturas patológicas – configuradas com base numa *estereotipia* das técnicas do *ego* (mecanismos de defesa) características da posição esquizoparanóide –, como tentativas fracassadas e inadequadas de cura. Dessa inadequação (perturbação da leitura da realidade) deriva o caráter patológico dessas estruturas.

Os princípios que intervêm na causação de uma estrutura, seja ela patológica ou normal, podem ser esquematizados da seguinte maneira:

1) *Policausalidade*: seus parâmetros são: *a) o fator constitucional* com seus elementos: o genético e o precocemente adquirido na vida intra-uterina, sendo esta última situação aquela na qual o *feto* já está em relação (através de seu vínculo com a mãe) com o meio social, operando, já a partir desse momento, a situação triangular (relação da mãe com seu par, família, etc.). O fator constitucional, ao conjugar-se com o impacto no grupo familiar, configura o *b) fator disposicional*: ponto do desenvolvimento do sujeito, caracterizado por determinadas técnicas defensivas, ao qual se regressa, uma vez desencadeado o processo de enfermidade. O disposicional determinará o *estilo pessoal* na resolução do núcleo patogenético, dependendo deste fator, em grande parte, a sintomatologia predominante; *c) o fator atual*: descritível como uma privação ou perda de uma tal intensidade que não pode ser elaborada através das técnicas adaptativas habituais; determina a *regressão* a um ponto do desenvolvimento (disposição).

2) *Pluralidade fenomênica*: levamos em consideração, para a formulação deste princípio, o conceito de área de expressão fenomênica (mente, corpo, mundo). O diagnóstico orienta-se pela multiplicidade sintomática que se manifesta preferencialmente numa área, enquanto uma análise estra-

tigráfica nos mostra o compromisso das outras áreas, permitindo-nos estabelecer um *prognóstico*. O sujeito, utilizando os mecanismos da posição esquizoparanóide, projeta nas diferentes áreas ambos os vínculos, o bom e o mau, numa situação de *divalência*. A função básica do *ego* nessa situação é a *preservação do bom e o controle do mau*, evitando a fusão de ambos os aspectos num objeto total – o que significaria a emergência da posição depressiva, que é vivida pelo sujeito como catastrófica.

Estabelecemos uma nosografia dinâmica com base no comprometimento da área e valência do objeto parcial nela projetado. Essa concepção nos permitirá compreender outro princípio configuracional: o da *mobilidade das estruturas*; as chamadas estruturas patológicas têm um caráter instrumental coerente com o recurso adaptativo *situacionalmente* utilizado pelo sujeito, o que determinará o predomínio da multiplicidade sintomática em uma ou outra área. Como temos sustentado reiteradamente, a análise estratigráfica permite-nos observar, na sintomatologia de cada paciente, o compromisso simultâneo das áreas de expressão fenomênica, com uma localização variável dos vínculos, de acordo com cada *aqui e agora* do processo.

3) *Continuidade genética e funcional*: princípio central de nossa teoria da doença única, sustentada na já mencionada consideração da existência de um núcleo patogenético central (depressão básica), no qual se articulam aspectos da protodepressão, da depressão do desenvolvimento e da depressão regressiva (que utiliza os mecanismos da depressão do desenvolvimento). A *unicidade do núcleo* patogenético (depressivo) é observável através da análise do processo de regressão, que promove a utilização das técnicas da posição esquizoparanóide, com um determinado ritmo em cada sujeito (situação patorrítmica).

Tomando-se a situação depressiva como fio condutor através de todo o processo do tornar-se doente e do processo terapêutico, consideramos a existência de cinco formas características, que denominamos:

a) *Protodepressão*: é a depressão que a criança vivencia ao abandonar o ventre materno.

b) *Posição depressiva do desenvolvimento*: assinalada pela situação de luto, perda (desmame), ambivalência, culpa e tentativas de elaborar a situação, e mecanismos de reparação positivos ou maníacos (regressivos, pseudocura).

c) *Depressão de começo ou desencadeante*: frustração ou perda. Período prodrômico de toda doença mental.

d) *Depressão regressiva*: regressão aos pontos disposicionais anteriores à posição depressiva, infantil e sua elaboração falida, pelo fracasso na instrumentação da posição esquizoparanóide.

e) *Depressão iatrogênica*: na qual a tarefa corretora tenta a integração das partes do ego do paciente, dispersas em suas diversas áreas; ou seja, tenta conduzi-lo da posição esquizoparanóide à posição depressiva, através da qual o sujeito pode obter uma integração, tanto do ego, como do objeto e do vínculo. Adquire assim um *insight* e uma capacidade para elaborar um "projeto", no qual a morte está incluída como uma situação concreta e própria, permitindo-lhe encarar os problemas existenciais.

Elaborar um projeto significa elaborar um futuro adequado de uma maneira dinâmica, por meio de uma adaptação ativa à realidade, com um estilo próprio, ideologias próprias de vida e uma concepção própria da morte.

A essa depressão denominamos *depressão iatrogênica positiva*. É um passo indispensável para alcançar o objetivo terapêutico, que consiste, em última instância, num processo de integração. Não utilizamos o termo cura, mas diminuição das ansiedades psicóticas básicas, reativadas pelo processo desencadeante que deu origem ao reforçamento da posição depressiva infantil, por meio da regressão. Por isso, não há processo terapêutico sem sofrimento, como diz Rickman, e esse sofrimento deve-se à passagem obrigatória pela depressão iatrogênica, cujos produtos são: *insight*, integração, diminuição da culpa e da inibição, processo de elaboração que pode continuar até depois da análise (*after analysis*).

Os aspectos através dos quais serão abordados tanto o processo do adoecer como a terapia podem ser enunciados em quatro direções: 1) da aprendizagem social (leitura da realidade); 2) da *comunicação*; 3) de um ponto central do desenvolvimento e da cura; a *resistência à mudança* (mais vale um pássaro na mão do que dois voando) e 4) da *avaliação*, que utilizámos não só para medir as mudanças nos dois aspectos do processo (o adoecer e o curar-se), mas também por proporcionar material para a construção da interpretação, na medida em que o processo reativa os dois medos básicos (medo da perda e medo do ataque, que são coexistentes e cooperantes, e alternativamente manifestos e latentes).

Pela mobilização das estruturas estereotipadas por causa do montante de ansiedade que desperta a possibilidade de mudança (ansiedade depressiva por abandono do vínculo anterior, ansiedade paranóide criada pelo novo vínculo e a insegurança social conseqüente), chegamos a captar no *aqui-agora-comigo e na tarefa* do grupo, um conjunto de experiências, afetos e conhecimentos com os quais os componentes do grupo pensam e atuam, tanto em nível individual como grupal.

No grupo operativo, instrumento que propomos como adequado à abordagem da doença, coincidem o esclarecimento, a comunicação, a aprendizagem e a resolução da tarefa porque na operação da tarefa é possível resolver situações de ansiedade.

O processo terapêutico, do qual o grupo operativo é instrumento, consiste em última instância na diminuição dos medos básicos: medo de ataque ao ego (ansiedade paranóide) e medo da perda do objeto (ansiedade depressiva), que são cooperantes e coexistentes no tempo e no espaço. Esses medos paralisam a ação do ego, tornando-o impotente, e é por meio de *técnicas operativas* que se criam novas condições para os pacientes. Elas permitem fortalecer seus egos, tornando-os mais plásticos e flexíveis, obtendo assim uma adaptação ativa à realidade, com base numa interação dinâmica entre introjeções e projeções, que se transformam em operativas porque estão nos alicerces da compreensão e da ação sobre o doente.

A tarefa que adquire prioridade no grupo é a elaboração de um esquema referencial comum, condição básica para o estabelecimento da comunicação, que se dará na medida em que as mensagens possam ser decodificadas por uma afinidade ou coincidência dos esquemas referenciais do emissor e do receptor. Essa construção de um ECRO grupal constitui um objetivo cuja consecução implica um processo de aprendizagem e obriga os integrantes do grupo a uma análise semântica, semantística e sistêmica, partindo sempre da investigação das fontes vulgares (cotidianas) do esquema referencial. Cada integrante leva ao grupo um esquema de referência, e, com base no denominador comum destes sistemas, irá se configurar, em sucessivas "voltas de espiral", um ECRO grupal.

Quando a tarefa proposta aos integrantes do grupo é a da "cura"(em nosso esquema, a diminuição das ansiedades psicóticas), estes, ao compartilhar um esquema referencial, podem reiniciar sua reaprendizagem, podem restabelecer suas redes de comunicação atingidas durante o processo da doença, podem fortalecer seu ego para abordar e destruir a resistência à mudança e reorganizar uma nova etapa, cuja avaliação realizamos baseados nos critérios de adaptação ativa à realidade, modificação de si e operação no meio.

Obtido isso, o grupo começa a funcionar sobre implícitos compartilhados, que se refletem nas características e formas que tomam os papéis, que, de fixos e estereotipados, se tornam funcionais, com uma dinâmica que segue as leis de complementaridade e suplementaridade.

É de fundamental importância analisar o interjogo de papéis, segundo o qual o emergente do grupo – *porta-voz* de suas ansiedades, depositário de suas tensões – adoeceu, devido a essa depositação maciça das situações de insegurança e incerteza do ambiente e à assunção das perdas sofridas por seu grupo familiar imediato. Esse emergente poderia ser considerado como o *mais forte*, transformando-se situacionalmente no *mais frágil* por sua incapacidade de suportar a depositação maciça, transformando-se depois no líder da mudança através da terapia, ou seja, no *líder operativo.*

Esse grupo que estava estereotipado adquire flexibilidade e mobilidade através da tarefa, os papéis tornam-se intercambiáveis e o grupo se torna operativo, se realimenta e encara a tomada de decisões.

Mediante a tarefa realizada nos grupos operativos, o sujeito adquire ou recupera um pensamento discriminativo social, através do qual, progressivamente e através da aprendizagem, se produz a experiência corretiva: o paciente obtém consciência de sua própria *identidade* e da identidade dos outros, num nível real.

O papel adjudicado é o papel *prescrito*, ou o papel *necessitado* no grupo, que deve ser cumprido por aquele que assume esse papel. Na medida em que os dois papéis coincidem – o prescrito e o assumido –, produz-se o *encaixe*, a articulação, como acontece, por exemplo, numa equipe de futebol, na qual o jogador, ao mesmo tempo que internaliza os membros de sua equipe, também o faz com a equipe contrária, configurando o que George Mead chama de "o outro generalizado", com o objetivo de chegar a uma operatividade máxima (a partida é jogada primeiramente no campo interno). Na interação do *self* com o outro generalizado, estrutura-se o *mim* (papel operativo diferenciado), que pode ser considerado através de quatro momentos da operação: a *estratégia*, a *tática*, a *técnica* e a *logística*.

Quer dizer: se o grupo todo elaborou esses quatro *momentos*, os instrumentaliza em seu mundo interno e joga com eles em seu *campo interno*, poderá também jogar no *campo externo* (mundo, realidade), por ter estruturado uma estratégia operativa baseada nesse planejamento prévio que orienta *a ação*.

Ao externalizar a estratégia, esta se converte em *tática*; conforme o instrumento com o qual opere, estará utilizando uma *técnica*. No momento em que puder avaliar sua potencialidade em comparação com a do adversário (logística), obterá uma ótima operatividade. A equipe então será perfeita, transformando-se assim num *grupo operativo*; e, se somarmos a isso os três princípios básicos que regem a estrutura de todo grupo humano: a *pertença*, a *cooperação* e a *pertinência*, obteremos o modelo mais operativo de um grupo, capaz de conseguir êxito com base no planejamento prévio.

Nossa tarefa está concentrada na análise da funcionalidade dos papéis, caracterizada por uma plasticidade que permite assumir papéis complementares e suplementares.

Numa certa época, o psiquiatra considerava os integrantes do grupo como simples indivíduos de um conjunto indiferenciado, sem levar em conta os papéis que cada um dos membros assumia no *aqui-agora-comigo*; ele lhes conferia, assim, um papel equivocado, produzindo-se em conseqüência um conflito intrapsíquico de papéis e uma atuação patológica. Nesse caso, a pertença, a cooperação e a pertinência estão seriamente perturbadas, originando-se uma patologia social pela rejeição, indecisão ou incapacidade de assumir o papel adjudicado.

O enfoque denominado "clássico" da psiquiatria prescinde da noção de vínculo – fundamento interacional dos processos de comunicação e aprendizagem. Na medida em que um grupo operativo, que se propõe como tarefa explícita a cura de seus integrantes, se centra na ruptura dos estereótipos da comunicação e dos mecanismos de adjudicação e assunção de papéis, permite aos pacientes uma modificação dos vínculos internos e externos. Essa operação corretora possibilitará uma abordagem mais flexível da realidade, uma conduta adaptativa criadora, com capacidade de planejamento e projeto pessoal. Um dos elementos constitutivos do esquema referencial que guiou nossa tarefa – no que diz respeito à formulação da teoria e à estrutura progressiva de uma técnica grupal – foi o princípio enunciado por Freud e retomado por Kurt Lewin segundo o qual toda investigação se faz acompanhar de uma operação, ou seja, que não há investigação "pura", inócua. Na técnica operativa, torna-se possível a integração da pseudo-antinomia entre o teórico e o prático, pela união de ambos os aspectos de uma práxis concreta, no curso de uma espiral dialética. *Indagação e operação, em relação permanente de coexistência e cooperação, são, em suma, uma contínua relação complementar e de enriquecimento.*

O grupo operativo é um grupo centrado na tarefa que tem por finalidade *aprender a pensar* em termos da resolução das dificuldades criadas e manifestadas no campo grupal, e não no campo de cada um de seus integrantes, o que seria uma psicanálise individual *em grupo*. Entretanto, também não está centrado exclusivamente no grupo, como nas concepções *gestálticas*, mas em cada *aqui-agora-comigo* na tarefa que se opera em duas dimensões, constituindo, de certa forma, uma síntese de todas as correntes. Consideramos o doente que enuncia um acontecimento como o *porta-voz de si mesmo e das fantasias inconscientes do grupo*. Nesse aspecto reside a diferença entre a técnica operativa e as outras técnicas grupais, já que as interpretações são feitas em dois tempos e em duas direções distintas.

Começa-se por interpretar o porta-voz que, por sua história pessoal, é muito sensível ao problema subjacente e que, atuando como radar, detecta as fantasias inconscientes do grupo e as explicita.

No ato seguinte, assinala-se que o explicitado é também um problema grupal, produto da interação dos membros do grupo entre si e com o coordenador, e que ele – porta-voz por um processo de identificação subliminar – percebe e enuncia.

Às vezes, o que o porta-voz expressa representa paradoxalmente a resistência à mudança. O grupo organiza-se para estereotipar-se, como defesa diante da ansiedade que produz essa mudança porque significa enfrentar ansiedades psicóticas que são vividas como mais graves do que as que se manifestam em sua sintomatologia.

Então o grupo se estrutura como *grupo conspirador* para se opor à mudança, já que esta é vivenciada como um "enlouquecer", com um aumento de desamparo, de insegurança e incerteza grupal.

A conspiração é uma situação constante e latente em todo grupo social e tende a deslocar o coordenador (que é agente de mudança–bode expiatório). Quando essa conspiração se elabora, o grupo – no aqui e agora da tarefa – é um grupo frágil.

Aglutina-se intensamente em função de sua falta de segurança interna. Adquire uma pertença e uma agressividade maior que a normal, a tal ponto que se torna perigoso do ponto de vista social.

Vemos, assim, que o primeiro período está configurado com base numa conspiração, que tende a *imobilizar ainda mais a estrutura preexistente* e a defender-se de toda mudança.

Esse primeiro período, que chamamos de *pré-tarefa*, caracteriza-se pelo recurso a todos os mecanismos de cisão, com uma instrumentalização das técnicas da posição esquizoparanóide, dissociando o sentir, o pensar e a ação.

É nesse momento que o coordenador ou terapeuta deverá conduzir o grupo à análise sistemática dos fatores que impedem a penetração no segundo período, que é o da elaboração da tarefa.

A pré-tarefa, com suas técnicas dissociativas, é um momento habitual no desenvolvimento do trabalho grupal. Porém, se vier a deter-se, se o estereótipo adquirir uma rigidez crescente, a produtividade do grupo será nula.

Poderíamos considerar como uma conseqüência da situação labiríntica ou caótica da posição depressiva básica a grave dificuldade que é manifestada diante do tratamento por aqueles que o procuram, ainda que possuindo um destacado grau de consciência da doença. Todos os recursos, mesmo os mais dramáticos, são postos a serviço desse evitar a tarefa de elaboração do núcleo depressivo. Os mecanismos da pré-tarefa, a impostura (*como se*) da tarefa, aparecem como dispositivos de segurança destinados a pôr o sujeito a salvo do sofrimento, da ambivalência e da culpa, e, ao mesmo tempo que o impedem de assumir sua identidade, o eximem do compromisso com um projeto.

A tarefa é o âmbito da elaboração dos quatro momentos da função operativa: a estratégia, a tática, a técnica e a logística. O sujeito pode orientar a ação (*projeto*, como emergente da tarefa) depois de ter elaborado a estratégia operativa no mundo interno, com base nesse planejamento.

A unidade básica operacional compreende a relação que há entre o *existente*, a *interpretação* e o *novo emergente*, sendo este último construído por fantasias inconscientes, motivações que tendem a explicitar-se de forma distorcida na situação psicoterapêutica, através do processo de adjudicação e assunção de papéis.

A partir de uma situação caracterizada pela estereotipia dos papéis, e através da tarefa, chega-se a configurar outra situação com lideranças funcionais, o que se expressa pela sua rotação. Na medida em que os sujeitos adquirem maior flexibilidade, podem assumir o papel de interpretadores, percebendo-se então um autocontrole, uma autoalimentação e uma autocondução do grupo (homeostase do grupo).

Uma de minhas experiências com essa modalidade de trabalho realizou-se quando nos vimos diante da necessidade de aplicar técnicas grupais e acumulativas numa situação de emergência, criada pela súbita separação (por razões de origem política) dos doentes confiados aos nossos cuidados. Essa circunstância levou-nos a formar um curso de enfermagem com os pacientes que estavam em melhores condições, desenvolvido em forma grupal e com o enquadramento da escola de líderes.

A informação recebida através dos pacientes, e a necessidade de discriminar as partes em nós depositadas, constituíram, junto com a conceituação e interpretações formuladas, a outra fonte que nos alimentou e capacitou para construir, *a posteriori*, todo nosso esquema conceitual, referencial e operativo (ECRO).

Essa tarefa foi duplamente vantajosa, já que os enfermeiros, formados assim em pouco tempo, demonstraram ser muito mais eficazes do que os profissionais que foram afastados. Na medida em que a operatividade de cada um deles aumentava, regrediam os sintomas de perturbação desses pacientes, configurando um critério de normalidade (adaptação ativa à realidade) e uma nova *Gestalt*.

Ao se sentirem úteis, readquiriam uma identidade social, às vezes superior à que tinham antes de adoecer, e obtinham dessa maneira um intenso processo de maturidade, sendo um fator muito importante nesse processo a *identificação* que os outros pacientes estabeleciam com os líderes. Em função destas modificações dos pacientes líderes (adquiridas progressivamente por *insight* através dos outros, pela identificação projetiva-introjetiva), mudaram suas atitudes, crenças, opiniões e preconceitos, transformando-se o paciente num cooperador eficientíssimo. Ao diminuir consideravelmente os medos básicos, a compreensão foi se tornando cada vez mais progressiva e operativa.

Como terapeuta, eu internalizava todo esse caudal de informação e modificações, modificando-me ao receber informações úteis ao meu próprio conhecimento e ao fazer-me depositário da soma de experiências e observações transmitidas pelo grupo de enfermeiros recém-formados. Ou seja, criou-se um sistema de realimentação que me capacitava para uma melhor compreensão dos pacientes sob meus cuidados. A tarefa transformava aqueles que a princípio assumiam papéis autocráticos, rígidos, autoritários, em sujeitos que paulatinamente adquiriam flexibilidade, tornando-se operativos. *O coordenador incluía-se no mesmo processo psicoterapêutico*, conseguindo dessa forma mudar a imagem distorcida que tinha dos pacientes, e também a imagem que dele tinham os pacientes.

O aspecto *criativo* do grupo não deve ser negligenciado como fator de *avaliação*, já que o consideramos como o índice mais significativo da operatividade do grupo. Esta acontece na medida em que se enfrentam novas tarefas com técnicas novas, tornando-se o grupo flexível (não estereotipado), coerente e operativo. Quando opera com um pensamento criador, o grupo adquire funcionalidade. Então aparece como um fato objetivo que *a tarefa em comum é de um rendimento superior.* A produtividade adquire características de uma progressão geométrica e não aritmética.

O espírito do novo, a aplicação, a descoberta, a invenção como produto da tarefa grupal, a "desocultação" (Heidegger), à qual se soma a instrumentação com o aspecto existencial, operam subseqüentemente, *provocando* novos emergentes, que são retomados em seu aspecto explícito, para assinalar o implícito em forma de interpretação. (Toda interpretação é a hipótese ou a fantasia que o coordenador faz sobre o conteúdo implícito do explícito.)

A magnitude do ego, ampliando sua perspectiva – devido à potência excepcional de caráter instrumental que pode adquirir um grupo –, supera todas as situações anteriores; a inovação aparece como a parte de um conjunto completo de instrumentos técnicos e de redes de comunicação entre o investigador e o objeto investigado.

Observa-se que um trabalho quantitativamente acumulativo é seguido por um salto dialético (Quarta lei de transformação da quantidade em qualidade ou lei do progresso por saltos – Politzer); o mundo do grupo vai se transformando ou se transfigurando.

Um processo de recriação, que surge no contexto do grupo como a tarefa essencial, consiste justamente na *recriação do objeto destruído*, núcleo da depressão básica, que perturba a leitura da realidade, do qual são portadores os membros do grupo. A situação patogenética depressiva – ponto de partida de toda perturbação mental – chega a se resolver através da recriação progressiva do objeto. Insistimos em destacar a significação que os processos de aprendizagem e comunicação têm no âmbito da situação grupal. Através deles, torna-se possível aquilo que designamos como *tarefa*, ou seja, elaboração da situação patogenética e da conseqüente perturbação da leitura da realidade. A situação corretora propõe ao sujeito integrado num grupo a possibilidade de um *insight*, uma *aprendizagem* da realidade, obtida através de sucessivas emissões e recepções de mensagens, com uma progressiva adequação dos esquemas referenciais do receptor e do emissor, o que culmina numa percepção de si e dos outros não distorcida pelo modelo arcaico e repetitivo do estereótipo. Obtida essa percepção (*insight*), com a decorrente atenuação das ansiedades básicas, o sujeito modifica sua atitude diante da mudança, tornando-a menos resistente. Nesse processo de *maturação*, emergirá o projeto.

A tarefa gira dessa forma em torno do confronto com a morte própria e concreta, com o que se acaba obtendo tanto a integração (integração como mortalização), como a diferenciação dos membros do grupo, ao adquirir uma identidade própria, com limites próprios.

A alteridade aproxima-se de um ponto ótimo (distância ótima). O grupo está em situação de tarefa (pertença, cooperação e pertinência).

Paralelamente ao enfoque descrito, os economistas têm estudado este processo de *criação coletiva* que pressupõe uma análise em três direções. No contexto grupal, centrado na tarefa curativa, essas direções serão retraduzidas da seguinte forma:

a) Ascensão social (status): ascensão é o sinônimo de saúde ou de bem-estar mental, elevação do nível de aspiração e corresponde a uma capacitação aperfeiçoada que a torna possível. A isso se acrescenta uma crescente solidariedade, acompanhada de um sentimento de *liberdade interior*, com uma diminuição da incerteza, da dependência e da submissão, produtos da insegurança prévia.

b) A colaboração em obras coletivas: corresponde ao processo grupal de socialização do doente mental. O aumento da segurança grupal também se observa no nível econômico, na forma da configuração organizacional – que, no contexto econômico, é denominada *empresa* –, e finalmente numa produtividade e numa rentabilidade. No grupo, essa operação realiza-se através dos papéis funcionais operativos que estão representados no nível grupal: a saúde mental, a adaptação ativa e a produtividade.

c) Construção ou planejamento de um projeto: na qual se pode observar o planejamento do futuro, tanto na empresa como no grupo. Cada um dos pacientes vai adquirindo aquilo que poderíamos denominar um "novo estilo de vida", baseado, como já dissemos, numa adaptação ativa à realidade tal como a compreendemos, na qual o sujeito é modificado pelo ambiente – operação corretora por meio do grupo –, mas o fundamental é que ele se transforma, por sua vez, num *agente de mudança social*. Todo o contexto se move seguindo o curso de uma espiral dialética desses dois processos (análise dialética).

O diálogo com a realidade é restabelecido e seu dinamismo é duplo; provém da *espontaneidade* do pensamento que é capaz de ratificar ou retificar, de alimentar-se e alimentar os outros (*feedback*).

A operação do diálogo implica que a comunicação tenha se tornado possível ou tenha sido restabelecida, ou seja, que as redes de comunicação possam ser restabelecidas. Trata-se de uma maiêutica – diálogo –, método socrático, que consiste numa cooperação que tende a devolver e resolver antinomias (sínteses) dentro de um sistema de contradições, com um grau de alteridade contínua e ótima, numa situação de ir e vir entre o concreto e o abstrato.

Qualquer coisa que aconteça num grupo, seja por informação direta ou por interação subliminar (identificação), está manifestando, por intermédio do emergente (o porta-voz), o conteúdo implícito da situação de grupo.

Alguém assumirá o papel de *porta-voz* e o conteúdo do implícito se fará explícito. Utilizando uma expressão da linguagem popular, dizemos que o porta-voz é o *alcagüete* do grupo. Através de seu próprio segredo "desocultado", faz-nos participantes do acontecer implícito ou do conteúdo latente da fantasia grupal.

O mesmo acontece quando um de seus integrantes conta um sonho no contexto do grupo. O sonho "fabricado" com uma "matéria" grupal (a fantasia universal do grupo) está em relação com a sessão anterior, da qual ficaram resíduos não elaborados: isso é então explicitado através do conteúdo do sonho do porta-voz.

A interpretação deve abranger as duas dimensões: a vertical ou individual, já que o porta-voz enuncia o problema

– o drama – (alcagüete ou trovador-radar*), e pode fazê-lo na medida em que, por sua história pessoal, se acha próximo desse conteúdo.

Uma vez assinalados os aspectos individuais, motivacionais, do porta-voz, a interpretação tenderá a desocultar o acontecer implícito grupal ou comunitário (dimensão horizontal da interpretação).

A observação da relação porta-voz/grupo levou-nos a analisar o modelo proposto pelo teatro grego, no qual também se dá uma "delegação expressiva", através da relação *porta-voz* (protagonista)/*coro*. Essa analogia é mais uma aproximação à nossa consideração das coincidências entre o modelo operativo e o modelo dramático. Aquilo que chamamos de "delegação expressiva" é a depositação da fantasia, ação, pensamento, emoção, em quem a tornará manifesta com uma ou outra modalidade de des-ocultação. Começa a se configurar um acontecimento sintetizador (nos níveis do explícito e do implícito) como uma *condensação* do acontecer grupal. A analogia entre os dois modelos, o da tragédia grega e o do grupo operativo, poderá ser reencontrada principalmente através da análise da *Poética* de Aristóteles, na qual se descreve a dinâmica dessa técnica atual, que ao que parece tem uma origem tão antiga.

A operação que se realiza é expressa por Aristóteles da seguinte maneira: "... constitui uma teoria completa da criação dramática como arte destinada a melhorar os homens mediante o exemplo evidente, espetacular, de *males que, ao acontecer aos outros, podem também acontecer a nós*". Essa emoção contemplativa é a catarse ou depuração dos sentimentos do espectador. (Esse processo se realiza por identificação com o porta-voz da situação de cada aqui e agora.) O meio

----

* O "trovador-radar" corresponde, entre nós, à figura do "repentista". (N. do T.)

de que o autor pode dispor (neste caso, o coordenador em cada momento) é o mesmo que nas outras artes, a imitação ou mimese (no grupo que atua como espectador diante do porta-voz que emerge e representa o ator, produz-se esse processo de identificação múltipla). O porta-voz relata o acontecer da fantasia inconsciente do grupo por meio de uma comunicação pré-verbal (mímica) e da palavra falada, chegando com a *ação ao role-playing* (base da psicoterapia de Moreno). Atualmente, a partir das experiências iniciais da elaboração dessa técnica, empregamos o *role-playing* em determinadas circunstâncias, combinando a técnica clássica do grupo operativo com recursos psicodramáticos. Já sabemos que *drama* significa *ação*, seja ela trágica ou cômica. A diferença entre eles consiste no fato de que na comédia se pintam os homens piores do que são, enquanto a tragédia os pinta melhores. O mesmo se observa nos grupos quando estão subdivididos em subgrupos ou vivenciam um acontecimento enunciado pelo porta-voz como cômico ou trágico. No âmbito da terapia, isso contribui para um dos ganhos fundamentais em termos de uma reação específica diante de um mesmo fato que atua como teste projetivo.

Aristóteles considera que a tragédia se compõe de seis partes: 1.ª) fábula, mito ou argumento; 2.ª) costumes ou caracteres; 3.ª) palavras ou diálogos; 4.ª) pensamentos ou conceitos; 5.ª) espetáculo e 6.ª) melopéia. E, assim como na tragédia o argumento enunciado pelo porta-voz constitui um meio insubstituível para manter viva a atenção do espectador, o argumento ou desenvolvimento de um grupo constitui também (como na tragédia) uma configuração na qual encontramos um princípio, meio e fim, uma exposição, um núcleo e um desenlace, que em nossa terminologia chamamos abertura, desenvolvimento e fechamento. Quanto à extensão ou tempo da tarefa, dependerá dos acontecimentos necessários e naturais; em nosso caso irá depender do contexto e das interpretações para conduzir os protagonistas (os membros do grupo), de uma maneira lógica e progressiva, até o desenlace, com o fim de provocar a catarse coletiva grupal. A "lei dramática", enunciada por Aristóteles com suas três unidades – *ação, tempo e lugar* –, corresponde, em termos grupais, ao aqui, agora, comigo.

Num dado momento emerge *um ator* (porta-voz) sobre o cenário (lugar do grupo). Esse personagem é geralmente o porta-voz de um duplo acontecimento que lhe foi revelado. Um grande bem-estar o exalta; sem isso não haveria arte dramática. Por outro lado, uma desgraça ou *catástrofe externa pôs tudo em revisão* (*a catástrofe interna é a depressão básica tal como a concebemos*). O porta-voz explica a um segundo ator, cujo encontro parece sempre oportuno (que estaria aqui representado pelo coordenador). Continuando, outros personagens fazem seu aparecimento (outros porta-vozes ou comentadores do emergente), que na tragédia clássica se reúnem em dois subgrupos: o *grupo branco* busca salvar algo muito importante, que é geralmente o *amor* (a transferência positiva). O outro subgrupo – *o negro* – prepara uma armadilha para o anterior, e algumas vezes este *contra-ataca*, configurando-se uma *contra-armadilha* (tudo isto constitui a *estratégia*, a *tática*, a *técnica* e a *logística*, que é fácil de ser observada em toda situação grupal). Tal como na tragédia, as peripécias entre brancos e negros continuam, entremesclam-se, ensombrecem-se, até que a situação se esclareça. Em nosso caso a operação grupal será denominada esclarecimento, o qual, como na tragédia, pode ser súbito e passageiro, ou mais ou menos duradouro (golpe de *insight*, ou instante de *insight*, que também pode ser transitório) ou continuar num processo de elaboração. A eterna magia simpática (que se realiza por meio de interações, de identificações introjetivas e projetivas) realiza aqui seu ofício. O Mimo (o herói furioso, o porta-voz) é ao mesmo tempo um outro (membro do grupo) que cura ao realizar a catarse coletiva. Ainda que não seja autêntico, isso é significativo e coincide com a investigação grupal. Os autores renascentistas, imitadores de Aristóteles, estabeleceram o flexível postulado de "que uma só ação (tarefa) num só lugar, o aqui, devia iniciar-se e desenrolar-se num só dia" (que inclui o agora e o caráter acumulativo de nossa didática grupal). Sintetizando o que dissemos sobre a relação entre a técnica de grupo operativo e a doença única, insistimos em assinalar que a operação do grupo se dirige especificamente para os dois medos básicos: medo do ataque ao ego e medo da perda do objeto que constitui a situação patogenética. O uso que o ego possa fazer de suas técnicas defensivas, diante da emergência desses dois medos, irá configurar as distintas faces fenomenológicas da perturbação mental, com os diferentes quadros nosográficos.

A técnica de grupo operativo implica a análise dos aspectos referentes à transferência no grupo, que se expressa através de um porta-voz que expressa algo em relação (vínculo positivo ou negativo) com o coordenador, e que num primeiro momento é dispersa, cindida em pedaços, caótica, frágil, instável e que, à medida que progride a tarefa do grupo, vai mostrando maior coesão.

Incluímos do mesmo modo a contratransferência, porque a atitude do coordenador, que pode ser autocrática, *laissez-faire*, democrática ou demagógica, condiciona as reações do grupo dele.

É curiosa a inibição que os psicólogos sociais têm ao não incluir a liderança demagógica como um papel definido.

A detecção das lideranças tem uma importância fundamental na compreensão da dinâmica do grupo; tanto é assim que a *estrutura e função do grupo* irão configurar-se de acordo com os tipos de liderança assumidos pelo coordenador (Kurt Lewin).

O terapeuta *autocrático*, o líder autocrático do grupo, utiliza uma técnica diretiva, rígida, favorece um estereótipo de dependência entrando a serviço do *status quo* da doença e da resistência à mudança. Sua característica mais marcante talvez seja sua incapacidade de discriminar entre papel e pessoa, confundindo-se a si mesmo com o grupo. Seu nível de urgência atua como fator de paralisação da tarefa.

A liderança *democrática* é o papel ideal que se pode assumir no trabalho grupal. O intercâmbio entre o líder-coordenador e o grupo realiza-se na forma de uma espiral permanente, na qual se ligam os processos de ensinar e aprender, formando uma unidade de alimentação e realimentação (*feedback*).

Os intercâmbios de idéias são feitos entre os membros do grupo, de maneira que sua intervenção consistiria somente em assinalar a dificuldade em seu funcionamento.

O líder *laissez-faire* é aquele que delega ao grupo sua auto-estruturação e que assume só parcialmente suas funções de análise da situação e orientação da ação.

A conduta do líder *demagógico* tem uma característica muito marcante: a impostura; é impostor na medida em que, com uma estrutura autocrática, mostra uma aparência de democracia, caindo às vezes em situações de *laissez-faire*, como resultado dessas atitudes contraditórias. Tomamos como ponto de referência, sobre o qual a operação tem de ser orientada, tudo aquilo que representa a resistência à mudança e, finalmente, a avaliação através dos novos emergentes, com o propósito de seguir o desenvolvimento e a compreensão tanto do processo do adoecer como do processo de cura, com o significado de diminuição dos medos básicos.

Se nos pedissem uma definição em duas palavras sobre o que pretendemos realizar com essa técnica, diríamos que tentamos diminuir o índice dos medos básicos, romper os estereótipos que os mantêm e poder enfrentar um futuro que emerge do próprio processo.

Tudo isso é obtido através de uma discriminação dos medos que se expressam por uma situação muito complexa durante o processo terapêutico, como é a reaprendizagem da realidade, a normalização das redes de comunicação e a capacidade de enfrentar as exacerbações desses medos no momento em que se aborda uma situação de mudança.

Através desse complexo processo, tenta-se obter dos pacientes uma adaptação ativa à realidade, caracterizada pelo fato de poder assumir novos papéis com uma maior responsabilidade e o abandono progressivo dos papéis anteriores, inadequados à situação no aqui e agora. Isso se dá na tarefa, na qual os sentimentos básicos de pertença, cooperação e pertinência, que operam em todo grupo humano, possam se conjugar harmoniosamente na obtenção de uma grande produtividade.

É:

1) Uma adaptação ativa à realidade.
2) Possibilidade de assumir novos papéis.
3) Poder assumir maior responsabilidade.
4) Perda de papéis anteriores inadequados à situação no aqui-agora-comigo e na tarefa.
5) Os sentimentos básicos de pertença, cooperação e pertinência, que operam em todo grupo humano, ao fazê-lo agora de forma harmoniosa, dão ao grupo grande produtividade.

Grupo operativo e modelo dramático[1]
*(em colaboração com Ana P. de Quiroga,
Carlos Gandolfo e Marta Lazzarini)*

A análise dos processos de comunicação e aprendizagem tem sido nosso ponto de partida na elaboração de uma teoria da doença mental (conduta desviada). Ela resulta da deterioração da comunicação e do fracasso na aprendizagem da realidade num momento do desenvolvimento (fixação), o que promove o regresso do sujeito (regressão) a esse momento disposicional de sua história, com a utilização de formas arcaicas de mecanismos defensivos para controlar ou atenuar os dois medos básicos, de perda e ataque. As características desse estereótipo condicionam as características fenomenológicas da doença, configurando a situação de *resistência à mudança*, na qual se centrará a tarefa corretora.

As investigações no campo das teorias da aprendizagem emigram pouco a pouco dos laboratórios de psicologia experimental para a comunidade, dotando a psicologia (agora social) de instrumentos que servirão para avaliar a interação entre indivíduo e sociedade. Toma-se como ponto de partida dessas investigações o pressuposto sobre o caráter

---

1. Relato apresentado no Congresso Internacional de Psicodrama e no Congresso Latino-Americano de Psicoterapia de Grupo, Buenos Aires, 1969.

dialético dessa interação, que realiza um itinerário em espiral contínua, na qual o ator do processo se realimenta com a experiência, modificando-se o sujeito e modificando o mundo, emergindo dessa maneira o sentimento do ego situacional e instrumental. A concepção da aprendizagem como práxis permite-nos a possibilidade de conceber esse processo como um *aprender a aprender* e um *aprender a pensar* – concepção de caráter instrumental que se apóia numa teoria do pensamento e do conhecimento, que opera num contexto social. Baseados nestas últimas formulações e numa teoria do vínculo – que definimos como uma estrutura bicorporal e tripessoal –, construímos o instrumento de apreensão do objeto de conhecimento. Essa estrutura triangular, que rege todas as nossas relações, possibilita abandonar o esquema de uma psicologia individual, que Freud já negava, e adotar os postulados de uma psicologia que sempre será social, ao incluir no esquema de referência o conceito de um mundo interno em contínua interação, origem das fantasias inconscientes. É essa dimensão ecológica que pode condicionar, através de processos de introjeção e projeção, uma imagem do mundo exterior distorcida em diferentes graus, particularmente do papel do *outro*, cuja percepção está marcada por situações de *reencontro* que regem toda nossa vida emocional.

O ajuste destes elementos irá configurar modelos, linhas, ou esquemas referenciais que operam no processo de aprendizagem ou leitura da realidade.

O modelo é *um sistema* ou um conjunto que deve incluir todas as características do objeto a ser investigado. É o instrumento de abordagem do objeto real, no qual se encontram os vetores da descoberta. Na medida em que a descoberta do objeto real se intensifica (através da práxis), o modelo perde significação como intermediário entre o processo de pensamento e a realidade, já que "a coisa em si se transforma em coisa para si". Através dele descobrimos, em última instância, a aprendizagem como o processo de *apropriação instrumental da realidade para modificá-la*. Toda aprendizagem é aprendizagem social, aprendizagem de papéis. O que se internaliza nesse processo de apropriação da realidade são *funções*, que podem ser descritas em forma de papéis em situação.

Todo conjunto de pessoas ligadas entre si por constantes de tempo e espaço, e articuladas por sua mútua representação interna (dimensão ecológica), configura uma situação grupal. Essa situação está sustentada por uma rede de motivações e nela interagem entre si, por meio de um complexo mecanismo de assunção e adjudicação de papéis. É nesse processo que deverá surgir o reconhecimento de si e do outro, no diálogo e no intercâmbio permanente. Essa situação grupal constitui o instrumento mais adequado para essa aprendizagem de papéis (aprendizagem social) em que consiste a internalização operativa da realidade.

Todo grupo se propõe explícita ou implicitamente uma tarefa, que constitui seu objetivo ou finalidade. A tarefa, a estrutura grupal e o contexto no qual se relacionam tarefa e grupo constituem uma equação da qual surgem fantasias inconscientes, que seguem o modelo primário do acontecer do grupo interno. Entre essas fantasias, algumas podem funcionar como obstáculo na abordagem do objeto de conhecimento e como elementos que distorcem a leitura da realidade, enquanto outras atuam como incentivo do trabalho grupal.

O confronto de ambos os tipos de fantasias inconscientes projetadas no grupo produzirá as situações de conflito características da tarefa grupal.

O esclarecimento dessas fantasias inconscientes, assim como a resolução dialética do dilema que deu origem ao conflito, constituem a tarefa latente do grupo, inaugurando-se então a possibilidade da criação.

Neste momento, o criador encarrega-se de sua fantasia inconsciente, como estrutura-função, e pode construir uma estratégia, uma tática, uma técnica e uma logística para a abordagem da realidade.

Apoiando-nos nesse quadro teórico, construímos a técnica de grupos operativos, na qual o instrumento de esclarecimento é dado pela interpretação – enunciativa ou interrogativa – e o assinalamento, que têm sempre o caráter de uma hipótese sobre a fantasia grupal, não se avaliando sua eficácia segundo um critério de verdade, mas segundo o critério de operatividade, na medida em que permite a ruptura do estereótipo.

Interessa-nos particularmente descrever a aplicação das técnicas operativas à aprendizagem da direção teatral, dadas as coincidências entre o modelo dramático e nosso modelo grupal. (Coincidências fundamentadas na universalidade da dimensão que denominamos *Ecologia humana interna*.)

História de uma experiência concreta

Em junho de 1968, um curso centrado na aprendizagem da direção teatral – a cargo do senhor Carlos Gandolfo, que estava familiarizado com as técnicas grupais através de sua aprendizagem em nossa Escola de Psicologia Social – abriu a possibilidade de integrar a técnica de grupo operativo à sua tarefa.

A aprendizagem que seus alunos deveriam realizar centrava-se em três pontos básicos:

a) O diretor com sua obra: análise da estrutura dramática em seus aspectos manifestos (o anedótico da obra) e latentes (a motivação, as relações íntimas que os personagens desconhecem e que o diretor deve traduzir em ações propostas ao ator para a obtenção da atitude, da emoção adequada ao personagem). A análise da obra implica a descoberta das situações de *crise, culminação* e *resolução*, em primeiro lugar no âmbito total da obra, em segundo lugar em cada ato e em cada cena.

b) O diretor e o ator: este segundo passo da aprendizagem refere-se ao conhecimento que o diretor deve ter do material com que trabalha (o ator). Deve experimentar por si próprio de que maneira o ator vive o processo de criação, desempenhar o papel do ator, o que exige uma reaprendizagem da realidade, da ação, das formas de inter-relação.

Para isso, ele deve aprender a transformar as cenas-chave da obra em *ações concretas*, que determinem no ator um comportamento que desperte uma determinada emoção: é aí que o ator começa a comprometer sua emoção. Em síntese, o que se busca é um reencontro com uma situação prévia, já vivida pelo ator, que condicionará nele a emoção, a atitude corporal que o aproxime do personagem.

c) O terceiro ponto da aprendizagem consiste na síntese do anterior: a encenação.

Ao incluir-se no grupo uma equipe integrada por Ana P. de Quiroga como coordenadora e Marta Lazzarini como observadora, depois da primeira reação de expectativa e diante da proposta da coordenadora de sentarem formando um semicírculo, aparece no grupo, na terceira reunião, a necessidade de se apresentarem, especificando que tarefa cada um realiza[2]. Aqui podemos observar que a modificação espacial do cenário de aprendizagem, que implicava o abandono do modelo escolar, fez surgir a exigência de adquirir uma identidade como indivíduo e como grupo, em função de uma tarefa. (Recolocando-se a situação de crise de identidade que é subjacente à vocação de ator.) A disposição

....
2. O grupo já havia realizado um mínimo de quatro meses de tarefa em comum. Alguns integrantes participavam do grupo já há mais de um ano.

semicircular foi adotada definitivamente tanto para as aulas como para as reuniões grupais.

As dificuldades que apareceram na abordagem da tarefa explícita (a aprendizagem da direção teatral) foram freqüentemente trabalhadas pelo grupo através das interpretações e marcações, num esforço comum cuja finalidade era a ruptura do estereótipo anterior, coincidente com o modelo básico familiar.

Os elementos que apareceram com maior freqüência, obstaculizando a tarefa, foram: a confusão entre papel de ator e diretor, um alto nível de aspiração, que perturbava a aprendizagem do *papel de aprendiz*, entrando-se em uma situação muito intensa de rivalidade com o diretor, com o qual, mesmo assim, fora estabelecida uma relação de excessiva dependência. A ambivalência dessa situação, ainda que atenuada no trabalho grupal, aparece como uma constante de aprendizagem, encontrando-se uma defasagem permanente entre o nível de aspiração e o sentimento de ganho.

O processo analítico da estrutura dramática se vê distorcido pela projeção de conflitos sobre a obra e pela identificação do aluno com os personagens, o que distorce o processo analítico.

Ao se cumprir o segundo momento da aprendizagem, intitulado "o diretor e o ator", a exigência de desempenhar o papel de ator e de experimentar esse processo de criação levou o grupo a uma crise. Nela predominavam as fantasias de *transparência* e desmascaramento, a culpa pelos aspectos vocacionais relacionados ao teatro, exibicionismo, impostura, fantasia básica da "máscara", etc. Surgiram mecanismos de projeção da censura interna que foi depositada sobre os membros do grupo; isso freava a criatividade, a espontaneidade e o compromisso, ou provocava situações de intensa agressividade.

Produziu-se no grupo uma vivência "de enlouquecer", definida por um integrante "como a explosão súbita das emoções humanas", entendendo-se que nisso residia a essência da Tragédia.

Neste momento, os integrantes do grupo, atemorizados pela emergência dos materiais subjacentes, tentavam provar a força ou a fragilidade da equipe de coordenação, que por um lado queriam destruir – como depositária da censura –, e por outro queriam preservar – como depositária dos aspectos positivos do grupo.

O grupo está voltado, nesse momento, para a tarefa de discriminação entre pessoa e papel, e para a aprendizagem do papel de diretor.

No fraseado das interpretações utilizaram-se os elementos dados em aula, ou seja, aqueles relacionados com a linguagem cotidiana e a tarefa teatral. É importante destacar que a pessoa responsável pela coordenação não tinha informação prévia sobre teatro, sendo-lhe possível a passagem de uma linguagem (a do grupo operativo) à outra por perceber que o modelo operativo e o modelo dramático tinham uma estrutura interna semelhante[3].

Sobre essas construções, podemos dizer que o paralelismo entre os modelos de investigação social e o modelo dramático se fundamenta no fato de que toda obra é a representação, o reencontro de um momento da vida cotidiana do criador, seja este o autor, o diretor ou o ator. Todos eles são criadores, porque a aprendizagem e a criação consistem nesse processo de reencontro e de redescoberta. Essa situação, de acordo com o caráter da experiência reencontrada, pode ser angustiante ou gratificante.

Para terminar essa exposição, retomamos os elementos constitutivos do modelo dramático[4]:

....

3. A semelhança surge, de acordo com o que assinalamos, de uma situação originária comum: a dimensão ecológica ou ecologia humana interna.
4. William Sacksteder, "Elementos del Modelo Dramático", *Diógenes*, n.º 52.

Os modelos na história

O Espaço e o Tempo

A Ação Dramática
{ As Ações
  As Direções
  A Re-presentação }

O Diálogo Dramático
{ A Linguagem
  A Comunicação
  Os Símbolos }

O Personagem Dramático
{ As Pessoas
  Os Papéis
  O Encontro }

Estrutura de uma escola destinada a psicólogos sociais[1]

Propósitos e metodologia

Toda psicologia social, definida como ciência que estuda os vínculos interpessoais e outras formas de interação, se não supera essa simples tarefa, tornando-a direcional e significativa, tende a estancar e a perder seu sentido.

A psicologia social particulariza-se fundamentalmente por ser operativa e instrumental, com as características de uma interciência, cujo campo é abordado por uma multiplicidade interdisciplinar (epistemologia convergente) da qual deriva a multiplicidade das técnicas.

Como ciência do homem no campo da práxis, não pode evitar essa exigência sem cair numa situação formal e estereotipada.

A psicologia social é a ciência das interações voltada para uma mudança social planejada. Se não for assim, não tem sentido, e todos os seus esforços levariam a um sentimento de impotência, como resultante das contradições quanto a

----
1. Trabalho apresentado no Congresso Internacional de Psiquiatria Social, Londres, agosto de 1969 e publicado na *Revista Argentina de Psicologia*, Ano I, n.° 2, 1969.

seu aspecto operacional. É um artesanato, no sentido mais amplo da palavra, que tanto forma os elementos da mudança como prepara o campo no qual se vai atuar. Daí irão surgir duas direções: uma chamada psicologia social acadêmica, que, preocupada só com as problemáticas das técnicas ou dos possíveis tipos de mudança, se sente paralisada diante de sua responsabilidade de realizar uma síntese de teoria e prática.

A outra direção, a práxis – de onde surge o caráter instrumental e operacional em seu sentido mais real – se resolve não num círculo fechado, mas numa contínua realimentação da teoria, através de sua confrontação com a prática e vice-versa (tese-antítese-síntese). A experiência da prática, conceptualizada por uma crítica e uma autocrítica, realimenta e corrige a teoria mediante mecanismos de retificação e ratificação, obtendo uma crescente objetividade. Configura-se assim uma marcha em espiral, que progressivamente capacitará o terreno da mente a construir uma estratégia e uma logística, que através da tática e da técnica instrumental dê em caráter operativo a planejamentos de tipo diferente para que a obtenção da mudança aspirada – que consiste no desenvolvimento pleno da existência humana através da modificação do homem e da natureza – possa realizar-se. A psicologia social que postulamos aponta para uma visão integradora do "homem em situação", objeto de uma ciência única, ou interciência, localizado numa determinada circunstância histórica e social. Essa visão é alcançada através de uma epistemologia convergente, na qual todas as ciências do homem funcionam como uma unidade operacional, enriquecendo tanto o objeto do conhecimento como as técnicas destinadas a sua abordagem.

Como unidade operacional, as ciências do homem assim reunidas trazem elementos para a construção de um instrumento único ao qual chamamos ECRO, esquema conceitual, referencial e operativo, orientado para a aprendizagem através da tarefa. Esse conjunto estrutural e genético permite-nos a compreensão horizontal (a totalidade comunitária) e vertical (o indivíduo nela inserido) de uma sociedade em permanente situação de mudança e dos problemas de adaptação do indivíduo a seu meio. Como instrumento, é o que permite planejar um manejo das relações com a natureza e seus conteúdos, nas quais o sujeito se modifica a si mesmo e modifica o mundo, num constante interjogo dialético.

Como escola destinada à formação de operadores no campo da saúde mental, incluímos nesse âmbito não só a análise do processo do adoecer e das tarefas corretoras, mas também de todos os trabalhos de prevenção, insistindo particularmente nos vetores de aprendizagem e comunicação, cujas perturbações são, a nosso ver, a origem de toda conduta desviada.

A didática que postulamos, fundada no conceito de interciência, emerge do âmbito da psicologia vincular, e podemos caracterizá-la como interdisciplinar e grupal, acumulativa, de núcleo básico, instrumental e operacional.

A didática interdisciplinar apóia-se na preexistência, em cada um de nós, de um esquema referencial (conjunto de experiências, conhecimentos e afetos com os quais um indivíduo pensa e atua) que adquire unidade por meio do trabalho grupal, promovendo simultaneamente nesse grupo ou comunidade um esquema referencial e operativo, sustentado no denominador comum dos esquemas prévios.

Uma das definições clássicas da didática é a de desenvolver atitudes, modificar atitudes e comunicar conhecimentos. Essas funções são cumpridas pela didática interdisciplinar, que educa, instrui e transmite conhecimentos, mas com uma técnica que redunda numa economia do trabalho de aprendizagem, visto que, ao ser acumulativa, a progressão do desenvolvimento é geométrica.

Ao falar da abordagem interdisciplinar de uma situação social, entendemos que essa metodologia compreende o estudo – em detalhe, em profundidade e no âmbito total – de todas as partes de um problema. Dá-se aí a síntese dialética entre texto e contexto. De tal definição surge a necessidade de trabalhar em grupos formados por integrantes de diversas especialidades referentes ao problema investigado. Cumpre-se assim uma das leis básicas da técnica de *grupos operativos* ("quanto maior a heterogeneidade dos membros e maior a homogeneidade na tarefa, tanto maior a produtividade"). Chamamos nossa didática de *núcleo básico* por inspirar-se nas conclusões das investigações no campo da educação de adultos, que sustentam que a transmissão dos conceitos universais que regem cada disciplina específica possibilita maior velocidade, profundidade e operatividade do conhecimento. O núcleo básico é constituído por esses universais, e a aprendizagem vai do geral ao particular.

É instrumental e operacional, porque o esquema conceitual, referencial e operativo – ECRO – assim constituído é aplicável a qualquer setor de tarefa e de investigação.

De acordo com essa didática, a aprendizagem se estrutura como um processo contínuo, com oscilações, articulando-se os momentos do ensinar e do aprender, que acontecem no aluno e no docente, como um todo estrutural e dinâmico.

Adotamos o grupo operativo como instrumento primordial de tarefa e de investigação, fundamentando-nos no fato de que as ciências sociais nos últimos anos centraram seu interesse nos pequenos grupos ou grupos face-a-face, os quais, por seu caráter de unidade básica de interação e sustentação da estrutura social, se tornam também unidade básica de trabalho e investigação.

Assim, o acontecer do grupo centra a investigação do psicólogo social no fenômeno universal da interação, de onde surge o reconhecimento de si e do outro, num diálogo e intercâmbio permanente, que segue uma trajetória em espiral.

Os agrupamentos sociais organizam-se em unidades com o objetivo de adquirir maior segurança e produtividade, surgindo em seu interior a possibilidade de estudar a rede de comunicações, ou seja, os vínculos inter-humanos que tornam possível a convivência e a tarefa em comum.

A estrutura e função de um grupo qualquer, seja qual for seu campo de ação, são dadas pelo interjogo de mecanismos de assunção e atribuição de papéis. Estes representam modelos de comportamentos correspondentes à posição dos indivíduos nessa rede de interações, e estão ligados às expectativas próprias e às dos outros membros do grupo. O papel e seu nível, o *status*, ligam-se aos direitos, deveres e ideologias que contribuem para a coesão dessa unidade grupal.

Todo conjunto de pessoas, ligadas entre si por constantes de tempo e espaço e articuladas por sua mútua representação interna, propõe-se explícita e implicitamente uma tarefa, que constitui sua finalidade. Podemos então dizer que estrutura, função, coesão e finalidade, junto com um número determinado de integrantes, configuram a situação grupal que tem seu modelo natural no grupo familiar.

A técnica de grupos por nós criada, chamada de *grupos operativos*, caracteriza-se por estar centrada, de forma explícita, numa tarefa que pode ser a aprendizagem, a cura (neste sentido, abrange os grupos terapêuticos), o diagnóstico das dificuldades de uma organização profissional, a criação publicitária, etc. A esta tarefa subjaz outra, implícita, que aponta para a ruptura, através do esclarecimento dos modelos estereotipados que dificultam a aprendizagem e a comunicação, significando um obstáculo a toda situação de progresso ou mudança.

Assim, a tarefa consiste na elaboração de duas ansiedades básicas: *medo da perda* (ansiedade depressiva) das estruturas existentes e *medo do ataque* (ansiedade paranóide) na nova situação, provindo esta última de novas estruturas nas quais o sujeito se sente inseguro por carência de instrumentação. Essas duas ansiedades, coexistentes e cooperantes, configuram a situação básica de *resistência à mudança*, que, no grupo operativo, deve ser superada num acontecer grupal no qual se cumprem os três momentos dialéticos de tese, antítese e síntese, através de um processo de esclarecimento que vai do explícito ao implícito. A unidade de trabalho que permite a realização desse esclarecimento é integrada pelo existente (material trazido pelo grupo através de um membro qualquer, que nesse momento cumpre a função de porta-voz), pela interpretação realizada pelo coordenador ou co-pensor do grupo e pelo novo emergente – conduta nascida da organização de distintos elementos, acontecimento sintético e criador que aparece como resposta a essa interpretação. Toda interpretação, tanto nesse tipo de grupos como na tarefa terapêutica, tem o caráter de uma hipótese elaborada acerca da fantasia grupal. Não se dirige à exatidão, ou, melhor dizendo, não se avalia com um critério tradicional de verdade, mas em termos de operatividade, na medida em que permite ou favorece a ruptura do estereótipo.

O coordenador cumpre no grupo um papel prescrito: o de ajudar os membros a pensar, abordando o obstáculo epistemológico configurado pelas ansiedades básicas. Opera no campo das dificuldades da tarefa e da rede de comunicações. Seu instrumento é a assinalação das situações manifestas e a interpretação da causalidade subjacente. Integra-se numa equipe com um observador, geralmente não participante, cuja função consiste em recolher todo o material, expresso verbal e pré-verbalmente no grupo, com o objetivo de realimentar o coordenador, num reajuste das técnicas de condução.

A constatação sistemática e reiterada de certos fenômenos grupais, que se apresentam em cada sessão, nos tem permitido construir uma escala de avaliação básica através da classificação de modelos de comportamento grupal. Essa escala é nosso ponto de referência para a construção de interpretações. O primeiro vetor dessa categorização inclui os fenômenos de *afiliação ou identificação* com os processos grupais, com relação aos quais, no entanto, o sujeito guarda uma determinada distância, sem incluir-se totalmente no grupo. Esse primeiro momento de afiliação, próprio da história de todo grupo, converte-se mais tarde em *pertença*, uma maior integração ao grupo, o que permite aos membros elaborar uma *estratégia*, uma *tática*, uma *técnica* e uma *logística*. A pertença é que torna possível o planejamento. A *cooperação* consiste na contribuição, ainda que silenciosa, para a tarefa grupal. Estabelece-se sobre a base de *papéis diferenciados*. Através da cooperação é que se tornam manifestos o caráter interdisciplinar do grupo operativo e o interjogo daquilo que mais adiante definiremos como verticalidade e horizontalidade. Chamamos *pertinência* a outra categoria, que consiste no centrar-se do grupo na tarefa prescrita e no seu esclarecimento. Avalia-se a qualidade dessa pertinência de acordo com o montante da pré-tarefa, da criatividade e da produtividade do grupo e suas aberturas a um projeto.

A *comunicação* que se dá entre os membros, quinta categoria de nossa escala, pode ser verbal ou pré-verbal, através de gestos. Neste vetor, levamos em conta não só o conteúdo da mensagem mas também o como e o quem dessa mensagem; chamamos a isso metacomunicação. Quando os dois elementos entram em contradição, configura-se um *mal-entendido* dentro do grupo.

O sexto vetor remete-nos a um fenômeno básico – o da aprendizagem. É obtido pelo somatório de informação dos integrantes do grupo, cumprindo-se em dado momento a lei da dialética de transformação de quantidade em qualidade. Produz-se uma mudança qualitativa no grupo, que se traduz em termos de resolução de ansiedades, adaptação ativa à realidade, criatividade, projetos, etc.

Como categoria universal da situação de grupo incluímos o fator *telê*, definido pelo professor Moreno como disposição positiva ou negativa para trabalhar com um membro do grupo. Isso configura o clima, que pode ser traduzido como transferência positiva ou negativa do grupo com o coordenador e dos membros entre si. Assinalamos como situação central do grupo operativo a *atitude diante da mudança*, que se modifica em termos de incremento ou resolução das ansiedades depressiva ou paranóide, de perda e de ataque, coexistentes e cooperantes no tempo e no espaço. Isso implica para o operador que, ao detectar na situação grupal um desses dois medos como o manifesto, inclua em sua interpretação o outro como subjacente.

Nossa insistência no caráter central da situação de estereótipo ou resistência à mudança está ligada, dentro do esquema conceitual, referencial e operativo, de acordo com o qual pensamos e atuamos, à postulação sustentada por mim no ano de 1945 numa síntese de uma teoria geral das neuroses e psicoses, acerca da existência de um núcleo depressivo patogenético, que se dá em intensidades diferentes no indivíduo normal, neurótico ou psicótico. Esse núcleo depressivo está vinculado à situação de nascimento e desenvolvimento, e é responsável pela pauta estereotipada de conduta como resultante de uma situação de estancamento no processo de aprendizagem da realidade e de deterioração da comunicação, viciando a abordagem do objeto de conhecimento e da situação de tarefa.

O fundamento teórico sobre a operatividade do grupo que segue a técnica descrita é dado por nossa teoria da *doença única*, apoiando-se nos conceitos de situação depressiva básica, de posição esquizoparanóide – ponto de partida da discriminação e do pensamento –, da estereotipia das técnicas, do ego, da teoria do vínculo e da noção de grupo interno. Nosso esquema conceitual, referencial e operativo está constituído, principalmente em seu aspecto genético, histórico e estrutural, pelas idéias de Freud e Melanie Klein, enquanto em seu aspecto social apoiamo-nos em K. Lewin, cujo método é duplamente experimental: *a*) é um esforço para tornar prática a experimentação sociológica, e *b*) tende a uma forma nova de experimentação: "A investigação ativa" (*action research*).

A adaptação ativa à realidade e a aprendizagem estão indissoluvelmente ligadas. O sujeito sadio, na medida em que apreende o objeto e o transforma, ou seja, que torna essa aprendizagem operativa, modifica-se também a si mesmo, entrando num interjogo dialético com o mundo no qual a síntese que resolve uma situação dialética se transforma no ponto inicial ou tese de uma antinomia, que deverá ser resolvida nesse contínuo processo em espiral. Na medida em que se cumpre esse itinerário – objetivo e do grupo –, a rede de comunicações é constantemente reajustada, e só assim é possível reelaborar um pensamento capaz do diálogo e de enfrentar a mudança.

Outros fenômenos que se dão no acontecer grupal, com uma reiteração tal que nos permite considerá-los emergentes universais, são: o *segredo grupal*, ligado ao que também chamamos *mistério familiar*, perturbador da comunicação, pois esse acontecimento secreto, seja qual for seu significado real, se mostra carregado de sentimentos e fantasias de culpa.

São emergentes universais as fantasias do adoecer, de tratamento e de cura, assim como a situação triangular que, dentro de nosso esquema referencial, conceitual e operativo, sustenta a teoria do vínculo. Entendemos esse conceito como uma situação bicorporal e tripessoal, já que como mecanismo de interação deve ser captado como uma *Gestalt* que inclui um terceiro – que na teoria da comunicação funciona como ruído e, na aprendizagem, como obstáculo epistemológico.

Os sentimentos de insegurança e incerteza ligados às ansiedades básicas, particularmente às situações de perda, constituem elementos da vida grupal. Em todo grupo emergem ideologias que determinam o surgimento de confrontos entre subgrupos. De acordo com Schilder, chamamos de ideologias os sistemas de idéias e conotações que os homens dispõem para orientar sua ação. São pensamentos mais ou menos conscientes, com grande carga emocional, que não obstante são considerados por seus portadores como resultado do raciocínio. Sua análise constitui um dos passos da tarefa grupal. Isso nos conduz à análise semântica, ou à análise de sua formulação, e à análise sistêmica que aborda a estrutura interna da ideologia e sua ambigüidade, que se manifesta em forma de contradição. É por isso que a análise sistemática das contradições – expressas através de indivíduos e subgrupos que tendem a levar a tarefa grupal a uma estéril situação dilemática, que funciona como defesa diante da situação de mudança – constitui uma das tarefas fundamentais do grupo operativo e de toda investigação social.

Nessa trajetória, o grupo deve configurar um esquema conceitual, referencial e operativo de caráter dialético, no qual as contradições que se referem ao campo de trabalho devem ser resolvidas na própria tarefa grupal.

O ECRO é o ponto focal da aprendizagem geral, permitindo-nos integrar através do grupo as experiências que possibilitarão a instrumentação, já que, seguindo o que foi assinalado por Freud e reformulado por K. Lewin, toda investigação coincide com uma operação. A práxis na qual teoria e prática se integram numa força operativa – instrumento de transformação do homem e do meio – está na base do método.

O desenvolvimento de um esquema referencial, conceitual e operativo comum aos membros do grupo permite o incremento da comunicação intragrupal, já que, de acordo com a teoria da informação, o que permite que o receptor compreenda a mensagem emitida pelo transmissor, através de operações de codificação e decodificação, é uma semelhança de esquemas referenciais. Nesse processo de comunicação e aprendizagem, observamos que o grupo segue um itinerário que vai da linguagem comum à linguagem científica. Esse passo é de vital importância, já que é inútil elaborar um pensamento científico se não se parte da compreensão e da análise das fontes comuns do esquema referencial.

Mencionamos o caráter interdisciplinar dos grupos. Isso nos permite reiterar um dos princípios básicos da técnica operativa: quanto maior a heterogeneidade dos membros – heterogeneidade adquirida através da diferenciação de papéis, na qual cada membro traz para o grupo toda a bagagem de suas experiências e conhecimentos – e quanto maior a homogeneidade em relação à tarefa – homogeneidade obtida pelo somatório da informação, que adquire o ritmo de uma progressão geométrica, enriquecendo como parcialidade cada um dos integrantes e, como totalidade, o grupo – tanto maior a produtividade que se obtém.

Como falamos no começo deste trabalho, os mecanismos de assunção e adjudicação de papéis desempenham, no acontecer grupal, um papel fundamental. O grupo estrutura-se com base num interjogo de papéis. Desses papéis, interessa-nos destacar principalmente três, dada a importância que adquirem na vida do grupo. São: o papel de *porta-voz*, o de *bode expiatório* e o de *líder*. Esses papéis não são estereotipados, mas funcionais e rotativos. Abordamos com o conceito de porta-voz o que pode ser considerado um dos pilares de nossa teoria. Porta-voz de um grupo é o membro que num momento denuncia o acontecer grupal, as fantasias que o movem, as ansiedades e necessidades da totalidade do grupo. Mas o porta-voz não fala só por si, mas por todos; nele se conjugam o que chamamos *vertica-*

lidade e *horizontalidade* grupal, entendendo-se por verticalidade aquilo que se refere à história pessoal do sujeito, e por horizontalidade o processo atual que acontece no aqui e agora, na totalidade dos membros. O porta-voz pode desempenhar seu papel porque nele se dá uma articulação entre sua fantasia inconsciente – fantasia que segue um modelo primário – e o acontecer do grupo em que se insere. Esse encaixe permite a emergência do material que deve ser interpretado. A interpretação utilizará esses dois elementos: o vertical e o horizontal. Através do problema enunciado pelo porta-voz em sua verticalidade, deve-se exemplificar a situação de todos os membros do grupo, no aqui e no agora, e em relação com a tarefa.

As necessidades, as ansiedades e as fantasias enunciadas pelo porta-voz e sua maneira de formulá-las fazem referência a sua história pessoal, enquanto o fato de formulá-las num dado momento do acontecer grupal assinala o caráter horizontal do emergente.

Seguindo o processo natural de assunção e atribuição de papéis, um membro de um grupo se faz depositário dos aspectos negativos ou atemorizantes do grupo ou da tarefa, num acordo tácito no qual tanto ele como os outros componentes do grupo estão comprometidos. Aparecem então os mecanismos de segregação, configurando-se outra das situações significativas: a do bode expiatório. Outro membro, por outro lado, sempre pelo mesmo processo, pode fazer-se depositário de aspectos positivos do grupo, obtendo uma liderança, que estará centrada em uma ou várias das categorias já enunciadas (pertença, cooperação, etc.). No entanto, ambos os papéis, o de líder e o de bode expiatório, estão intimamente ligados, já que o papel de bode expiatório surge como preservação da liderança, através de um processo de dissociação ou *splitting*, necessário ao grupo em sua tarefa de discriminação. Acrescentamos a esses três papéis o de *sabotador*, que é habitualmente a liderança da resistência à mudança.

O princípio de *complementaridade* deve reger o interjogo de papéis no grupo; isto permite que sejam funcionais e operativos. Quando aparece a *suplementaridade*, o grupo é invadido por uma situação de competição que esteriliza a tarefa.

A sessão do grupo desenvolve-se em três momentos temporais: *abertura, desenvolvimento* e *fechamento.* Os emergentes de abertura devem ser cuidadosamente registrados pelo observador e pelo coordenador, já que todo esse material será retrabalhado durante a sessão, e é possível observar como reaparece já modificado no momento do fechamento.

Em termos de trabalho grupal, podemos distinguir três instâncias: *pré-tarefa*, na qual se põem em jogo as técnicas defensivas do grupo, mobilizadas pela resistência à mudança e destinadas a postergar a elaboração das ansiedades que funcionam como obstáculo epistemológico. A *tarefa* consiste precisamente na abordagem em que o objeto de conhecimento se torna penetrável através de uma elaboração que implica a ruptura do modelo estereotipado, que funciona como estancamento da aprendizagem e deterioração da comunicação. O *projeto* surge quando se consegue uma pertença dos membros; concretiza-se então *um planejamento.*

O grupo se propõe objetivos que ultrapassam o aqui e agora, construindo uma estratégia destinada a alcançar esse objetivo. Mas, dentro desse aqui e agora, podemos interpretar que este projeto, como todo mecanismo de criação, está destinado a superar a situação de morte ou de perda que os membros vivenciam quando, através da realização da tarefa, percebem a possibilidade da separação ou finalização do grupo.

Enunciados os universais que regem a vida do grupo operativo, assinalamos que a interpretação do coordenador deve orientar-se, geralmente, por essas situações universais, numa formulação que sempre inclui o vertical do porta-voz e o horizontal do grupo.

Para terminar, queremos assinalar que esta técnica de grupo operativo foi por nós criada no ano de 1946 quando, a cargo do Serviço de Adolescentes del Hospital Neuropsiquiátrico de Hombres da cidade de Buenos Aires, fez-se necessário formar, com um grupo de pacientes, uma equipe de enfermeiros para o Serviço.

Atualmente, as técnicas operativas são utilizadas não só na formação de psicólogos mas também na criação publicitária, no trabalho institucional, na formação de líderes, no estudo da direção e interpretação teatral. Em síntese, em todas as situações em que o grupo face-a-face possa transformar-se numa unidade operativa de tarefa.

Discépolo:
um cronista de seu tempo[1]

> *"El 'mal del siglo'. ¿Pero lo hay? ¿Dónde se autoriza tal opinión? ¿En qué tango se dice eso? Mientras no lo diga un tango, única fidedignidad nuestra, lo único seguro por ser la sola cosa que no consultamos a Europa..."**
>
> MACEDONIO FERNÁNDEZ

Através dos escritos de Armando nos inteiramos da história primitiva ou pré-história da família Discépolo. O estudo paralelo da obra dos dois irmãos é de grande interesse: Armando é o cronista do grupo primário, através de seu fazer teatral e com uma menor importância social. Enrique Santos, no entanto, torna-se o cronista das vicissitudes e ideologias do grupo comunitário ao qual se incorporou; e é por sua total imersão nessa comunidade que pode captar o que acontece no presente e elaborar fantasias sobre o futuro, ou seja, fazer predições sobre o destino do país. Enquanto Armando assume o papel de *porta-voz* do grupo familiar, Enrique Santos se converte no *porta-voz* da comunidade, assimilando-se a ela ao considerar-se como um autêntico representante do país, por sua intensa identificação com as características do argentino. Por esta via, sua obra

---

1. 1965. Alguns fragmentos deste trabalho foram publicados pela revista *Extra*, no ano de 1965.

* "O 'mal do século'. Mas existe? Onde se autoriza tal opinião? Em que tango se diz isso? Enquanto não o diga um tango, única fidedignidade nossa, a única coisa segura, por ser a única a respeito da qual não consultamos a Europa..." (N. do T.)

se tornará importante e irá transformá-lo no cronista de sua época. Discépolo elabora um sistema de codificação de caráter nacional, o tango, e chega através deste a uma identificação com o líder messiânico (Perón). Armando, no entanto, identifica-se com o pai real, o que o tornará capaz de narrar as vicissitudes daqueles que, pela articulação de uma motivação interna de ascensão social, com a fantasia de "fazer a América" (fantasia estimulada pela propaganda proveniente de países como o nosso, interessados no ingresso de mão-de-obra qualificada), se decidiram pela emigração. Essa emigração era vivida como abandono do ambiente original, com suas condições de pobreza, dificuldade e frustração.

Não podemos determinar até que ponto a figura de Don Santos Discépolo, o pai de "los Discépolo", músico que alcançou certo renome e que, inclusive, chegou a compor alguns tangos, confunde-se, na imaginação de Armando, com Stéfano, o personagem artista do *sainete**, que emigra com a ilusão de criar *l'opera fenomenale*, impondo a toda sua família o peso de sua ambição e de seu fracasso.

Só podemos afirmar que Armando, através dessa identificação com a figura paterna, se torna, como já dissemos, o porta-voz do grupo familiar e da experiência da imigração em seu contexto geral, da qual Stéfano é um arquétipo, com sua carga de desenraizamento, nostalgia e insegurança, numa situação econômica progressivamente precária.

No âmbito da dinâmica familiar, cada um dos filhos, Armando e Enrique Santos, assume e realiza dois aspectos do pai. Essa situação real de cisão protagonizada pela família Discépolo mostra os traços de um modelo cultural que tão freqüentemente aparecem no teatro pirandelliano: a cisão e a delegação. A fantasia de "fazer a América", ou seja, a conquista quase mágica de fortuna e prestígio, ativou a

---

* Pequena comédia de costumes de um só ato, entremez, falada e cantada em linguagem popular e caricata. (N. do T.)

corrente imigratória que se voltou sobre nosso país, influindo talvez mais intensamente naqueles provenientes da Itália, para quem a América era realmente o "novo mundo", diante de uma Europa empobrecida, que tinha já muito pouco a oferecer. Das características dessa fantasia e da maneira de fazer uso dela dependerá o destino de cada indivíduo ou grupo familiar imigrante, cujo símbolo pode ser representado pela *escada*, que significa ambição, escalada, mudança de *status* ou de papel social. Se a instrumentação adquirida for coerente com a tarefa a ser realizada e com as necessidades do meio, e se as circunstâncias ou contexto no qual será empregada favorecerem o desenvolvimento de tal instrumentação, o êxito estará assegurado. É interessante estudar o itinerário de várias famílias, como temos feito: emigradas na mesma época, com a mesma fantasia, e pertencendo a estratos sociais semelhantes, que seguem caminhos diferentes, indo do fracasso ao êxito completo. Essa situação de inclusão numa sociedade que se torna progressivamente competitiva divide as comunidades imigratórias em pobres e ricos; os vínculos entre eles estão seriamente perturbados, perdendo as características que tiveram em seu lugar de origem. Os que triunfaram, os mais *galgadores*, seguramente são aqueles que melhor puderam desapegar-se de sua origem; não padecem de uma nostalgia paralisante, adaptam a instrumentação de seu ego às circunstâncias, obtêm uma comunicação com os grupos nativos, ainda que, em última instância, possamos considerar como um núcleo de resistência à mudança as dificuldades e as formas de linguagem que empregam. Ou seja, a tipificação do *cocoliche**, personagem típico de nossos *sainetes*, cujos criadores são em sua maioria filhos de imigrantes italianos. O *sainete*, no decorrer de sua história, sofre algumas modificações. Con-

....
* Gíria argentina que se refere à fala arrevesada do imigrante estrangeiro, especialmente o italiano. (N. do T.)

siderado uma espécie menor de teatro, também chamado "auto" ou "entremez", carece de beleza formal e sua linguagem é a das classes populares. Essa linguagem penetra nas classes altas de forma muito curiosa, como no caso da gíria; é uma forma de comunicação através de uma linguagem que não morre nem se esquece. No caso de Discépolo, "los Discépolo", essa necessidade de elaboração dos problemas do grupo familiar adquire em Armando, em seu início, as formas do *sainete*, evoluindo para uma técnica ou passagem do pequeno ao grande teatro, ou seja, sua técnica atual. Por outro lado, as mesmas situações ou os mesmos temas vão ser cantados por Enrique Santos e a música servirá de armadilha para fazer penetrar, em todos os níveis sociais, mensagens sobre as formas de vida da classe popular, de sua vivência característica: o *conventillo**, o pátio, verdadeiro cenário dessa pequena comunidade que vive em forma coletiva. Como diz Angela Blanco Amor de Pagella: "O *sainete*, nascido no povo e para o povo, condensa em si tipos, costumes e linguagem" (personagens em *situação* através da convivência coletiva) com informações do bairro e de lugares nele incluídos. Outros personagens que aparecem com grande freqüência são: *a escada* como símbolo de subida, ou seja, de escalar para outro *status* social, e o *boliche*** do bairro, assim como o clube; mas, finalmente, tudo é levado para o pátio, onde a inveja, o ciúme, a vingança, o ódio, o amor, a solidão, a nostalgia e até a morte estão sempre presentes. A técnica empregada pela autora assinala o uso da ironia, da burla, do humor, do sarcasmo e do grotesco. Inicialmente, tanto autores como atores eram espanhóis; logo, os dois papéis serão assumidos pelos argentinos, sendo Alberto Vacarezza o mais típico representante da época de 1930.

....
* Habitações coletivas, comuns em certas regiões de Buenos Aires. (N. do T.)
** Corresponde ao nosso botequim. (N. do T.)

O conteúdo social emerge pouco a pouco na temática (Florencio Sánchez). O caráter decididamente trágico do *sainete* deu-se na obra de Carlos Maurício Pacheco, apesar de este autor não querer ser situado entre os "saineteros", pois sua inclinação pelos temas sociais o fazia pensar num gênero diferente: mostrou uma grande habilidade para mesclar o festivo com o dramático. O dramático, repetimos, introduz-se ao lado do social e do cômico. Daí surgem diferentes linhas de elaboração dessa técnica, que começou sendo uma crônica zombeteira, uma forma de negar a realidade, para transformar-se às vezes numa mensagem política direta. A ideologia que está inserida na obra deixa de ser popular e revolucionária para se tornar preferencialmente pequeno-burguesa, anárquica.

Os temas incluídos nos tangos de Discépolo denunciam sua ideologia: um romantismo social individualista, pluralista, com uma intensa ansiedade diante da mudança; é anarquista, sem projeto de reconstrução do mundo, que abrange também a temática familiar, o complexo de Édipo (*la mama*). O ciúme, a homossexualidade e a morte são personagens freqüentes tanto em Armando como em Enrique Santos. O arrivismo, a *escada*, representa a mudança desejada, fantasiada na imigração; e a unidade familiar, ou seja, o sentimento de pertença a um grupo, seja família, clube, *boliche*, etc., representa, no plano do comportamento, a solidão. Se acompanharmos cronologicamente a obra de Enrique Santos Discépolo, iremos nos surpreender com a descoberta de que se trata de um poeta de raízes populares, de mentalidade pequeno-burguesa, em quem prevalece o sentimento de que as coisas são imutáveis ou lentas, o que se expressa no ritmo ou na dança do tango, com características de cerimonial.

No livro *Discepolín*, de Sierra e Ferrer, encontramos informações suficientes para poder acompanhar a câmara com a qual Discépolo (tal como Roberto Arlt) tirava seus instantâneos. No primeiro período, sua obra é teatral. Inicia-se em 1918; depois, torna-se ator, colabora com o irmão Armando em *sainetes*, filma e chega também a ator de cinema, é roteirista e diretor. Em 1925, escreveu seu primeiro tango; em 1926, pela primeira vez, integra-se como letrista e compositor, e o produto dessa integração é seu tango *Que vachaché*, no qual condensa temas que depois desenvolverá: a rejeição à mulher, a infidelidade, a miséria, a traição, a negação de todos os valores, o fetichismo do dinheiro, o suborno; resume a impostura dizendo: *"vos resultás haciendo el moralista un disfrazao... sin carnaval"**. Na realidade, a impostura de Discépolo é a *impostura da impostura*, e no fundo é um moralista com fortes sentimentos de culpa. Sua conversão ao peronismo pode ser compreendida como uma identificação com aqueles que sofrem experiências semelhantes. Sente-se fascinado pela justiça social, ainda que mantenha uma atitude crítica diante do uso que Perón fez dessa política de justiça social. Assim eu o conheci, casualmente, na qualidade de médico – creio que por volta de 1950 –, um ano antes de sua morte. Estávamos em Punta del Este, balneário que concentrava a classe alta argentina. Discépolo era proprietário do lugar de diversão de maior categoria, com uma clientela de classe alta. O negócio era praticamente controlado por Tania, e acredito que ele nunca foi visto no recinto compartilhado pelo público.

Enquadrou-se em seu contexto social, com sua ideologia correspondente: os últimos anos de sua vida irão se caracterizar por um forte conflito de ambivalência diante do peronismo, do qual sentia o aspecto popular, mas rejeitava a ação.

No primeiro tango que analisamos, do ano de 1930 (*Victoria*), expressa claramente sua rejeição à mulher, a volta para sua mãe, vivida como uma verdadeira festa. Descreve

---

* *"você faz do moralista um fingido... sem carnaval"*. (N. do T.)

a estratégia empregada: estabelece um vínculo com um marinheiro, cria uma situação de três, facilita a infidelidade da mulher; em seguida relata o processo da venda e a burla ao comprador, expressando novamente sua grande alegria pela operação realizada. Mas essa atitude diante da mulher (com aspectos de conduta de rufião) tem sua contrapartida num tango do mesmo ano, *Confesión*, no qual elabora a culpa através de toda uma fantasia altruísta. Confessa seu fracasso ao mesmo tempo que destaca sua generosidade nessa entrega altruísta de caráter masoquista. O remorso pela entrega expressa-se inclusive na frase *"me mordí pa no llamar-te..."**. A mulher aparece *"hecha una reina..."***, forma pela qual justifica seu desprendimento, revestido de altruísmo, ainda que sádico no fundo, porque a vendeu como um rufião. A vivência final e sua conclusão é *"vivirás mejor lejos de mí..."****; o personagem assim assume a culpa e também, onipotentemente, o destino da mulher. Num plano social, Discépolo faz a crônica do desajuste administrativo e econômico do último período da presidência de Hipólito Yrigoyen e da entrega da pátria (mãe, mulher) a uma conspiração que já está em marcha e que culmina com o golpe militar do general Uriburu. Nele, o poeta reconhece um substituto paterno, delegando à figura de um militar a capacidade de dar uma vida melhor ao país e restaurar suas finanças. Outra parte sua identifica-se com Yrigoyen, e, sempre seguindo a técnica pirandelliana de divisão do ego e assunção de vários papéis, encarrega-se da nostalgia do objeto, da raiva pelo fracasso e o reconhecimento de que um militar está instrumentado para essa mudança. Aqui aparece como conspirador e como porta-voz da conspiração que os próprios achegados a Yrigoyen planejaram in-

---

* *"mordi-me para não te chamar..."* (N. do T.)
** *" feita uma rainha..."* (N. do T.)
*** *"viverás melhor longe de mim..."* (N. do T.)

conscientemente, provocando a queda de um líder (Yrigoyen) com características democráticas, mas isolado, sem comunicações com o exterior (daí o apelido de *el peludo**). Na realidade, seu papel não é autenticamente democrático, mas *permissivo*; dá lugar à possibilidade de que se estruture esse grupo de poder contra o qual surgiu realmente a revolução de Uriburu. Essa tolerância assinala uma das características atribuídas ao caráter argentino: o *deixar fazer*, o *não te metas*. Em síntese, o não comprometer-se ideologicamente. Dessa forma, o *radical*** aparece como um homem que conspira contra si mesmo, que é passivo, que não defende os valores de seu tempo, que é incapaz de planejar o futuro, já que fracassa no controle e manejo do presente. Yrigoyen ficará internalizado no homem radical como um líder que terá de ser limitado nos aspectos positivos, ou seja, na incapacidade de conquistas pessoais, com um oportunismo que caracterizará o comportamento de nosso país no contexto internacional. A idealização da figura do militar operativo fica na mente de Discépolo pronta para ser projetada, anos depois, na figura de Perón, com Evita ao seu lado, que aparece como a *rainha*, ou seja, aquela que satisfaz as aspirações de uma classe preterida e politicamente passiva.

Depois de *Confesión*, tão rico em mensagem e informação, aparece um tango, *Qué sapa Señor****, no qual Discépolo faz a crônica do caos – aqui mais como historiador do que como vidente – e caracteriza a última época do governo de

---

* *Peludo* é o nome que se dá ao tatupeba, ou tatu-peludo. Yrigoyen vivia fechado na casa do governo, mantido isolado do mundo exterior por seus correligionários, que nem mesmo lhe permitiam ler os jornais. Diz-se que, quando reclamava disso, chegavam a fazer uma edição falsa de jornais, com notícias também falsas, para dar-lhe a impressão de que tudo corria bem no país. (N. do T.)

** Refere-se aos adeptos do Partido Radical. (N. do T.)

*** "Que passa Senhor". *Sapa* é uma forma do jargão rio-platense, através da qual se invertem as sílabas das palavras *pasa = sapa*. (N. do T.)

Yrigoyen. Assim sintetiza o que era ouvido em forma de opinião pública: "*hoy todo dios se queja y es que el hombre anda sin cueva, voltió la casa vieja antes de construir la nueva...*"* e imediatamente, referindo-se ao presente, expressa sua resistência à mudança, ou seja, sua ideologia conservadora e pequeno-burguesa, assinalando seus inconvenientes.

Em 1935, com *Cambalache*, retoma o tema dos inconvenientes da mudança, entremesclado com a alusão aos conspiradores anteriores ao golpe, dizendo: "*...siempre ha habido chorros, maquiavelos y estafaos...*"**. Assim denuncia o nível ético da política dessa época, em que reina o *dublê*, ou seja, o *falso*, a *impostura*, a vigarice, que qualifica com o denominador comum de "*...maldade insolente...*"***, situação que já não é negada. Ou seja, aparece um elemento cínico e maquiavélico que culmina com a liderança de Perón, em quem depositará todas as suas expectativas. É o reinado da impostura ("*...si uno vive en la impostura...*")****. Aqui aparece a confusão de papéis e hierarquia. Qualifica a época como "*...problemática y febril...*"***** devido ao caos na escala de valores e à impossibilidade de discriminar. A confusão é completa no campo das ideologias; é impossível assumir papéis de planejamento e a prescrição é aproveitar-se da confusão.

Localiza o país numa situação semelhante àquela que se dá na "*...vidriera irrespetuosa de los cambalaches...*"******, aqui novamente manifesta sua ideologia popular, antimilitarista e religiosa, ao considerar que o país, com suas tradições, foi ferido de morte por um sabre. Nova manifestação

....
* "*hoje todo (filho de) deus se queixa, porque o homem anda sem cova, derrubou a casa velha antes de construir a nova...*" (N. do T.)
** "*...sempre existiram ladrões, maquiavéis e vigaristas...*" (N. do T.)
*** "*...maldade insolente...*" (N. do T.)
**** "*...se alguém vive na impostura...*" (N. do T.)
***** "*...problemática e febril...*" (N. do T.)
****** "*...vitrines irrespeitosas das lojas de escambo...*" (N. do T.)

do conflito de papéis e ideologias em Discépolo, situação interna que o acompanhará até a morte.

Como disse, um ano antes de sua morte vi-o como médico e, depois de uma longa conversa com ele, explicita seu conflito básico de ambivalência diante do peronismo, visto que por um lado se transforma em crítico (das outras classes) através de um programa de rádio, assumindo outro papel, o de moralista e observador. Mas, no fundo de si mesmo, denuncia essa tremenda catástrofe que o país sofreu no campo da escala dos valores morais.

Analisemos o tango *Uno* (1943), que coincide com a primeira emergência de Perón que, como reorganizador do Departamento Nacional de Trabalho, chega a transformar essa secretaria até lhe dar a categoria de ministério, exercendo, a partir daí, todo o seu maquiavelismo para chegar ao poder. Fica estabelecido a partir desse momento o vínculo entre Perón e os operários; ele se transforma em porta-voz das reivindicações operárias, da justiça social, e planeja, em grande parte através de uma impostura, o bem-estar social de certa classe necessitada. No tango *Uno*, Discépolo volta a manifestar sua nostalgia em relação ao líder anterior, Yrigoyen, *"...si yo tuviera el corazón, el corazón que dí..."** e a seguir lamenta-se de não dispor dessa carga ideológica para colocá-la no novo líder. Aqui, Discépolo faz uma notável descrição do bloqueio afetivo posterior a toda frustração, situação que define como: *"...un frío cruel que es peor que el odio..."***, o que é vivido como morte. No transcurso desse processo confessa que perdeu para sempre a possibilidade de esperança. Ou seja, que o invade um pessimismo social, o que denuncia claramente, sem chegar a elaborar o que acontece ou o que aconteceu com o novo líder e seus seguidores, já que ao *"...frío cruel..."* segue um manejo cínico e maquiavélico da situação.

....

* *"...se eu tivesse o coração, o coração que dei..."* (N. do T.)
** *"...um frio cruel que é pior que o ódio..."* (N. do T.)

Implacável interjogo do homem e do mundo[1]

A ansiedade aparece quando emergem os primeiros indícios de mudança. A mudança pode se produzir em todos os campos, mas tem sua estrutura organizada no social, que cria as condições necessárias para isso. Há uma grande diferença entre *crise e mudança*. Esta última vai sendo planejada pouco a pouco como uma ideologia. Quando abrange toda a estrutura social, tem o objetivo de corrigir o dano máximo, e é observável em nosso campo de trabalho relacionado com todo tipo de transtorno de adaptação. Quando os sistemas de comunicação começam a se perturbar, o sujeito chega a situações de isolamento progressivo e de desintegração, sendo possível observar um fenômeno patológico coletivo descrito por Durkheim, a anomia, que, tanto no plano individual como no social, tem as características de uma desintegração, fragmentação e divisão. Enfrentamos assim uma sociedade cindida, constituída por indivíduos cindidos.

Os movimentos revolucionários podem representar expressões de mudança e, se assumem autenticamente esse

-----
1. *Testemunha*, n.º 1, 1965.

papel, emergem de imediato, dos diferentes campos da ciência e da política, sujeitos que, por sua vez, assumem o papel contrário, que representam a resistência à mudança, a fim de manter a estrutura existente e impedir a modificação. Os agentes de mudança, ou líderes da mudança, assumem como tarefa o planejamento da mudança, que é permanentemente obstaculizada por estruturas, institucionalizadas ou não, como são certos grupos de pressão que se atribuem a missão de manter o *status quo*; personifica-se neles a resistência. Esses grupos representam formas explícitas da reação e obedecem, por sua vez, a grupos muito maiores e mais numerosos, com ramificações internacionais, cujo objetivo é impedir a modificação e manter a situação dada como um estereótipo.

A situação de crise acontece quando a desintegração abrange preponderantemente a classe dominante, quando entram em contradição grupos majoritários – financeiros ou imperialistas – que têm como tarefa ou finalidade o controle da Economia. A cisão dentro desses grupos dominantes, que entram em luta entre si utilizando todo o seu arsenal de informação, cria a situação de crise.

Planeja-se a resistência à mudança, tanto quanto a mudança, e a história pode ser vista, desse ponto de vista, como um contínuo conflito entre as duas atitudes: tanto a história social como a individual.

No plano individual, as situações de crise são mais freqüentes do que as situações de mudança, podendo precedê-las e prepará-las. As crises desencadeiam no indivíduo estados de ansiedade, constituem os ziguezagues do desenvolvimento pessoal diante de cada conquista, que operam como avanços de mudança diante da situação definitiva: ser um homem situado, comprometido e adaptado ativamente. O sujeito estabelece uma relação dialética com o mundo e transforma as coisas, de coisas *em si* em coisas *para si*. Através de uma práxis permanente, na medida em que ele se modifica, modifica o mundo, num movimento de permanente espiral.

John Donne, poeta inglês nascido em 1572, assim expressava essa indissolúvel inter-relação, esse implacável interjogo entre o homem e o mundo:

> Ninguém é uma ilha completa em si mesma; todo homem é um fragmento do continente, uma parte do todo; se o mar arrebata um penhasco, é a Espanha que sofre a perda. O mesmo se se tratar de um promontório, de uma fazenda de seus amigos ou da sua própria, a morte de um homem me diminui porque estou inserido na humanidade, e por isso nunca pergunte por quem os sinos dobram: dobram por você.

As atitudes de resistência às mudanças têm por finalidade destruir as fontes da ansiedade que toda mudança acarreta. Tanto o indivíduo como a comunidade devem enfrentar dois medos primários que dão origem a uma perturbação existencial básica: medo da perda de estruturas já estabelecidas – internas no homem – e medo da perda de acomodação a linhas prescritas no âmbito social. A mudança implica perda, gera – até que se institucionalize – graves sentimentos de insegurança, que provocam ou aumentam o isolamento e a solidão, fundamentalmente pela perda do sentimento de pertença a um grupo social estabilizado. O outro medo que coexiste é o medo do ataque, que aparece pelo fato de o indivíduo ter saído de seu estereótipo anterior e não se ter capacitado o suficiente para defender-se dos perigos que acredita incluídos no novo campo. Esse conflito tão grave em nossa cultura leva-nos à imobilidade e à marginalidade. O trabalho humano e social tem se transformado progressivamente em uma criação, na qual uma equipe de pessoas reunidas num grande grupo de caráter operativo, por adição de informações e de estímulos, obtém um nível de produtividade que vai muito além da tarefa parcial de cada um de seus membros.

Um exemplo típico de mudança revolucionária é Sigmund Freud, depositário operativo da tradição literária romântica, aquele que como escritor recebe o prêmio Goethe, e como agente de mudança da psicologia revoluciona a moral de sua época, abala os alicerces da ética vitoriana e promove uma nova atitude de compreensão do homem, ao qual abrange em toda a sua profundidade e historicidade. A influência de Freud pode ser detectada em todos os campos do conhecimento e da arte, pois paralelamente, e sob sua influência, se desenvolvem correntes literárias que mudam totalmente o diálogo com o objeto estético. Assim, em Zurique emerge o *dadaísmo*, por uma maiêutica psicanalítica. Como uma criatura que começa dizendo Da-Da e que paulatinamente vai crescendo com algumas mudanças de nome, até a culminação no *surrealismo*, como uma corrente ideológica – se assim se pode denominá-la –, que terminará por selar definitivamente a influência da psicanálise sobre o campo do conhecimento artístico, dando uma nova fisionomia ao mundo atual, integrando-se a uma atitude que poderia denominar-se atitude moderna.

Freud provoca uma mudança total da imagem do homem, desocultando os elementos ocultos e preexistentes, condicionantes de comportamentos que, dessa forma, se tornam compreensíveis, revelando os aspectos subterrâneos e labirínticos da natureza humana. Da mesma forma que a grande criação freudiana, a surrealista se mostra dominada pelos elementos oníricos. Tanto numa como na outra, são símbolos expressivos da fantasia do homem e da criação poética.

A obra de todo gênio criador, agente da mudança, é objeto de resistência, sendo vivida como revolucionária. Por isso, a obra de arte não pode ser compreendida e aceita de imediato, porque irá mostrar a verdadeira imagem do homem e destruir aquela outra, distorcida e acomodada a normas formais, que este tinha de si mesmo e de seu mundo.

Uma teoria da doença[1]

A observação e a investigação dos aspectos fenomênicos da doença mental ou conduta desviada, inerentes à tarefa psiquiátrica, permitem, a partir da descoberta de elementos genéticos, evolutivos e estruturais, alcançar uma compreensão do comportamento humano como uma totalidade em evolução dialética. Ou seja, por trás dos sinais de uma conduta "anormal", "desviada", "doente", subjaz uma situação de conflito da qual a doença emerge como uma fracassada tentativa de resolução.

A partir de um enfoque totalizador, definimos a conduta como estrutura, como sistema dialético e significativo em permanente interação, tentando resolver dessa perspectiva as antinomias mente-corpo, indivíduo-sociedade, organismo-meio (Lagache). A inclusão da dialética leva-nos a ampliar a definição de conduta, entendendo-a não só como estrutura, mas como estruturante, como unidade múltipla ou sistema de interação, introduzindo-se como conceito de interação dialética a noção de modificação mútua, de inter-relação intra-sistêmica (o mundo interno do sujeito) e in-

---
1. Aula n.º 25, 1.º ano, Primera Escuela Privada de Psicología Social, 1970.

tersistêmica (relação do mundo interno do sujeito com o mundo externo). Entendemos por relação intra-sistêmica aquela que se dá no âmbito do ego do sujeito, no qual os objetos e os vínculos internalizados configuram um mundo interno, uma dimensão intra-subjetiva, na qual interagem para configurar esse mundo interno. Esse sistema não é fechado, mas por mecanismos de projeção e introjeção se relaciona com o mundo exterior. Denominamos essa forma de relação intersistêmica. Nesse sentido, falamos da resolução de antinomias que têm obstaculizado, como situações dilemáticas, o desenvolvimento da reflexão psicológica no contexto das ciências do homem.

A partir da vertente da psiquiatria, falamos de conduta normal e patológica, incluindo assim outro par conceitual: saúde e doença, que definimos como adaptação ativa ou passiva à realidade. Com o termo adaptação, referimo-nos à adequação ou inadequação, coerência ou incoerência da resposta às exigências do meio, à conexão operativa e inoperante do sujeito com a realidade. Ou seja, os critérios de saúde e doença, de normalidade e anormalidade, não são absolutos, mas situacionais e relativos. Definida a conduta, a partir do estruturalismo genético[2], como uma "tentativa de resposta coerente e significativa", podemos enunciar o postulado básico de nossa teoria da doença mental: toda resposta "inadequada", toda conduta "desviada", resulta de uma leitura distorcida ou empobrecida da realidade. Ou seja,

....
2. Compartilhamos muitos dos conceitos fundamentais sustentados por esta corrente de pensamento, particularmente a afirmação de que "todo comportamento tem um caráter de estrutura significativa" e "que o estudo positivo de todo comportamento humano reside no esforço de tornar acessível essa significação". Atrai-nos particularmente o enfoque dialético da perspectiva para a qual "as estruturas constitutivas do comportamento não são dados universais, mas fatos específicos nascidos de uma gênese passada, em situação de sofrer transformações que delineiam uma evolução futura" (L. Goldman, *Genèse et Structure*, Mouton, Haia, 1965).

a doença implica uma perturbação do processo de aprendizagem da realidade, um déficit no circuito da comunicação, processos estes (aprendizagem e comunicação) que se realimentam mutuamente.

Desse ponto de vista, entendemos que o sujeito é sadio na medida em que apreende a realidade numa perspectiva integradora, em sucessivas tentativas de totalização, e tem capacidade para transformá-la, modificando-se por sua vez a si próprio. O sujeito é sadio na medida em que mantém um interjogo dialético no meio, e não uma relação passiva, rígida e estereotipada. A saúde mental consiste, como dissemos, numa aprendizagem da realidade através do enfrentamento, manejo e solução integradora dos conflitos. Podemos dizer também que consiste numa relação, ou melhor, numa atitude sintetizadora e totalizante, na resolução das antinomias que surgem em sua relação com a realidade.

Definimos a estrutura como unidade múltipla, como sistema; isso nos remete à enunciação dos princípios que regem a configuração dessa estrutura, seja patológica ou normal. Esses princípios são:

1) *Princípio de policausalidade*
2) *Princípio de pluralidade fenomênica*
3) *Princípio de continuidade genética e funcional*
4) *Princípio de mobilidade das estruturas*

Acrescentamos a esses princípios três noções que nos permitirão compreender a configuração de uma estrutura. São as noções de papel, vínculo e porta-voz.

1) *Princípio de policausalidade*

No campo específico da conduta desviada, podemos dizer que, na gênese das neuroses e psicoses, deparamos com uma pluralidade causal, uma equação etiológica composta por vários elementos que vão se articulando sucessiva e evolutivamente, o que foi chamado por Freud de séries complementares. Nesse processo dinâmico e configurador intervém, em primeiro lugar, o fator constitucional. Nesse fator enunciado por Freud, distingo: *a*) elementos genéticos, hereditários, o genótipo, o genético em sentido estrito, e *b*) o fenótipo, ou seja, os elementos resultantes do contexto social que se manifestam num código biológico. Queremos dizer que o feto sofre a influência do meio social mesmo no aparente resguardo de sua vida intra-uterina, por meio das modificações do meio materno. Através dessas modificações, sobre o desenvolvimento do feto exercem impacto as distintas alternativas da relação de seus pais, com a presença ou ausência do pai, com os conflitos do grupo familiar, suas vicissitudes de ordem econômica, situações de perigo individual ou social, etc. Tudo isso causa um montante de ansiedade na mãe, ansiedade que, no feto, se traduz em alterações metabólicas, sangüíneas, etc. Assim, o fenótipo e o genótipo articulam-se na vida intra-uterina para a estruturação do fator constitucional.

Quando a criança nasce, o fator constitucional interage com o impacto da presença da criança no grupo familiar, com as características que adquire a constelação familiar com sua presença, com os vínculos positivos ou negativos que se estabelecem nessa situação triangular (pai-mãe-filho). Essas primeiras vivências e experiências articulam-se com o constitucional, o que Freud denominou fator disposicional.

A partir do nascimento e durante o processo de desenvolvimento, a criança, em sua relação com o meio, sofre permanentes exigências de adaptação. Dão-se situações de conflito entre suas necessidades, tendências e as exigências do meio. Surge assim a angústia, como sinal de alarme diante do perigo que a situação conflitiva engendra. Se essa situação é elaborada, ou seja, se o conflito for resolvido numa solução integradora, o processo de aprendizagem da realidade continua seu desenvolvimento normal. Porém se o sujeito não puder elaborar sua angústia diante do conflito, e controlá-la e reprimi-la por meio de técnicas defensivas, que por sua rigidez terão o caráter de mecanismos de defesa estereotipados, o conflito não se liquida, mas se dissimula e permanece, em forma latente, como ponto disposicional, com um estancamento dos processos de aprendizagem e comunicação (o que Freud denominou fixação da libido).

Um fator atual ou desencadeante – e com isso nos referimos a um determinado montante de privação, uma perda, uma frustração ou sofrimento – determinará uma inibição da aprendizagem e as conseqüentes regressão ao ponto disposicional e recorrência às técnicas de controle da angústia (posição patoplástica ou instrumental), por meio das quais o sujeito tentará desligar-se da situação de sofrimento.

Queremos dizer que o sujeito, por uma perda real ou fantasiada de um vínculo, por uma ameaça de frustração ou sofrimento, se inibe e detém parcialmente seu processo de apropriação ou aprendizagem da realidade. Detém parcialmente seu progresso e recorre a mecanismos que, nesse momento, são operativos, ainda que não o sejam totalmente, já que o conflito não está resolvido mas dissimulado. Isso irá configurar uma linha de reação que, ao se tornar estereotipada, dará lugar a um ponto de fixação. O grau de inadequação do mecanismo arcaico (que, no momento do desenvolvimento ao qual se regressa, foi operativo) e a intensidade da estereotipia de seu emprego nos darão um índice do grau de desvio das normas de que o sujeito padece e das características de sua adaptação (ativa ou passiva) à realidade. Por tudo isso, podemos dizer como Freud: "Cada sujeito faz a neurose que pode e não a que quer."

A neurose ou a psicose se desencadeiam quando o fator disposicional se conjuga com o conflito atual. Quando o montante do disposicional é muito elevado, por escassa que seja a intensidade de um conflito atual, é suficiente para desencadear a doença. Por isso falamos da complementaridade de dois fatores intervenientes.

Interessa-nos assinalar que os conceitos de constituição e disposição são de natureza psicobiológica. Com isso queremos insistir que a teoria psicanalítica das neuroses e psicoses não postula, como equivocadamente se afirma em certa literatura psiquiátrica, a psicogênese das neuroses e psicoses, já que isso implicaria uma parcialidade da unidade psicofísica. Esses três tipos de fatores mencionados intrincam-se na configuração das neuroses e psicoses. A enunciação dessa equação etiológica permite superar uma concepção mecanicista que estabelece uma antítese estéril entre o exógeno e o endógeno. Freud sustenta que a correlação entre o endógeno e o exógeno deve ser compreendida como a complementaridade entre disposição e destino. De nossa parte, queremos assinalar que os psiquiatras ditos "clássicos", ao insistir nos fatores endógenos de causação, fragmentam, entre outras coisas, o montante de privação ou conflito atual, que ao fazer impacto num limiar, variável em cada sujeito, completa o aspecto pluridimensional das neuroses e psicoses.

2) *Princípio de pluralidade fenomênica*

Este princípio se fundamenta na consideração de três dimensões fenomênicas ou áreas de expressão do comportamento. Cada área é o âmbito projetivo no qual o sujeito localiza seus vínculos num interjogo entre mundo interno e contexto exterior, mediante processos de internalização e externalização. Nesse interjogo, o corpo termina sendo uma área intermédia e intermediária. Cada uma destas áreas – mente, corpo e mundo externo – tem um código expressivo que lhe é próprio.

Por ser o homem uma totalidade-totalizante (Sartre), sua conduta sempre comprometerá, ainda que em graus diferentes, as três áreas de expressão. Falamos em graus de comprometimentos de áreas no sentido de que a depositação dos objetos com os quais o sujeito estabelece vínculos é situacionalmente mais significativa na área que aparece como predominante. Através da fantasia inconsciente, o *self* (representação do ego) organiza projeções de objetos e vínculos em três áreas, às quais chamaremos dimensões projetivas. Como conseqüência dessas projeções, o sujeito expressará fenomenicamente, através de diferentes sinais, na mente, no corpo e no mundo, suas relações vinculares. Ou seja, no sistema de sinais que é a conduta, a aparição de sinais num determinado âmbito é um emergente significativo que nos remete às relações vinculares do sujeito, à sua maneira de perceber a realidade e à sua modalidade particular de adaptar-se a ela, isto é, à sua modalidade particular de resolver seus conflitos. Essas modalidades configuram aquilo que chamaremos de estrutura de caráter do sujeito. A conduta é significativa, é um sistema de sinais em que se articulam significantes e significados, através do qual se torna compreensível e modificável terapeuticamente. Expressos em diferentes âmbitos temporais espaciais, os aspectos fenomênicos da conduta são a resultante da relação de sujeito (depositante), "depositado" (com sua valência positiva ou negativa) e localização dos vínculos e objetos num âmbito perceptivo simbólico: a área. *O sujeito projeta vínculos e objetos e atua o projetado.* Por isso, só a interação dialética do sujeito com o contexto permitirá uma retificação, uma experiência discriminatória, e por isso corretiva de sua leitura da realidade. O diagnóstico da doença se estabelece em função do predomínio de uma multiplicidade sintomática sobre uma das áreas, ainda que a análise estratigráfica nos mostre o comprometimento e a existência das três áreas em cada situação.

Não obstante, queremos assinalar que a mente opera pelo *self* através de mecanismos de projeção e introjeção (como estratégia dessa localização, nos diferentes âmbitos projetivos) dos vínculos bons ou maus num clima de divalência, e com a finalidade de preservar o bom e controlar o mau. Por essa depositação é que as áreas adquirem, para o sujeito, uma significação particular em relação com a valência positiva ou negativa do depositado.

Na divalência, o ego, o objeto e o vínculo – sendo esta última estrutura a que inclui o ego, o objeto e a relação dialética entre ambos – estão cindidos e a tarefa defensiva consiste em mantê-los nessa cisão, já que se o bom e o mau se reunissem no mesmo objeto, o sujeito cairia numa depressão, com sua seqüela de dor e culpa, numa situação de ambivalência. O ego também elaborará uma estratégia para reunir os aspectos bons e maus num objeto (integração).

Postulamos com base nesses conceitos uma nosografia genética, estrutural e funcional, em termos de localização dos vínculos (bom e mau) nas três áreas mente-corpo-mundo externo, com todas as variáveis que possam surgir dessa equação.

Exemplificando, podemos dizer que o sujeito fóbico projetará e atuará o objeto bom e o objeto mau na área do mundo exterior. Em função dessa depositação, irá se comportar evitativamente, ou seja, apresentará condutas de fuga como se estivesse diante de um ataque exterior e sentirá, por exemplo, angústia nos espaços fechados (claustrofobia) ou nos espaços abertos (agorafobia), nos quais se sente à mercê do perseguidor.

Na esquizofrenia, o objeto perseguidor (vínculo mau) pode estar projetado na área três (mundo externo) e o bom na área da mente, caracterizando-se assim a esquizofrenia paranóide, com uma retração da realidade exterior e um isolamento autístico e narcisista do sujeito. No afastamento do mundo externo, para evitar o objeto mau, reforça-se a privação que mencionamos como fator desencadeante.

3) Princípio de continuidade genética e funcional

Com esse princípio postulamos a existência de um núcleo patogenético central de natureza depressiva do qual todas as formas clínicas resultariam como tentativas de desligamento. Essas tentativas se instrumentariam através das técnicas defensivas características da posição esquizoparanóide, descrita por Melanie Klein, que denomino patoplástica ou instrumental. Ou seja, poderíamos falar de uma *única doença* com um *núcleo patogenético depressivo* e uma instrumentação que tem como mecanismo central a cisão ou *splitting** do ego, do objeto, e dos vínculos do ego com os objetos. A partir dessa cisão ou *splitting*, o sujeito recorre às outras técnicas da posição esquizoparanóide: a projeção (localização dos objetos internos fora do sujeito), a introjeção (passagem fantasiada dos objetos externos e suas qualidades para o interior do sujeito), o controle onipotente dos objetos tanto internos como externos, a idealização, etc. A alternância e o intrincamento da posição depressiva e da esquizoparanóide configuram uma continuidade subjacente aos distintos aspectos fenomênicos, característicos dos diversos quadros clínicos.

Na doença mental, levamos em consideração uma *gênese* e uma *seqüência* vinculada a situações depressivas, de perda, de privação, de dor, que são vividas como catástrofe interna, num clima de ambivalência e culpa, no qual o sujeito sofre por sentir que odeia e ama simultaneamente o mesmo objeto, ao mesmo tempo que é também amado e odiado por esse objeto. Ou seja, podem existir, na relação com esse objeto, experiências gratificantes (vínculo bom) ou frustrantes (vínculo mau).

Essas pautas têm seu antecedente em duas situações incluídas no desenvolvimento infantil normal. Com o nasci-

---
* Em inglês no original. (N. do T.)

mento, a criança sofre a primeira perda da relação simbiótica com a mãe (perda do seio materno) e fica exposta às exigências do meio externo, num estado de dependência total. Nessa situação, na qual viverá experiências gratificantes – surgidas da satisfação de desejos e necessidades – e experiências frustrantes, irá estruturar seus vínculos positivos e negativos, de acordo com a qualidade da experiência, em cuja configuração já intervêm fantasias inconscientes.

Nesse estágio de seu desenvolvimento, que abrange os seis primeiros meses de vida, o sujeito recorre pela primeira vez, com a finalidade de ordenar seu universo para obter uma discriminação de suas emoções e percepções, ao já mencionado mecanismo de cisão; relaciona-se assim, a partir do *splitting*, com o que vivencia como dois objetos: um totalmente bom, que ama e pelo qual é amado, e outro totalmente mau, frustrante, perigoso e persecutório, que odeia e pelo qual se sente odiado. Essa cisão e relação do ego com dois objetos de valências opostas denomina-se *divalência* e é característica da posição esquizoparanóide.

A ansiedade dominante nessa situação é a ansiedade paranóide, ou medo do ataque do perseguidor, que é tanto maior quanto maior tenha sido o montante de hostilidade da qual o sujeito se livrou, projetando-a no objeto interno e frustrante.

Com o processo fisiológico de maturação e o manejo operativo das ansiedades, o ego da criança obtém uma maior integração, entrando assim numa nova fase, que Melanie Klein denominou posição depressiva do desenvolvimento (entre seis meses e um ano de idade). Há um processo de mudança, com uma organização integrativa das percepções. O sujeito reconhece o objeto total. Não o cinde, não o divide, relaciona-se com ele como totalidade. Isso acontece quando a criança começa a reconhecer sua mãe não de forma parcial (peito, voz, calor, cheiro), mas como totalidade. Estabelece com o objeto vínculos de quatro vias, pelo desenvolvimento da memória e da capacidade integrativa, ou seja: ama e sente-se amado e odeia e sente-se odiado pelo mesmo objeto, no qual descobre, reunidas, possibilidades de gratificação e frustração. Da mesma maneira, reconhece dentro de si sentimentos de amor e gratidão coexistindo com hostilidade e agressão. Isso provoca o sentimento de ambivalência, com o temor da perda do objeto amado e sentimento de culpa por medo de que os impulsos hostis possam ferir esse objeto.

A ambivalência paralisa o sujeito, que nesse momento tem como único recurso defensivo a inibição que o conduzirá à regressão e dissociação. Tudo isso configurará uma pauta estereotipada de reação que emerge (à qual se regride) no processo do adoecer, a partir do conflito atual ou desencadeante.

Assim, diante da situação de sofrimento, característica da depressão, surge a possibilidade de uma nova regressão a outra posição anterior operativa ou instrumental, que permite o controle da ansiedade. O sujeito sai da inibição e do conflito de ambivalência através de uma nova dissociação, e a ansiedade paranóide (medo do ataque) substitui a culpa (medo da perda).

As neuroses são técnicas defensivas contra as ansiedades básicas. Essas técnicas são as mais bem-sucedidas e próximas do normal, e, ainda que resultem em tentativas fracassadas de adaptação, acham-se mais afastadas da situação depressiva patogenética. As psicoses são também tentativas de manejo das ansiedades básicas, porém não tão bem-sucedidas quanto as neuroses, ou seja, com um maior grau de desvio da norma de saúde. O mesmo acontece nas psicopatias, cujo mecanismo prevalecente é o da delegação. No âmbito das psicopatias, as perversões manifestam-se como formas complexas de elaboração das ansiedades básicas e seu mecanismo geral centra-se em torno do apaziguamento do perseguidor (objeto mau). O crime (também incluído neste quadro) constitui a tentativa de aniquilar a fonte de ansiedade projetada no mundo externo. Quando essa fonte é localizada no próprio sujeito, configura-se a conduta suicida.

O fracasso da elaboração do sofrimento da posição depressiva acarreta, inevitavelmente, o predomínio de defesas que implicam o bloqueio das emoções e da atividade da fantasia. Essas defesas estereotipadas impedem principalmente um certo grau de autoconhecimento ou *insight* necessário a uma adaptação positiva à realidade. Ou seja, o bloqueio do afeto, da fantasia e do pensamento que se observa nos diferentes quadros clínicos determina uma conexão empobrecida com a realidade e uma dificuldade real em modificá-la e em modificar-se a si mesmo, nesse interjogo dialético que é, para nós, um critério de saúde.

Quanto à situação depressiva, tomada como fio condutor através do processo do adoecer e do processo terapêutico, consideramos a existência de cinco formas características, que denominamos: *a*) protodepressão, que surge da perda vivenciada pela criança ao abandonar o ventre materno; *b*) posição depressiva do desenvolvimento, assinalada pela situação de luto ou perda (desmame), conflito de ambivalência por uma integração do ego e do objeto, culpa e tentativas de elaboração; *c*) depressão de começo ou desencadeante. É o período prodrômico de toda doença mental e emerge diante de uma situação de frustração ou perda; *d*) depressão regressiva, que implica a regressão aos pontos disposicionais anteriores, característicos da posição depressiva infantil e sua elaboração fracassada; *e*) depressão iatrogênica, a depressão que se produz quando o processo corretivo tenta a integração das partes do ego do paciente, ou seja, quando a tarefa consiste na passagem da estereotipia dos mecanismos da posição esquizoparanóide a um momento depressivo, no qual o sujeito pode obter uma integração tanto do ego como do objeto e da estrutura vincular que os inclui. Adquire, assim, aquilo que chamamos de *insight* ou capacidade de autognose, o que lhe permite elaborar um projeto com a inclusão da morte como situação própria e concreta. Isso significa enfrentar os problemas existenciais e a obtenção de uma adaptação ativa à realidade, com um estilo próprio e uma ideologia própria de vida. Mas o momento depressivo de integração e autognose implica sofrimento; por isso Rickman diz que "não há cura sem lágrimas", ao que acrescentamos, porém, que esse sofrimento é operativo.

A operação psicoterapêutica ou processo corretivo consiste, em última instância, num processo de aprendizagem da realidade e de reparação da rede de comunicação disponível para o sujeito. É a confrontação que implica a experiência corretiva, quando o sujeito pode se integrar, numa situação de sofrimento tolerável pela discriminação dos medos básicos, o que determina um manejo mais adequado das técnicas do ego, na tarefa de preservação do bom e controle do mau. Em que consiste essa confrontação? Num processo no qual o sujeito atribuirá ao terapeuta diferentes papéis, segundo seus modelos internos (transferência). Nesse processo de adjudicação, tornar-se-á manifesta sua distorção na leitura da realidade. Esses papéis não serão atuados, mas retraduzidos (interpretados) numa conceituação ou hipótese acerca do acontecer inconsciente de seu paciente. A resposta do sujeito será retomada nesse diálogo como emergente, como sinal que nos remete novamente a esse acontecer, que é o fio que nos permite compreender e cooperar com ele na modificação de sua percepção do mundo e das formas de sua adaptação à realidade.

Enunciamos quatro princípios que regem, em nosso modo de ver, a configuração de toda estrutura patológica ou normal. Vou referir-me agora ao que foi mencionado em último lugar.

4) Princípio de mobilidade das estruturas

Manejar este conceito implica situar-se diante do paciente com um esquema referencial flexível, que permita compreender que as estruturas são instrumentais e situacionais, em cada aqui e agora do processo de interação; que as modalidades ou técnicas do manejo das ansiedades básicas, com sua localização de objetos e vínculos nas diferentes áreas, são modificáveis de acordo com os processos de interação com os quais o sujeito se compromete. Essa afirmação tem importantes implicações no que se refere ao trabalho diagnóstico.

Retomando o enunciado, ao nos referirmos ao princípio de pluralidade fenomênica, podemos afirmar que uma análise seqüencial da sintomatologia de um paciente nos mostra que o sujeito, em diversas situações, apresenta distintas defesas, distintas técnicas de manejo de suas ansiedades, com uma localização variável de seus vínculos nas diferentes áreas, na permanente tarefa de preservar o bom e controlar o mau. Como já dissemos, existiria um único núcleo patogenético, de natureza depressiva, e uma instrumentação que tem como mecanismo central a cisão do ego, dos objetos e dos vínculos, e que se complementa com o repertório de técnicas defensivas da posição esquizoparanóide. O fato de que todos os quadros clínicos apareçam a partir dessa perspectiva, como tentativas de desprendimento desse núcleo patogenético, permite-nos postular teoricamente aquilo que mostra ser um dado de observação clínica: a mobilidade das estruturas e sua natureza situacional. Assim como, através da análise seqüencial, podemos perceber essa mobilidade, a análise estratigráfica revela-nos o grau de comprometimento das áreas, ou seja, o montante e qualidade da depositação*

....
* Por aparente lapso, no original, em vez de depositação, aparece "disposición". O período seguinte, no entanto, confirma a opção feita na tradução acima. (N. do T.)

que o sujeito faz em cada área. Temos assim uma área envolvida, em primeiro lugar, por uma multiplicidade sintomática, o que orienta o diagnóstico situacional e estrutural, enquanto podemos observar o grau de comprometimento (sempre em termos de depositação) das outras duas áreas, o que nos permitirá estabelecer o prognóstico.

Uma teoria da abordagem da prevenção no âmbito do grupo familiar[1]

A partir de uma visão integradora do "homem em situação" e do enfoque interdisciplinar, não podemos referir-nos ao problema da prevenção sem antes localizá-lo em seu contexto apropriado. A saúde mental, cuja definição é prévia e se acha implícita nesse tipo de formulação, não é para nós um valor absoluto, mas é avaliável em termos de qualidade de comportamento social. Esse comportamento, sua operatividade ou sua deterioração, está intimamente ligado a fatores de ordem socioeconômica e familiar, que intervêm ou determinam, de forma positiva ou negativa, uma adaptação ativa à realidade na qual o sujeito se compromete com o meio numa relação criativa e modificadora.

Desse ponto de vista, o problema central não é o de uma metodologia da prevenção, mas o das estratégias de mudança da estrutura socioeconômica, da qual o doente mental é emergente. O doente é porta-voz dos conflitos e tensões de seu grupo imediato – a família. Mas é também, por isso, o símbolo e o depositário dos aspectos alienados de

---

1. Este trabalho abre um painel sobre prevenção no grupo familiar, no qual intervieram os drs. E. Pichon-Rivière, J. Bleger, A. Bauleo e M. Matrajt (julho de 1970).

sua estrutura social, porta-voz de sua insegurança e de seu clima de incerteza. Curá-lo é conferir-lhe um novo papel, o de agente de mudança, transformando-nos também em elementos de mudança.

A partir de um enfoque centrado nas técnicas de *prevenção*, é importante assinalar a natureza *instrumental e operativa* do grupo familiar como sustentáculo da organização social, unidade primária de interação, que se estabelece com base num interjogo de papéis diferenciados.

Seu caráter de estrutura surge da necessária interdependência dos papéis correspondentes à situação triangular básica – pai, mãe e filho –, emergentes das relações e das diferenças funcionais e biológicas. Essa situação triangular básica e universal, com suas possíveis variáveis culturais, determina o modelo que as inter-relações familiares irão seguir.

O mencionado caráter estrutural do grupo familiar permite-nos abordá-lo como unidade de análise, no sentido de que podemos nos aproximar dele encarando-o como unidade diagnóstica, prognóstica, terapêutica e de profilaxia.

Como unidade básica de interação, a família aparece como o instrumento socializador, em cujo âmbito o sujeito adquire sua identidade, sua posição individual dentro da rede interacional. A *funcionalidade e a mobilidade* dessa posição assinalarão o grau e a natureza de adaptação nesse contexto grupal, do qual cada sujeito é *porta-voz*.

Quando nessa estrutura – que atua como veículo dos modelos culturais, mediadora entre o sujeito e a realidade através das relações vinculares – emerge a doença como uma *qualidade nova* no processo de interação, entendemos essa conduta desviada como uma anomalia que afeta a estrutura total em seu processo de inter-relação intra-sistêmica ou intersistêmica

A doença é a *qualidade emergente*, qualidade nova que, como sinal, nos remete a uma situação implícita, subjacente, configurada por uma modalidade particular da interação grupal, que nesse momento é alienante. O doente é o *porta-voz* por intermédio do qual se manifesta a situação patológica que afeta toda a estrutura. Ou seja, o *porta-voz* (doente) é o veículo através do qual começa a se manifestar o processo implícito causador da doença.

Podemos afirmar que todo processo implícito chega a se manifestar pelo surgimento, no interior do campo de observação, de uma *qualidade nova* nesse campo, que denominamos *emergente* e que nos remete, enquanto investigadores, a um acontecer implícito, ou, dizendo de outra maneira, a uma ordem de fatos subjacentes, submetida a um processo permanente de estruturação e desestruturação.

Num trabalho anterior, dissemos que a loucura é a expressão de nossa incapacidade para suportar e elaborar um certo montante de sofrimento. Ao emergir uma neurose ou uma psicose no âmbito do grupo familiar, descobrimos que, previamente, um grau determinado de insegurança se instalou no seio desse grupo, tornando-o impotente. Dinamicamente, isso significa que um membro do grupo familiar assume um novo papel, transforma-se no porta-voz e depositário da ansiedade do grupo. Torna-se encarregado dos aspectos patológicos da situação, num processo interacional de adjudicação e assunção de papéis que compromete tanto o sujeito *depositário* como os *depositantes*. Configura-se o estereótipo quando a projeção de aspectos patológicos surgidos nessa situação de insegurança é maciça. O sujeito fica paralisado, fracassa em sua tentativa de elaborar uma ansiedade tão intensa e adoece (produzindo-se nesse momento um salto do quantitativo para o qualitativo). A partir desse momento, completa-se o ciclo de elaboração de um mecanismo de segurança patológica, desencadeado por um aumento das tensões, que consiste na depositação maciça, com a posterior segregação do depositário em função da periculosidade dos conteúdos depositados.

O interjogo de papéis caracteriza-se nessa situação por sua rigidez e imobilidade, sendo regidos não por uma lei de complementaridade, mas por um princípio de suplementaridade. Ou seja, uma vez que o processo de interação configura um modelo estereotipado e repetitivo, todo um sistema de realimentação põe-se a serviço desse modelo.

Como estratégia de prevenção da emergência de situações patológicas no âmbito do grupo familiar, proporemos algumas técnicas de esclarecimento destinadas a reforçar os aspectos de mobilidade e operatividade dentro do grupo. Propomo-nos assim à criação de um dispositivo de segurança adaptativo e criador que permita ao grupo o confronto com as situações de mudança geradoras de insegurança.

Como linhas de abordagem, seguiremos as propostas em nosso esquema do *cone invertido*, no qual caracterizamos os vetores de pertença, cooperação, pertinência, comunicação, aprendizagem e telê – modalidades de interação que se observam em todo grupo de tarefa.

Para nós, grupo operativo e grupo familiar são suscetíveis de uma mesma definição: conjunto de pessoas reunidas por constantes de tempo e espaço, articuladas por sua mútua representação interna, que se propõem, implícita ou explicitamente, uma tarefa que constitui sua finalidade. Nesse caso, no grupo familiar, acrescentaremos às constantes de tempo e espaço os vínculos de parentesco. Como dissemos antes, a tarefa do grupo familiar é a socialização do sujeito, provendo-o de um quadro e embasamento adequados para obter uma adaptação ativa à realidade, na qual se modifica e modifica o meio, num permanente interjogo dialético.

Esse modelo pode configurar um esquema de referência para o operador, desde que seu trabalho esteja no campo daquilo que é entendido geralmente por prevenção primária, secundária ou terciária.

O esclarecimento e manejo operativo dos vetores de pertença, cooperação, pertinência, comunicação, aprendizagem e telê permitirão à unidade grupal a abordagem das ansiedades desencadeadas pelas situações de mudança, pelas quais necessariamente todo grupo familiar passa. Interessa-nos assinalar particularmente duas dessas situações, de características realmente críticas: a adolescência, marcada pela passagem do papel de criança ao papel de adulto, e a entrada na velhice, caracterizada em nossa estrutura familiar pela perda de papéis operativos. Vemos que em ambos os casos trata-se de alterações significativas no processo de atribuição e assunção de papéis no âmbito do grupo familiar.

Entendemos por pertença o sentimento de integrar um grupo, o identificar-se com os acontecimentos e vicissitudes desse grupo. Através da pertença, os integrantes de um grupo visualizam-se como tais, sentem os outros membros incluídos em seu mundo interno, internalizam-nos. Por essa pertença, contam com eles e podem planejar a tarefa grupal, incluindo-os. A pertença permite estabelecer a identidade do grupo e estabelecer a própria identidade como integrante desse grupo. Para Sartre, todo grupo que não reverta, como ato, sobre si mesmo corre o perigo de cair naquilo que ele chama de "serialidade". O sujeito que vê a si mesmo como membro de um grupo, como *pertencente*, adquire identidade, uma referência básica, que lhe permite localizar-se situacionalmente e elaborar estratégias para a mudança. Porém, a pertença ótima, da mesma forma que os demais vetores da abordagem, não é o "dado", como poderiam ser os laços consangüíneos, mas o adquirido, algo obtido pelo grupo como tal.

O grupo, pela pertença, pela cooperação e fundamentalmente pela pertinência, na qual entram em jogo a comunicação, a aprendizagem e a telê, chega a uma *totaliza-*

ção, no sentido de fazer-se em seu caminhar, em sua tarefa, em seu trabalhar como grupo.

De acordo com Sartre, ao falar de grupo como ato, como um constituir-se permanentemente como grupo, temos de levar em conta o papel fundamental que a dialética interna desempenha no estabelecimento das relações constitutivas do grupo. Por isso, sublinhamos nesta definição o fato de que o grupo é um *conjunto de pessoas articuladas por sua mútua representação interna*. Representação essa que segue as características do modelo dramático.

A dialética interna é a dialética do grupo interno, cuja crônica – sempre seguindo o modelo mencionado – é a fantasia inconsciente. Através dessa dialética, cada integrante alcança uma *totalização*, uma síntese, que faz o grupo como grupo, que o constitui. Dizendo isto em termos sartrianos, essa dialética interna e externa leva-o a transcender a serialidade entendida como dispersão.

A tarefa, sentido do grupo, e a mútua representação interna feita em relação com a tarefa constituem o grupo como grupo. A tarefa é o caminho do grupo para seu objetivo, é um fazer-se e um fazer dialético para uma finalidade, é uma práxis e uma trajetória.

Num grupo familiar, a cooperação estabelece-se com base em papéis diferenciados. Acentuamos a heterogeneidade que devem apresentar os papéis no âmbito familiar. Essa heterogeneidade sustenta-se nas diferenças biológicas e funcionais sobre as quais irá configurar-se uma estrutura familiar. A família, como já dissemos, transforma-se assim no âmbito da aprendizagem de papéis biológicos e funções sociais. Só através de uma heterogeneidade podemos alcançar a necessária complementaridade num grupo operativo, ou seja, num grupo capaz de conquistas instrumentais e situacionais.

Um esclarecimento das redes de comunicação grupal, com a abordagem dos mistérios familiares e a análise das ideologias, permitirá, juntamente com o ajuste entre imagens internas e realidade exterior, a elucidação dos mal-entendidos, criando-se o clima apropriado para a tarefa familiar.

Bibliografia

Sartre, J. P., *Crítica de la razón dialéctica*, Losada, Buenos Aires, 1963.
Lapassade, G., *Institutions, groupes et organisations*, Gauthier-Vilars, Paris, 1968.
Pichon-Rivière, E., "Grupos familiares. Um enfoque operativo", neste mesmo volume.
——, "Práxis e psiquiatria", *ibid.*
——, "Emprego de Tofranil em psicoterapia individual e grupal", *ibid.*

Transferência e contratransferência na situação grupal[1]
(em colaboração com Ana P. de Quiroga)

Este trabalho tem como intenção formular algumas hipóteses sobre a existência dos fenômenos chamados transferenciais na relação grupal e das possibilidades de sua instrumentação a partir da técnica operativa.

Laplanche e Pontalis, em seu *Vocabulário da psicanálise**, caracterizam a transferência como o processo através do qual dois desejos inconscientes se atualizam sobre certos objetos, no quadro de um tipo de relação estabelecida com eles, eminentemente no âmbito do enquadramento da relação analítica.

A definição, que contém toda uma tradição do pensamento analítico, faz alusão a diferentes tipos de relações no interior das quais se desenvolvem processos de transferência, ao mesmo tempo que privilegia o contexto da relação psicoterapêutica como âmbito da transferência. Historicamen-

----
1. Alguns aspectos técnicos mais precisos para o manejo da contratransferência podem ser estabelecidos a partir dos desenvolvimentos de E. Racker, que foram por nós reelaborados no enquadramento do grupo operativo para o curso Técnicas de Coordenação de Grupo Operativo, que a Escuela de Psicología Social de San Miguel de Tucumán realizou no ano de 1970.

* Trad. bras. Martins Fontes, São Paulo, 1982.

te, esse contexto foi o que permitiu a observação ou análise do fenômeno transferencial.

O processo construtivo do conceito de transferência pode ser investigado, segundo D. Lagache, a partir da era pré-psicanalítica, na qual o método de Breuer é substituído pela análise catártica dos sintomas. Segundo essa técnica, o terapeuta conduz o paciente ao estado psíquico no qual surgiu o sintoma. Assim, diz Freud, vêm à mente do paciente as recordações, pensamentos e pulsões que foram expulsos da consciência. Relatados ao médico, sendo essa expressão acompanhada de uma emoção intensa, supera-se o sintoma.

Lagache assinala que a repetição de uma experiência anterior é um traço comum entre o clássico método catártico e aquele que depois se denominará transferência psicanalítica. Breuer não considerou a incidência da relação médico-paciente no processo de repetição. Essa incidência é analisada por Freud, o primeiro a encontrar um obstáculo na situação transferencial, um elemento de resistência à emergência da recordação, através da qual o paciente atua (revive o vínculo) em vez de rememorar. Mais tarde, através de sua compreensão do fenômeno, consegue converter o obstáculo em instrumento de cura.

Essa recordação da gênese do conceito de transferência interessa-nos quanto ao aspecto didático, pelo esclarecimento que pode trazer a respeito das características do processo, ao mesmo tempo que, a partir desse esclarecimento, podemos nos questionar tanto sobre a existência da transferência numa situação grupal de tarefa como sobre o manejo técnico da transferência grupal a partir de uma perspectiva que privilegia a relação do grupo com seu objetivo (tarefa).

Para Freud, aquilo que se denomina transferência, em 1895 (*Psicoterapia da histeria*) é um fenômeno freqüente e regular, que supõe o comprometimento de duas instâncias temporais: passado e presente.

No passado, está implicada a rejeição de um desejo. Acrescentamos a isso que a rejeição se situa no âmbito de uma estrutura vincular e é provocada por um sentimento em relação com um objeto. Então se produz um estancamento da aprendizagem, uma inibição no processo de apropriação da realidade.

No presente e na relação com o terapeuta, no aqui-agora-comigo (como se fosse outro), é despertado o mesmo afeto que originariamente forçou o paciente a exilar o desejo. Essa emergência determina o recurso a técnicas defensivas tais como a projeção, o controle onipotente, a negação, etc.

O processo transferencial permite inferir a existência e as características do estancamento na aprendizagem da realidade, gênese do estereótipo que se torna manifesto.

Anos mais tarde, Freud caracteriza a transferência como "novas edições ou fac-símiles de tendências ou fantasias que são despertadas e se tornam conscientes no decorrer do tratamento analítico, mas que possuem uma particularidade específica: a substituição da pessoa anterior (objeto) pela pessoa do médico".

A transferência consiste então numa "conduta réplica", uma "analogia emocional", num "como se". Em outros termos, *a transferência é um processo de adjudicação de papéis inscritos no mundo interno de cada sujeito.* Os indícios das diferentes adjudicações devem ser decodificados, e a interpretação consiste nessa decodificação: ou seja, a transformação do implícito, do inconsciente, em consciente.

A transferência deve ser entendida como a manifestação de sentimentos inconscientes que apontam para a reprodução estereotipada de situações, característica da adaptação passiva. Essa reprodução está a serviço da resistência à mudança, da evitação de um reconhecimento doloroso, do controle das ansiedades básicas (medo da perda, medo do ataque).

A negação do tempo e do espaço que se dá na transferência aparece como técnica defensiva diante da situação de mudança.

O conhecimento como situação nova implica a exigência de uma adaptação ativa à realidade, ou seja, uma reestruturação dos vínculos do sujeito. Todo processo de apropriação da realidade ou aprendizagem implica necessariamente a reestruturação dos vínculos e das formas adaptativas estabelecidas pelo sujeito. Diante dessa exigência, emergem os medos básicos: temor da perda dos vínculos anteriores e temor do ataque da nova situação, na qual o sujeito não se sente instrumentado. Essas ansiedades, que coexistem e operam em forma complementar, configuram uma atitude de resistência à mudança que se manifesta pelo estereótipo: a reprodução como oposta à aprendizagem, entendendo-se aprendizagem como modificação operativa.

Podemos então inferir a presença de situações transferenciais em todo tipo de interação que, precisamente por ser interação, é uma situação que implica a aprendizagem da realidade.

O transferido seriam fantasias incluídas no estabelecimento dos vínculos precoces. Essas fantasias, por ação dos processos transferenciais, determinariam as modalidades no estabelecimento dos novos vínculos, produzindo-se o que Freud denomina falsa conexão.

Falamos de uma negação do tempo e do espaço como característica dos fenômenos transferenciais. O espaço negado seria o que denominamos âmbito ecológico – organização significativa de objetos ou estrutura referencial. A modificação no interior da organização significativa de objetos desperta um alto montante de ansiedade, que se pode expressar como fantasia de destruição, recorrendo-se então à função reprodutora e imobilizadora do estereótipo.

Esse fracasso da aprendizagem determina a impossibilidade do sujeito de reconhecer-se como temporal, de localizar-se num aqui e agora em relação com um passado e com um projeto que inclui a própria morte. Como fracasso da aprendizagem da realidade, pode caracterizar-se em termos de fracasso da integração.

Situando o problema dos processos transferenciais no âmbito grupal, seguiremos algumas formulações de Ezriel, que retoma o que já fora enunciado por Freud: a situação transferencial não é específica da relação terapêutica, está presente em maior ou menor grau em cada ocasião em que um indivíduo encontra com outro. Caracterizamos esse processo como reencontro, determinante da telê positiva ou negativa dos integrantes de um grupo entre si.

Para Ezriel, o comportamento manifesto de um sujeito contém traços que representam uma tentativa de solucionar uma tensão consciente que surge das relações com objetos inconscientes da fantasia. Quando várias pessoas se reúnem em um grupo, cada membro projeta seus objetos de fantasia inconsciente sobre vários membros do grupo, relacionando-se com eles de acordo com essas projeções, que se tornam patentes no processo de atribuição e assunção de papéis.

A estrutura interacional do grupo não só permite, como também estimula, a emergência de fantasias inconscientes. Referimo-nos a isso quando falamos do modelo dramático. A fantasia inconsciente – crônica do acontecer intra-subjetivo do grupo interno do sujeito –, o grupo interno de cada integrante e o grupo externo possuem um denominador comum: a estrutura dramática. Entendemos por drama a ação que relaciona pessoas por meio da comunicação, sendo o papel o instrumento do encontro, que determinará formas de interação e excluirá outras.

Deparamos então, no campo grupal, com múltiplas transferências. As fantasias transferenciais emergem tanto em relação aos integrantes do grupo, como em relação à tarefa e ao contexto em que se desenvolve a operação grupal. As fantasias expressam-se por meio de um ou vários porta-vozes que dão indícios que permitem ao coordenador a decodificação da adjudicação de papéis, a confrontação do grupo com a realidade concreta. A explicitação do implícito é a explicitação do "como se", já que o implícito se relaciona com o passado.

Interpretar é iluminar o caráter transferencial dos conteúdos que se manifestam como condutas inadequadas. É confrontar dois tempos: o arcaico das fantasias e o aqui e agora, o presente da situação do grupo. Essa confrontação temporal e a desocultação do "como se"transferencial acompanhada da assinalação das ansiedades operantes permitem, a partir do *insight*, a modificação da atitude reprodutora pela criativa da aprendizagem, da leitura operativa da realidade.

Se dizemos que o implícito é o passado, se na interpretação confrontamos o arcaico com o presente, podemos nos perguntar: qual é a história de um grupo? o que é o arcaico no grupo? Só podemos responder a essas perguntas analisando a relação dialética de indivíduo-grupo, que, como oposição dilemática, constituiu um verdadeiro obstáculo epistemológico na construção das teorias grupais.

Rickman afirma que os grupos como entidades carecem de história – entendendo-se história em termos de infância, de alternativas dos processos de desenvolvimento. No entanto, interessa-nos assinalar que o conhecimento das forças que operam no grupo, da gênese de muitas delas, só pode ser obtido por meio de uma tarefa "arqueológica", pela reconstrução de uma pré-história grupal, configurada pelas fantasias básicas dos sujeitos, que por sua vez expressam as ansiedades básicas que emergem diante da situação de mudança produzida através da tarefa.

Falamos da articulação de dois níveis no grupo: o vertical, relacionado com o histórico, o individual de cada sujeito, que lhe permite a assunção de determinados papéis adjudicados pelos demais integrantes do grupo; o horizontal é o compartilhado pelo grupo, o denominador comum que os unifica. Esse denominador comum, esses traços compartilhados, podem ser de natureza consciente. Chamamos a esses modelos – denominadores comuns de natureza inconsciente – universais do grupo ou fantasias básicas universais.

O vertical de cada sujeito, suas circunstâncias pessoais, colocam-no em disponibilidade para estabelecer a "falsa conexão", atualização ou analogia emocional, operando-se um processo transferencial. Essa disponibilidade transforma-o no sujeito apto para se desempenhar como porta-voz de um conflito, que é vivido como próprio mas que, por sua vez, denuncia o conflitivo da situação interativa e da relação com a tarefa.

O vertical do sujeito e o horizontal do grupo articulam-se no papel. A dialética indivíduo-grupo, verticalidade-horizontalidade, torna-se compreensível através do conceito de porta-voz, veículo – através de uma problemática pessoal – de uma qualidade emergente que afeta toda a estrutura grupal e que, como sinal, nos remete às relações infra-estruturais, implícitas, nas quais estão comprometidos todos os integrantes do grupo.

A interpretação, como instrumento de operação no âmbito grupal, deverá incluir ambas as dimensões. É uma hipótese, formulada a partir do explícito, a respeito do acontecer implícito; o vertical do porta-voz, que lhe permite assumir o papel, e o horizontal do grupo. Muitas vezes, essa horizontalidade, acontecer grupal, só pode ser decodificada pelo somatório do verbalizado ou atuado por vários porta-vozes.

A partir destas últimas considerações, entramos nas formulações a respeito da técnica de grupos operativos. Caracterizamos a técnica operativa como direcional. O grupo é uma situação espontânea, um modelo espontâneo de interação. Os elementos do campo grupal podem ser organizados. A ação grupal, interação em suas diferentes formas, pode ser regulada a fim de torná-la eficaz, de potencializá-la em vista de seus objetivos; nisto consiste a operação. Através da técnica operativa, pretendemos instrumentalizar a situação grupal.

Gostaríamos de ter incluído neste trabalho algumas indicações mais precisas sobre o manejo técnico de processos transferenciais em grupos operativos. As reflexões de ordem teórica levaram-nos além do previsto, e não o lamentamos, já que as consideramos como suporte de qualquer tipo de especificação técnica.

Em termos gerais, é importante assinalar que a técnica de grupo operativo leva em consideração os processos de interação grupal em função da relação dos integrantes do grupo com a tarefa. A abordagem dos processos transferenciais contidos na interação grupal deverá levar em conta esta relação básica: grupo-tarefa.

Quanto à transferência recíproca, inadequadamente chamada contratransferência, ou conjunto de reações inconscientes do operador diante do grupo, da tarefa e dos processos transferenciais que nele se realizam, constituem um elemento de trabalho de valor inestimável, visto que alimentará no operador a capacidade de fantasia para estabelecer hipóteses sobre o acontecer implícito do grupo.

Bibliografia

Biemel, W., *Le concept du monde chez Heidegger*, Université de Louvain, Louvain, 1950.
Freud, S., *Obras completas*, Biblioteca Nueva, Madri, 1948.
Lagache, D., *La teoría de la transferencia*, Nueva Visión, Buenos Aires, 1975.
Laplanche, J. e Pontalis, J. A., *Diccionario del psicoanálisis*, Labor, Barcelona, 1971. [Trad. bras. *Vocabulário da psicanálise*, Martins Fontes, São Paulo, 1982.]
Pichon-Rivière, E., "Uma nova problemática para a psiquiatria", neste volume.
——, "Uma teoria da doença", *ibid.*
——, "Grupos operativos e doença única", *ibid.*
——, "Grupo operativo e modelo dramático", *ibid.*
——, "Técnica dos grupos operativos", *ibid.*

Questionário para Gentemergente*

Pergunta:

1) *Que "obstáculos" encontrou em sua carreira psiquiátrica? Quais foram as rupturas epistemológicas?*

Antes de responder concretamente à pergunta, parece-me necessário estabelecer uma distinção entre o uso estrito do conceito de *obstáculo epistemológico,* tal como foi cunhado por Gaston Bachelard, e a utilização da noção de obstáculo que faço a partir da leitura desse autor.

Se entendemos por obstáculo epistemológico a dificuldade ou a confusão que se instala no processo de produção de um conhecimento científico, os obstáculos que encontrei em minha carreira psiquiátrica e psicanalítica surgiam da carência de uma teoria psicológica que localizasse o problema do comportamento em suas premissas adequadas: a inter-relação dialética entre indivíduo e sociedade. A ausência de uma perspectiva realmente totalizadora, com a esca-

....
* *Gentemergente* foi uma revista publicada pelos alunos da Primera Escuela Privada de Psicología Social por volta de 1970, e da qual foram editados muito poucos números. (N. do T.)

moteação da dimensão social do comportamento e a marginalização do problema da ação por parte das teorias psicológicas, mesmo na mais coerente delas – a psicanálise –, impediu, em princípio, a elaboração de um critério adequado de saúde e doença, ao mesmo tempo que, diante de problemas concretos, com freqüência conduziu à utilização de conceitos emergentes do campo psicanalítico (por exemplo: teoria dos instintos) para explicar fatos vinculados à gênese e às modalidades da relação entre estrutura de personalidade e estrutura social. Os modelos biológicos e individualistas da interpretação da conduta funcionaram, e ainda operam, como obstáculos epistemológicos no sentido estrito.

Arrisco a hipótese de que a carência de uma perspectiva integradora se alicerça naquilo que poderíamos chamar de "o grande obstáculo epistemológico": a consideração da lógica formal como a única legalidade possível do pensamento científico. Essa modalidade dissociante do pensar, com evidentes fundamentos ideológicos, constitui a mais grave dificuldade na tarefa.

Minha interpretação da noção de obstáculo centra-se na investigação dos elementos motivacionais de toda dificuldade para apreender um objeto de conhecimento ou para efetuar uma leitura correta da realidade. Por isso, falei em princípio de "obstáculo epistemofílico", termo que hoje me interessa resgatar. Se vocês me perguntassem que obstáculos epistemofílicos encontrei em minha tarefa, eu lhes diria que foram as ansiedades que caracterizam todo aquele que deve operar no campo da loucura.

Quanto à minha elaboração teórica, encontrava-me diante de uma situação de mudança: a passagem de um campo de trabalho no qual me sentia instrumentado, protegido por uma teoria orgânica, e com um grupo de pertença, a outro campo, ainda não estruturado, no qual os conceitos básicos ainda estão sendo elaborados, e no qual só recentemente se apresenta de maneira adequada o problema que para mim não é outro senão o da investigação da gênese e das modalidades da relação entre estrutura de personalidade e estrutura social. Essa mudança despertou em mim muito medo, uma ansiedade que foi resolvida no diálogo, no pensar com outros. Assim nasceu esta escola, e ver esse ECRO corporificado, dinamizado, crescendo dialeticamente em todos vocês, foi o que me moveu a vencer certa forma de obstáculo epistemofílico, que não consistia tanto em não escrever, mas em não dar à minha elaboração teórica a cristalização que significa um livro publicado.

Quanto às "rupturas" que vocês mencionam, creio que não sou eu o mais indicado para fazer uma interpretação epistemológica de minha teoria; posso entretanto falar de uma passagem: a da psicanálise à psicologia social, passagem que acredito ter sido conseguida através da formulação do conceito de estrutura vincular, que se torna instrumento de análise da gênese e das formas de relação entre estruturas de personalidade e estrutura social.

Quero esclarecer que passagem não significa renegar as contribuições da teoria psicanalítica, pois é a partir delas, integradas às da teoria marxista e aos elementos elaborados por aqueles que trabalharam numa tentativa de totalização, que se pode fundamentar e construir a psicologia social.

2) *Que pensa do boletim* Gentemergente?

O boletim é um emergente, ou seja, o sinal de uma modificação qualitativa na estrutura da escola; canaliza, ainda que parcialmente, uma necessidade de comunicação intra-institucional que configura um problema a ser resolvido pela contribuição de todos. Mas, basicamente, acreditamos que deve ser interpretado como fruto da necessidade de adquirir uma identidade institucional, ideológica, científica, de nos resgatar e nos reconhecer enquanto grupo de tarefa. Ou seja, *Gentemergente* aparece num momento em que a pertença entra em crise e não se esclarece a pertinência ou tarefa prescrita, não tanto da escola enquanto instituição, já que esta se acha explícita, mas da escola como portadora de uma proposta no campo das ciências sociais, em nosso aqui e agora.

Parece oportuno recordar que a tarefa é a marcha para um objetivo, marcha através da qual se adquire identidade. Nosso objetivo-projeto é instrumentar-nos para obter uma leitura crítica e operativa da realidade. Nesse sentido, as vicissitudes do desenvolvimento da escola respondem aos diferentes momentos, às alternativas de pré-tarefa e tarefa.

Entrevista em Primera Plana[1]

1) *O elitismo e o verticalismo das instituições psicanalíticas tradicionais são produto da ideologia liberal. Adotando valores diferentes, de que modo vocês se organizam?*
2) *Em que difere a teoria e técnica que praticam agora daquela que faziam sendo membros da APA?*
3) *Que idéia tem da luta no campo da cultura? Como se vincula à luta social?*
4) *Como caracterizaria essa luta em nível de seu campo específico?*
5) *Como se pode visualizar a relação entre os diferentes grupos que trabalham no campo da saúde mental e quais são suas diferenças?*
6) *Qual a relação entre o momento social e econômico argentino e o desenvolvimento de sua ciência?*
7) *Como se incorporam as crises sociais à situação analítica?*

....
1. Maio, 1972. [*Primera Plana* era uma revista semanal de análise política. Pichon-Rivière publicou uma série de artigos nessa revista, os quais foram posteriormente colecionados e revisados com a colaboração de Ana Quiroga, e vieram a ser editados sob forma de um livro que se intitulou *Psicología de la vida cotidiana* (Trad. bras. *Psicologia da vida cotidiana*, Martins Fontes, São Paulo, 1998.) A revista *Primera Plana* já não é editada. (N. do T.)]

8) Como vocês estruturam a relação terapeuta-paciente?
9) Qual seu critério de saúde e doença?
10) De que maneira a psicanálise colabora para se chegar ao socialismo?

A luta que se dá no campo da cultura, luta ideológica, inscreve-se entre as manifestações da luta de classes na medida em que surge um pensamento dialético revolucionário que redefine os modelos de pensamento. Esses modelos têm sido dominados, até o momento, por uma lógica formal e dissociante. Essas novas formas do conhecimento tendem a totalizar tudo aquilo cujas inter-relações têm sido sistematicamente escamoteadas e obscurecidas pela ideologia dominante: o pensamento, o sentimento e a ação.

Quanto ao meu campo específico, percebo a presença dessa luta através de uma incipiente revolução teórica, revolução caracterizada pelos modos de abordagem da problemática da relação entre estrutura socioeconômica e vida psíquica, da investigação da operação das ideologias no inconsciente, e dos processos de socialização. Falo de revolução incipiente porque se trata, até agora, da tentativa de localizar o problema em suas premissas adequadas: a psicologia social é uma disciplina em processo de construção. A carência mais dilacerante no campo do fazer psicológico, ou a máxima expressão da incidência da ideologia dominante, é percebida no nível dos critérios de saúde e doença. Quanto à prática terapêutica, como pode ser revolucionária? Para responder a essa pergunta, recorro àquilo que caracterizamos como *tarefa*, entendida como a abordagem e a elaboração dos medos que configuram a resistência à mudança, rompendo-se assim um modelo estereotipado e dissociativo que funciona como fator de estancamento na aprendizagem da realidade, ou como ponto disposicional da doença. Na tarefa corretiva, o sujeito realiza um salto qualitativo, personifica-se, e estabelece um vínculo operativo com o outro.

Se o terapeuta confunde pré-tarefa com tarefa, entra no jogo da doença e a atua. O terapeuta entra em pré-tarefa, cai numa impostura da tarefa, por suas próprias resistências ao "ser consciente" do projeto, o que são resistências ideológicas à práxis. Inserir-se como agente num processo corretivo significa trabalhar com um paciente e seu grupo imediato, para capacitá-lo através dessa tarefa comum para a obtenção de uma leitura crítica e operativa da realidade. "A cura" não significa uma adaptação passiva, ou a aceitação indiscriminada de normas e valores, mas o resgate, em outro nível, da denúncia e da crítica implícitas na conduta anormal (doença) para estabelecer, a partir daí, uma relação dialética, mutuamente modificadora, com o meio. Esse é o critério de saúde com o qual operamos.

A respeito de como as crises sociais se incorporam à situação analítica, eu responderia com outra pergunta: como podem não se incorporar a essa situação? Estão presentes, quer o saibam ou não, terapeuta e paciente. A última pergunta refere-se à maneira pela qual a psicanálise colabora para o advento do socialismo. Diante disso, eu gostaria de assinalar um mal-entendido, que ameaça ter conseqüências perigosas: ainda que todo ato humano seja um ato político, a revolução social não se faz a partir da psicologia.

Contribuições à didática da psicologia social
(em colaboração com Ana P. de Quiroga, agosto de 1972)

O enquadramento institucional

Caracterização da escola. A escola da psicologia social define-se como uma instituição centrada na aprendizagem e fundamentada num esquema conceitual, referencial e operativo no campo da psicologia social.

O esquema conceitual referencial e operativo. Caracterizamos o ECRO como conjunto organizado de noções e conceitos gerais, teóricos, referentes a um setor do real, a um universo do discurso, que permite uma aproximação instrumental do objeto particular concreto. Esse ECRO e a didática que o veicula estão fundados no método dialético.

O método dialético, através do qual se desenvolve a espiral do conhecimento, implica um tipo de análise que – a partir dos fatos fundamentais, das relações cotidianas – desvenda os princípios opostos, as tendências contraditórias, fontes configuradoras da dinâmica dos processos.

Esse método é o que permite a produção do conhecimento das leis que regem a natureza, a sociedade, o pensamento: três aspectos do real comprometido naquilo que denominamos "homem em situação". Com a expressão "homem em situação" procuramos caracterizar um objeto de conhecimento em uma tarefa que reintegre o fragmentado por um pensamento dissociante que obscurece as relações entre sujeito, natureza e sociedade.

Psicologia social. A psicologia social à qual nos referimos se inscreve numa crítica da vida cotidiana. Abordamos o sujeito imerso em suas relações cotidianas. Nossa consciência dessas relações perde sua trivialidade na medida em que o instrumento teórico e sua metodologia nos permitem investigar a gênese dos fatos sociais. Coincidimos com a linha aberta por H. Lefèbvre, para quem as ciências sociais encontram sua realidade "na profundidade sem mistérios da vida cotidiana". A psicologia social que postulamos tem como objeto de estudo o desenvolvimento e a transformação de uma relação dialética, que se dá entre estrutura social e fantasia inconsciente do sujeito, fundada sobre suas relações de necessidade. Em outras palavras: a relação entre estrutura social e configuração do mundo interno do sujeito, relação que é abordada através da noção de vínculo.

Para nós, o ser humano é um ser de necessidades que só se satisfazem socialmente em relações que o determinam. O sujeito não é só um sujeito relacionado, é um *sujeito produzido* numa práxis. Nele não há nada que não seja a resultante da interação entre indivíduo, grupos e classes.

Se essa relação é o objeto da psicologia social, seu campo operacional privilegiado é o grupo, que permite a investigação do interjogo entre o psicossocial (grupo interno) e o sociodinâmico (grupo externo), através da observação das formas de interação, dos mecanismos de adjudicação e assunção de papéis. A análise das formas de interação permite-nos estabelecer hipóteses sobre seus processos determinantes.

A psicologia social como disciplina que investiga a interação em seus dois aspectos – intersubjetivo (grupo externo) e intra-subjetivo (grupo interno) – é significativa, direcional e operativa. Orienta-se para uma práxis, da qual surge seu caráter instrumental. Seu ponto de partida é uma prática. A experiência dessa prática, conceituada por uma crítica e uma autocrítica, realimenta e corrige a teoria por meio de mecanismos de retificação e ratificação, obtendo uma crescente objetividade. Configura-se uma marcha em espiral sintetizadora, para elaborar uma logística e construir uma estratégia, que através da tática e da técnica dê caráter operativo a planejamentos de tipos diversos para que se possa realizar a mudança aspirada – que consiste no pleno desenvolvimento da existência humana através da mútua modificação do homem e da natureza.

Por que nossa valorização da práxis? Porque só ela introduz a inteligibilidade dialética nas relações sociais e restabelece a coincidência entre representações e realidade.

Nosso ECRO é um instrumento interdisciplinar, ou seja, articula contribuições de diferentes disciplinas, na medida em que sejam pertinentes ao esclarecimento do objeto de estudo. Essas contribuições são provenientes do materialismo dialético, do materialismo histórico, da psicanálise, da semiologia e das contribuições daqueles que trabalham numa interpretação totalizadora das relações entre estrutura socioeconômica e vida psíquica. A partir dessas contribuições, pode-se construir uma psicologia que situe o problema em suas premissas adequadas.

A didática. A didática que postulamos emerge do próprio campo da psicologia social. Assinalamos com isso que reformularemos uma metodologia para operar no campo da aprendizagem a partir das contribuições trazidas pela psicologia social à compreensão do processo de aprendizagem.

Denominamos didática uma estratégia destinada não só a comunicar conhecimentos (tarefa informativa) mas, basicamente, a desenvolver e modificar atitudes (tarefa formativa). A articulação do informativo e formativo realiza-se na construção de um instrumento: ECRO, que situe o sujeito no campo (o referencial), lhe permita abordá-lo a partir de elementos conceituais, compreendê-lo e operar sobre ele por meio das técnicas adequadas. Essa "situação" no campo e o pensar e operar sobre ele implicam a necessidade não só de manejo teórico, mas também da elaboração das ansiedades emergentes em toda situação de mudança.

Nisso consiste o trabalho do psicólogo social, objeto de nossa formação. Nossa didática pode ser caracterizada como de núcleo básico, interdisciplinar e grupal, instrumental e operacional. Esclareçamos o significado desses termos.

Núcleo básico. De acordo com a hipótese dos investigadores no campo da educação de adultos, a transmissão de conceitos universais, fundamentos de cada disciplina específica, permite acelerar o processo de aprendizagem, ao mesmo tempo que torna possíveis maior profundidade e operatividade no conhecimento. O núcleo básico é constituído por esses conceitos universais, e a aprendizagem vai do geral para o particular.

Interdisciplinar e grupal. O interdisciplinar está aqui considerado em dois níveis; um deles já foi mencionado e seria dado pelas contribuições que, a partir de diferentes disciplinas, se integram no ECRO, na medida em que são pertinentes ao esclarecimento do objeto de estudo.

O outro sentido do interdisciplinar estaria relacionado com o sentido da busca da maior heterogeneidade possível – em termos de idade, atividade, formação, sexo – na composição dos grupos, que deverão reelaborar a informação.

A heterogeneidade permite que cada membro do grupo aborde a informação recebida em comum, trazendo um enfoque e um conhecimento vinculados a suas experiências, estudos e tarefas. Num primeiro momento do itinerário do grupo, dá-se uma fragmentação do objeto de conhecimento, em função das diferentes modalidades de impacto e de receptividade diante dele. Essa heterogeneidade de enfoques e contribuições deve conjugar-se, alterando-se funcionalmente, complementando-se, até chegar a uma integração ou construção enriquecida do objeto de estudo.

A heterogeneidade dirige-se basicamente à ruptura dos estereótipos na modalidade de abordagem do objeto de conhecimento, estereótipos que, por carência de confrontação, podem potencializar-se nos grupos homogêneos. Com base nessa fundamentação, formulamos a regra: "quanto maior a heterogeneidade dos membros, heterogeneidade adquirida através da diferenciação de papéis a partir dos quais cada membro traz ao grupo sua bagagem de experiências e conhecimentos, e quanto maior a homogeneidade na tarefa, obtida pelo somatório da informação (pertinência), tanto maior a produtividade adquirida pelo grupo (aprendizagem)".

Em síntese, a possibilidade de uma didática interdisciplinar apóia-se na preexistência, em cada um de nós, de um esquema referencial.

Esses esquemas e modelos internos confrontam-se e modificam-se na situação grupal, configurando-se, através da tarefa, um novo esquema referencial que emerge da produção do grupo.

Instrumental e operacional. Como estratégia de formação em psicologia social, tomamos como ponto de partida a localização do sujeito, sua inserção num campo específico (a situação grupal). Isso lhe permite viver uma experiência de campo, ao mesmo tempo que lhe fornece, progressivamente, ferramentas teóricas para compreender sua própria inserção, as características do campo e os recursos técnicos para operar sobre ele.

Esta inserção no campo grupal e a instrumentação técnica devem ser paulatinamente estendidas a outros campos da operação da psicologia social (institucional ou comunitária).

A noção de aprendizagem. Baseia-se numa didática que a caracteriza como a apropriação instrumental da realidade, para modificá-la. A noção de aprendizagem vincula-se intimamente com o critério de adaptação ativa à realidade, através do qual se explicita a ideologia que sustenta esta instituição.

Entendemos por adaptação ativa, aprendizagem do real, a relação dialética mutuamente modificante e enriquecedora entre sujeito e meio.

Aprender é realizar uma leitura da realidade, leitura coerente, e não aceitação acrítica de normas e valores. Ao contrário, buscamos uma leitura que implique capacidade de avaliação e criatividade (transformação do real).

Essa concepção de aprendizagem como práxis, como relação dialética, leva-nos necessariamente a postular que o ensinar e o aprender constituem uma unidade, que devem acontecer como processo unitário, como experiência contínua e dialética de aprendizagem, na qual o papel do docente e o papel do aluno são funcionais e complementares.

Nosso instrumento de trabalho. O grupo operativo. Pressupostos teóricos

Adotamos como instrumento primordial de trabalho, de tarefa e investigação a técnica operativa do grupo, partindo da hipótese de que o grupo é uma estrutura básica de interação, o que a transforma de fato em unidade básica de trabalho e investigação.

Definimos o grupo como o conjunto restrito de pessoas, ligadas entre si por constantes de tempo e espaço, e articuladas por sua *mútua representação interna*, que se propõe, de forma explícita ou implícita, uma tarefa que constitui sua finalidade.

Os conjuntos sociais organizam-se em unidades para alcançar maior segurança e produtividade. Em muitos casos, a unidade grupal tem a característica de uma situação espontânea. Mas os elementos desse campo grupal podem ser, por sua vez, organizados. Queremos dizer com isso que a interação pode ser regulada para potencializá-la, para fazê-la eficaz em vista de seu objetivo. A isso damos o nome de planejamento. Assim nasce a técnica operativa, que visa instrumentar a ação grupal.

A técnica operativa. Esta técnica caracteriza-se por estar centrada na tarefa: ou seja, privilegia a tarefa grupal, o caminho para a obtenção de seus objetivos.

Toda situação de aprendizagem – estendendo-se a noção de situação de aprendizagem a todo processo de interação, a todo tipo de manipulação ou apropriação do real, a toda tentativa de resposta coerente e significativa às demandas da realidade (adaptação) – gera nos sujeitos dois medos básicos, duas ansiedades básicas que caracterizamos como medo da perda e medo do ataque: *a)* medo da perda do equilíbrio já obtido na situação anterior, e *b)* medo do ataque na nova situação, na qual o sujeito não se sente adequadamente instrumentado. Os dois medos, que coexistem e cooperam, configuram – quando aumenta seu montante – a ansiedade diante da mudança, geradora da resistência à mudança.

Essa resistência à mudança expressa-se em termos de dificuldades na comunicação e na aprendizagem. O desenvolvimento do grupo vê-se obstaculizado pela presença do estereótipo no pensamento e na ação grupal. A rigidez e o estereótipo constituem o ponto principal de ataque.

Centra-se aí a tarefa que se realiza por meio da abordagem e resolução dos medos básicos, num trabalho compartilhado de esclarecimento grupal.

Esse esclarecimento implica a análise, no "aqui e agora" da situação grupal, dos fenômenos de interação, dos processos de adjudicação e assunção de papéis, das formas da comunicação, em relação com as fantasias que geram essas formas de interação, os vínculos entre os integrantes, os modelos internos que orientam a ação (grupo interno) e os objetivos e tarefa prescrita do grupo.

Um passo importante nesse processo de esclarecimento, de aprender a pensar, é um trabalho voltado para a redução do índice de ambigüidade grupal, pela resolução dialética das contradições internas do grupo, que tomam a forma de dilema, paralisando a tarefa através da confrontação entre indivíduos ou subgrupos. A situação dilemática esteriliza o trabalho grupal e opera como defesa diante da situação de mudança.

A análise sistemática das contradições (análise dialética) constitui a tarefa central do grupo. Essa análise visa basicamente investigar a infra-estrutura inconsciente das ideologias que se põem em jogo na interação grupal. Essas ideologias – sistemas de representações com grande carga emocional – podem não formar um núcleo coerente nem em cada sujeito, nem em cada unidade grupal. A coexistência interna, no grupo e no sujeito, de ideologias de sinais contrários determina diferentes montantes de ambigüidade, o que se manifesta como contradição e estancamento da produção grupal (estereotipia). A técnica operativa visa a que o grupo constitua um ECRO de caráter dialético, no qual as contradições relativas ao campo de trabalho devem referir-se ao próprio campo da tarefa grupal (práxis).

Itinerário do grupo e relações cotidianas. Quando a técnica operativa é aplicada a um grupo centrado na aprendizagem – neste caso particular, na aprendizagem da psicologia social –, parte da análise das situações cotidianas para alcançar um conhecimento objetivo, em momentos sucessivos de compreensão.

O grupo operativo é a primeira instância de ancoragem do cotidiano. As relações cotidianas, os vínculos que põem em jogo modelos internos tendem a reproduzir-se nele. O enquadramento ou a técnica operativa de grupo (conjunto de constantes metodológicas que permitem a compreensão de um processo), através da *confrontação desses modelos internos* numa nova situação de interação, e *na análise de suas condições de produção*, facilitam a compreensão dos modelos sociais internalizados que geram e organizam as formas observáveis de interação.

Assim, o acontecer do grupo centra a investigação do aprendiz de psicologia social no fenômeno universal da interação, do qual surge o reconhecimento de si e do outro, num diálogo e num intercâmbio permanentes, que seguem uma trajetória em espiral.

A informação – a ferramenta teórica – deve ser abordada a partir do cotidiano para fazê-lo compreensível, para dar valor de uso a essa ferramenta teórica numa práxis.

Daí nossa insistência na importância de partir da análise das chamadas fontes cotidianas "vulgares" do esquema referencial.

A técnica operativa do grupo, sejam quais forem os objetivos propostos no grupo (diagnóstico institucional, aprendizagem, criação artística, planejamento, etc.), tem como finalidade que seus integrantes aprendam a pensar numa co-participação do objeto de conhecimento, entendendo-se que pensamento e conhecimento não são fatos individuais, mas produções sociais. O conjunto de integrantes, como totalidade, aborda as dificuldades que se apresentam em cada momento da tarefa obtendo situações de esclarecimento, mobilizando estruturas estereotipadas que operam como obstáculo para a comunicação e a aprendizagem, e que são geradas como técnica de controle da ansiedade diante da mudança.

A tarefa de coordenador. O coordenador mantém com o grupo uma relação assimétrica, requerida por seu papel específico: o de co-pensor. Sua tarefa consiste em refletir com o grupo sobre a relação que seus integrantes estabelecem entre si e com a tarefa prescrita. Ele conta com duas ferramentas: a assinalação – que opera sobre o explícito – e a interpretação – que é uma hipótese sobre o acontecer implícito que tende a explicitar fatos ou processos grupais que não aparecem como manifestos aos integrantes do grupo e que funcionam como obstáculo para a obtenção do objetivo grupal.

A equipe de coordenação, integrada pelo coordenador e pelo observador, cada um em seu papel específico, e a partir de um ECRO que lhe permite a compreensão das leis estruturantes do processo grupal, detecta as situações significativas (emergentes) que a partir do explícito remetem, como sinal, a formas implícitas de interação. Na técnica do grupo operativo a interpretação é incluída como ferramenta, na medida em que permite a explicitação do implícito.

Que sentido tem essa explicitação? A dialética grupal consiste numa relação entre processos implícitos e acontecer explícito, entre o manifesto e o latente. A interpretação inclui-se nessa dialética trazendo ao campo a informação que permite o autoconhecimento grupal, o que gera novas formas de interação. A interpretação operativa modifica o campo grupal, permite, a partir do autoconhecimento, a reestruturação das relações entre os membros e com a tarefa. Opera no campo do obstáculo a fim de mostrá-lo, para obter uma reorganização grupal que permita elaborá-lo. O obstáculo pode estar presente no processo de apreensão do objeto, na rede de comunicação, etc. A interpretação inclui, explícita ou implicitamente, um critério de realidade ou esquema referencial a partir do qual se analisa a situação do grupo.

O valor da interpretação é dado pela operatividade, ou seja, por sua função reestruturante com vistas ao objetivo do grupo. A interpretação consiste na decodificação do sentido do emergente.

É uma entrega de significados ao grupo.

O esquema de avaliação. A constatação sistemática de certos processos grupais permitiu-nos construir um modelo que recolhe as diferentes formas de interação grupal. Esse modelo, denominado esquema do cone invertido, constitui nosso instrumento de avaliação da tarefa grupal.

Os vetores dessa categorização incluem: os processos de afiliação, pertença, cooperação, pertinência, comunicação, aprendizagem, telê, atitude diante da mudança e capacidade de planejamento.

A atitude diante da mudança é a situação central a ser avaliada e para ela convergem os diferentes vetores de análise; modifica-se em termos de incremento ou resolução dos medos básicos, geradores de estereótipo.

Para quem está voltada a escola de psicologia social. A escola está aberta a todos aqueles que, sejam quais forem seus estudos e formação prévia, se interessem em realizar uma aprendizagem centrada na compreensão dos fenômenos de interação e na análise do processo social, particularmente naquilo que faz a relação entre a estrutura social e a vida psíquica.

Campo de ação da psicologia social. A psicologia social, como disciplina e ferramenta técnica, capacita para a abordagem, investigação, diagnóstico, planejamento e operação nos diferentes âmbitos nos quais se realizam processos de interação. Estes âmbitos, caracterizados como âmbito grupal, institucional e comunitário, podem ser abordados a partir de um esquema conceitual comum, mas apresentam variáveis específicas que requerem manejo técnico diferenciado.

Conceito de ECRO[1]

Retomamos hoje a análise do conceito de ECRO, que designa o Esquema Conceitual, Referencial e Operativo com o qual se opera no campo da psicologia social.

Como dissemos, o E designa esquema, sendo este entendido como conjunto articulado de conhecimentos. Entendemos por esquema conceitual um sistema de idéias que alcançam uma vasta generalização. São sínteses mais ou menos gerais, de proposições que estabelecem as condições segundo as quais se relacionam entre si os fenômenos empíricos. Trata-se de um conjunto de conhecimentos que proporciona linhas de trabalho e investigação. A investigação psicológica ou qualquer tipo de tarefa científica, destituída de um sistema conceitual adequado, seria cega e infrutífera. A *descoberta* torna-se possível pela adequação do esquema conceitual do investigador às características do fenômeno a ser investigado. Tratar-se-ia então de uma adequação das

----

1. Aula n.º 2 de 1.º ano – curso de 1970 –, ditada em 29/4 pelo Dr. Enrique Pichon-Rivière, na Primera Escuela Privada de Psicología Social. Publicada por gentileza de Marcelo, Joaquín e Enrique Pichon-Rivière (f), cuja autorização agradecemos. Reproduzida da revista *Temas de Psicología Social*, Ano 1, n.º 1, 1977.

hipóteses à realidade. Em síntese, um esquema conceitual é um conjunto organizado de conceitos universais que permitem uma abordagem adequada da situação concreta a pesquisar ou resolver. Por isso, diz Kurt Lewin: "Não há nada mais prático do que uma boa teoria."

É importante assinalar que, embora pelo uso, exclusivo em certas ciências, de esquemas conceituais se possa chegar a determinadas descobertas verificáveis depois pela experiência, também pela observação direta podem ser descobertos fatos não registrados nos esquemas conceituais. Isso impõe uma retificação do esquema conceitual, tal como o exemplo anterior implica sua ratificação. Ou seja, sempre é necessária uma verificação na realidade.

A ciência, e em seu âmbito a psicologia social, é um conjunto de observações ordenadas *por* e *para* um esquema conceitual suscetível de *retificação* ou *ratificação*. Isso é o que torna dinâmica a ciência.

Uma vez elaborado o esquema conceitual, sua transmissão é rápida, fácil, isto é, o esquema conceitual é *suscetível de aprendizagem e de transmissão*.

Podemos dizer que o ECRO é um modelo. O modelo científico foi definido como uma simplificação ou abordagem dos fatos naturais estudados, que por sua construção lógica enriquece a compreensão desses fatos, isto é, que o modelo é um instrumento que por analogia nos permite a compreensão de certas realidades. Ou seja, o modelo é instrumento de *apreensão* da realidade. Tomando um exemplo dado por Lévi-Strauss em *Antropologia estrutural*, as relações sociais são a matéria-prima com que se constrói um modelo destinado a evidenciar aspectos ocultos dessa realidade observada, enriquecendo a *perspectiva*.

O ECRO construído como esquema conceitual e referencial mostra ser um modelo no que diz respeito a seu caráter de instrumento de apreensão da realidade. O ECRO é então instrumento de apreensão do setor da realidade que nos propomos estudar, da interação, por exemplo. Como modelo, o ECRO permite a compreensão de cada fato específico a partir de uma organização ou articulação de conceitos universais.

O aspecto *referencial* alude ao campo, ao segmento de realidade sobre o qual se pensa e opera, assim como aos conhecimentos relacionados com esse campo ou fato concreto a que vamos nos *referir* na operação.

Um elemento fundamental de nosso ECRO é o critério de *operatividade*. Em nosso esquema conceitual, a *operatividade* representa aquilo que, em outros esquemas, o faz o critério tradicional de verdade (adequação do pensado ou enunciado ao objeto).

Que significa isso? Se com nosso ECRO enfrentamos uma situação social concreta, não nos interessa tão-somente que a interpretação seja exata, mas fundamentalmente a adequação em termos de operação. Isto é, a possibilidade de promover uma modificação criativa ou adaptativa segundo um critério de adaptação *ativa* à realidade. Por isso, dissemos ao iniciar estes cursos que a psicologia social é *direcional* e *significativa* no sentido de orientar-se para *a mudança*.

Esse critério de operatividade é o que se inclui em nosso esquema conceitual orientando-o para a operação; daí a última letra da sigla ECRO.

Entre os elementos fundamentais incluídos no ECRO, indicamos o conceito de realimentação permanente entre teoria e prática. Nele, segundo um processo dialético, cada "a posteriori" de uma situação dada se transforma no "a priori" de uma nova situação segundo o modelo de tese, antítese e síntese.

Na medida em que se estuda um processo dialético – a relação do homem com o meio –, o ECRO, instrumento de abordagem, incluirá uma metodologia dialética. A psicologia social que postulamos tem por isso um caráter instrumental e não se resolve num círculo fechado, mas numa contínua realimentação da teoria através de seu confronto com a prática. A experiência da prática conceituada por uma crítica e uma autocrítica realimenta e corrige a teoria mediante mecanismos de retificação e ratificação.

Nosso ECRO, em seu aspecto referente à gênese e à estruturação da personalidade, é constituído pelas contribuições de Freud, Melanie Klein, G. H. Mead, etc.

No que diz respeito à compreensão dos processos sociais, em particular os grupais, referimo-nos às descobertas de Kurt Lewin, cujo método é duplamente experimental: 1) é um esforço para tornar prática a experimentação sociológica, e 2) tende a uma forma de experimentação: a investigação ativa.

Como dissemos, em nosso ECRO o critério de operação, de produção planejada de mudança, em relação com a conquista dos objetivos propostos, constitui nosso critério de *avaliação*. Toda investigação coincide já com uma operação. No terreno das ciências sociais, não há pesquisa que não promova uma modificação; o mero fato de explicar, por exemplo, um teste ao sujeito, embora o teste não tenha uma finalidade terapêutica, produz uma modificação no sujeito. Poderíamos dizer que a relação estabelecida é a modificadora. Isso foi postulado primeiramente por Freud e reforçado por Kurt Lewin.

Outro dos conceitos básicos incluídos em nosso ECRO é o de *grupo interno*, o que nos permite definir a psicologia como psicologia social. Isso foi visto por Freud (*Psicologia das massas e análise do ego*), ainda que ele não tenha dado continuidade ao desenvolvimento dessa linha de pensamento.

Entendemos o grupo interno como um conjunto de relações internalizadas, isto é, que passaram do "fora" ao mundo interno e se encontram em permanente interação. São relações sociais internalizadas que reproduzem no âmbito do *Ego* relações *ecológicas*.

Já afirmamos que a psicologia social consiste na averiguação das formas de interação. Para essa averiguação, construímos um esquema intitulado do *cone invertido*, no qual registramos como modalidades de interação ou observáveis – particularmente no interior do grupo operativo – os processos de: Afiliação – Pertença – Cooperação – Pertinência – Comunicação – Aprendizagem – Telê. Desenvolveremos esses conceitos de forma particular quando tratarmos de grupo operativo.

Damos-lhe o nome de grupo operativo porque aponta para uma direção determinada a fim de compreendê-la e dirigi-la, sendo o grupo nosso instrumento para a realização de uma tarefa.

Outro tema que desenvolveremos extensamente com relação ao grupo operativo é se se trata ou não de um grupo terapêutico, entendendo-se que todo comportamento desviado surge de um transtorno da aprendizagem, de um estancamento na aprendizagem da realidade. O grupo operativo, na medida em que permite *aprender a pensar*, permite superar, através da cooperação e da complementaridade na tarefa, as dificuldades da aprendizagem. Isto é, o grupo operativo ajuda a transpor o estancamento enriquecendo o conhecimento de *si* e do *outro* na tarefa; daí que seja terapêutico no sentido de que permite a superação de transtornos na aprendizagem, no pensar, no contato com a realidade.

A terapia não é o objetivo principal do grupo operativo de aprendizagem, mas algumas de suas conseqüências podem ser consideradas terapêuticas na medida em que capacitam o sujeito para *operar* na realidade.

O grupo operativo, como técnica, ajuda a resolver as dificuldades internas de cada sujeito, os estancamentos e o pensamento dilemático, tornando-o dialético, através de uma tarefa na qual se inclui o esclarecimento das resistências à aprendizagem como mudança. A resolução dialética capacita, como dissemos, para o confronto com essa nova situação.

Propomo-nos no grupo operativo construir um ECRO comum, visto que há uma unidade do ensinar e do aprender. O ECRO como instrumento único, unidade operativa, se orienta para a *aprendizagem* e a *tarefa*. O ECRO nos permite uma compreensão *horizontal* (as relações sociais, a organização e o sistema social) e *vertical* (o indivíduo inserido nesse sistema) de uma sociedade em permanente mudança e dos problemas de adaptação ou de relação do indivíduo com seu meio.

Como instrumento, ele permite um *planejamento* da abordagem do campo ou objeto de conhecimento, que foi previamente definido como o *homem em situação*, em sua interação com o meio. *Planejamento* implica: *estratégia, tática, técnica* e *logística*. A construção de um ECRO nos obriga a definir o *campo operacional*, a *metodologia*, bem como a fazer uma *avaliação* da operação. Trata-se de um trajeto dialético, cujo problema final consiste na exata localização dos elementos integrantes.

A construção de um Esquema Conceitual, Referencial e Operativo nos conduz a uma atitude de autocrítica, não apenas do ponto de vista das retificações que se dão pela síntese de teoria e prática, mas também pelo que denominamos *análise sistemática* e *análise semântica* do ECRO. Ou seja, uma filosofia da ciência que incluiria: *a*) uma *epistemologia* com uma definição do conhecimento e do critério de verdade (operatividade); *b*) uma *metodologia*, averiguação dos métodos incluídos no ECRO; *c*) uma *sistematologia*, estudo do ECRO como *sistema* complexo de conceitos. Damos a isso o nome de análise sistêmica, que pode ser *intrasistêmica*, e estudamos sua articulação e coerência interna, ou *intersistêmica*, com a análise de sua relação com outros ECRO. A análise *semântica* é a análise da relação sinal-significado dessa linguagem.

Todo esquema conceitual, referencial e operativo tem um aspecto *superestrutural* e outro *infra-estrutural*. O superestrutural é dado pelos elementos conceituais e o infra-estrutural, pelos elementos emocionais, motivacionais, o que denominaríamos verticalidade do sujeito, elementos esses surgidos de sua própria experiência de vida e que determinam as modalidades da abordagem da realidade. Uma análise coerente de nosso ECRO nos obriga sempre, como operadores sociais, a procurar esclarecer tanto os aspectos superestruturais como os aspectos infra-estruturais.

O conceito de porta-voz[1]

Encerramos a aula passada com a definição de alguns conceitos básicos da teoria dos grupos operativos. Detivemo-nos na definição do que denominamos unidade de trabalho com seus componentes: o *existente*, a *interpretação* e o *novo emergente*. Mencionamos também o conceito de *porta-voz*, que definimos como o integrante que atua como *veículo* dessa qualidade nova que é o *emergente*. Isto é, à unidade de trabalho composta por esses elementos são acrescentados então os conceitos de *emergente* e *porta-voz*, que complementam a unidade, que trabalham no mesmo contexto.

O porta-voz é aquele que, no grupo, diz algo, enuncia algo em determinado momento, e esse algo é o sinal de um processo grupal que até esse momento permanecera latente ou implícito, como escondido no interior da totalidade do grupo. Como sinal, o que o porta-voz denuncia deve ser decodificado, ou seja, é preciso retirar seu aspecto implícito.

....
1. Transcrição textual da aula n.º 5 do curso de 1.º ano de 1970, ditada na Primera Escuela Privada de Psicología Social pelo Dr. Enrique Pichon-Rivière. Publicada por gentileza de Marcelo, Joaquín e Enrique Pichon-Rivière (f), cuja autorização agradecemos. Reproduzida da revista *Temas de Psicología Social*, Ano 2, n.º 2, novembro de 1978.

Dessa maneira, é decodificado pelo grupo – particularmente pelo coordenador – que assinala a significação desse aspecto. O porta-voz não tem consciência de enunciar algo da significação grupal que tem nesse momento; ele enuncia ou faz algo que vive como próprio.

Sustentamos sempre, e talvez tenha sido esta nossa maior contribuição à teoria dos grupos familiares, que o sujeito que adoece é o porta-voz da ansiedade, das dificuldades de seu grupo familiar. Em que sentido? O doente, o alienado, é ele, mas sua enfermidade, seu comportamento desviado, resulta da interação familiar, da forma alienante de relacionar-se existente entre os integrantes desse grupo; por essa razão emerge a doença de um deles como conduta desviada. Essa doença é um fato concreto que nos remete como sinal a um processo implícito, as relações familiares, as características alienantes da interação desse grupo, o montante de angústia que existe nesse grupo. Assim, a enfermidade emerge por intermédio do porta-voz, que pelo simples fato de adoecer denuncia que algo não anda bem.

Às vezes, não há um único porta-voz, mas vários, cujas palavras e ações proporcionam elementos para decifrar, para armar um quebra-cabeças nesse momento do acontecer grupal subjacente, o qual não tem possibilidades de emergir de outro modo.

Este é um conceito muito importante, porque é o aspecto da situação grupal que não emerge por si só, mas através de um processo concreto que lhe dá as possibilidades de emergir, fazendo-nos assim deparar com um fato novo. Por exemplo, no caso da doença, é um fato concreto que nos remete como sinal a um processo implícito, como dissemos, as relações familiares, as características alienantes da interação e o montante de angústia que existem no grupo. Dessa maneira, a enfermidade emerge por intermédio do porta-voz assinalado, o doente denuncia que algo anda mal, ou seja, é o porta-voz da doença de um grupo. O enfermo, o alienado, sua enfermidade, seu comportamento desviado resultam da interação familiar, das formas alienantes de relacionar-se entre si dos integrantes desse grupo. A ação do porta-voz é uma ação complexa na qual ele não deixa de colaborar com os integrantes do grupo, operando como delator da doença grupal.

O que acontece nos grupos operativos de aprendizagem? O mesmo que nos grupos familiares, com a diferença de que aqui não se trata da doença, mas de uma modalidade qualquer de enfrentar a tarefa. Diante dessa tarefa ou diante do grupo como totalidade, os integrantes experimentam certos sinais de fantasias inconscientes que nesse momento são compartilhadas. O porta-voz é o membro que, por sua história pessoal, por suas características, pode expressar algo que permite decifrar o processo latente. O conceito de porta-voz é então fundamental porque permite descobrir quem é o denunciante dos aspectos latentes; usamos uma palavra comum dizendo que nesse momento o porta-voz é uma espécie de "alcagüete" pessoal, aquele que denuncia o tipo de doença. Em outras palavras, sua *verticalidade* – e com o termo verticalidade designamos sua história, suas experiências, suas circunstâncias pessoais – se articula com a horizontalidade grupal, o que nesse momento constitui o denominador comum da situação, aquilo que é compartilhado consciente ou inconscientemente por todos. Ou seja, começam a dar-se dois aspectos fundamentais e que devem ser esclarecidos pela assinalação e pela interpretação. A verticalidade é a posição ou atitude de um membro do grupo que trata o acontecer do grupo de uma maneira vertical. A verticalidade é constituída por aquilo que lhe permite captar a situação patológica e a põe em evidência, verticalidade no sentido direcional e no sentido direto.

Aluna: (pede ao professor que esclareça os termos verticalidade e horizontalidade).

Professor: No momento em que verticalidade e horizontalidade se juntam, nesse momento determinado, constitui-se a *operação* do grupo, juntam-se os dois vetores que constituem o essencial do grupo operativo. A operação grupal...

Aluno: E o que constitui a horizontalidade?

Professor: A horizontalidade constitui a maneira de o grupo exprimir-se, como um todo pertencente à totalidade do grupo, a horizontalidade é isso. Na realidade, verticalidade e horizontalidade são unidades de trabalho. Chamam-se em geral unidades de trabalho quando operam de um modo complementar, quando verticalidade e horizontalidade coincidem num momento dado pelo somatório dos elementos que constituem a unidade; trata-se de todo um conjunto operativo.

Aluna: Separadamente, então, o que é verticalidade e o que é horizontalidade?

Professor: O verbal é dado no grupo como uma atitude vertical no sentido real da palavra, em que o conhecimento ou a contribuição é dada numa forma vertical (pessoal).

Aluna: Quanto à verticalidade e à horizontalidade no ensino, que relação têm com o que estamos falando agora, qual a relação das duas conjunções?

Professor: A relação das duas conjunções é a função de coincidência, que, quando opera ou se dá, forma um contexto total que inclui a operação que se realiza no grupo, isso quando o vertical e o horizontal são coincidentes. Quando não ocorre, a operação não se realiza de uma forma, digamos, operativa, eficaz.

Aluno: Doutor, o senhor pode nos dar um exemplo?

Professor: Um grupo que está realizando uma tarefa determinada, uma tarefa em que pode haver elementos de verticalidade, o que quer dizer que são elementos importantes que caminham na direção de uma verticalidade constante, e, se isso não coincide com uma horizontalidade, não temos tarefa.

A verticalidade e a horizontalidade no sentido real da palavra seriam o dado expresso em termos de verticais, *pessoais*, enquanto a horizontalidade se dá não em termos pessoais diretos, mas concordantes (o horizontal no grupal), o coincidente nos integrantes do grupo. Por exemplo, a verticalidade se daria pelo aspecto direcional no âmbito da própria tarefa grupal, seria uma passagem adequada no futebol; suponhamos que a bola seja jogada na direção exata e possa ser retomada para um ajuste, para um novo encaminhamento do jogo; a horizontalidade ocorreria quando esse ajuste mútuo se dá e temos então uma operação em que a soma da velocidade do vertical se entrecruza com o horizontal e formam uma tarefa conjunta que pode chegar a ser operativa se o ajuste é perfeito no tempo e no espaço.

Aluno: O vertical seriam as contribuições individuais e o horizontal seria o encadeamento das contribuições individuais?

Professor: Mais ou menos, como um resultado. Sempre tendo em mente que isso é como operação, mas o ajuste das duas dimensões é um momento dado, um momento especial em que a ação se realiza. Trata-se de um conceito bastante abstrato mas, uma vez atingido, dá lugar à compreensão dos fenômenos grupais.

Aluna: Por que o porta-voz é testemunha de uma situação patológica?

Professor: O porta-voz não é testemunha, é o emissário de uma situação dada, porta-voz da mensagem consciente ou inconsciente para conquistar uma situação penetrante...

Aluno: Doutor, o porta-voz procede de uma trajetória vertical, no interior do grupo em determinado momento corta o plano horizontal da tarefa grupal e aparece como porta-voz? Não sei se me faço entender. Um integrante do grupo vem com uma trajetória vertical e como porta-voz corta o plano horizontal da tarefa do grupo? Seria o mecanismo que ocorre para que um membro se torne um porta-voz?

Professor: Um membro torna-se porta-voz sem fatores operativos, mas fundamentalmente porque é porta-voz da estratégia, digamos, da equipe; um time de futebol com estratégia tem vários porta-vozes, que são aqueles que chegam a uma situação determinada, que a explicitam na manobra que realizam; aquele que se encarrega de realizar a produção exata, o papel, é porta-voz de um jogo muito complexo dentro da equipe, que o torna depositário da produção possível.

Aluno: O porta-voz cortando o plano da horizontalidade do grupo...

Professor: Se corta a horizontalidade do grupo, o porta-voz está realizando uma tarefa de sabotagem com relação a seu grupo ou de defesa para o inimigo, porque corta a estratégia que estava em funcionamento, não permite que se execute a tarefa, mas está cortando uma atitude possível que ele torna impossível por sua atuação. É em certo sentido um sabotador; os sabotadores agem como quem tem a possibilidade de realizar uma tarefa e a impede por si mesmo.

Outro aluno: Creio que ele não se referia a cortar no sentido de sabotar. Ele perguntou o seguinte: se o porta-voz atua numa direção vertical num momento dado do grupo e quando essa posição se encontra com a horizontalidade do grupo, isso seria o que o senhor chama de unidade de trabalho.

Professor: Pelo contrário, é um novo obstáculo.

Aluno: O porta-voz formula um novo emergente, então o grupo começa a trabalhar até chegar à horizontalidade sobre esse emergente, é assim mas conjunto...

Professor: Sim, sempre é conjunto.

Aluna: O porta-voz vem a ser um emergente da horizontalidade e da verticalidade; desse modo, quando se produz essa conjunção, aparece o porta-voz do grupo?

Professor: Esse é um problema muito importante...

Aluno: O senhor não poderia, dada a situação que se criou, deduzir dessa situação particular o que é a verticalidade, o que é a horizontalidade, e quem são os porta-vozes, aqui concretamente? Penso que nesse momento dado está ocorrendo uma situação de verticalidade e horizontalidade; seria então valioso para nós determinar quem assume a posição vertical e quem assume a posição horizontal.

Professor: Mais importante seria se você a assinalasse.

Aluno: Parece-me que neste momento o senhor está desempenhando o papel vertical e todos nós, que somos um conjunto, o papel horizontal, e, no momento em que todos nós chegamos a compreender o que o senhor quer nos dizer, entramos no momento ótimo de trabalho. Enquanto isso não está claro, surgem os porta-vozes, digamos, que querem esclarecer ou compreendem mal as coisas; tenho para mim que podem ser porta-vozes da dificuldade...

Outro aluno: A reelaboração se realiza no grupo operativo.

Professor: Tudo o que vocês estão dizendo é importante porque isso é trabalho também, isto é, estamos em via de realizar uma operação. Agora, continuando com o exemplo do futebol, qual é a maneira de operar com horizontalidade e verticalidade para conseguir o máximo de operatividade que é o gol? Quando os vetores verticais e horizontais coincidem exatamente para uma tarefa determinada, isto é, quando todos se acham numa mesma direção ou no mesmo treinamento [*training*] de realizar uma operação positiva para sua equipe, é nessa situação que se dá realmente a operatividade de um grupo operativo, quando a verticalidade e a horizontalidade atuam de tal modo que são coincidentes os momentos de trabalho, os momentos de ataque, defesa, numa partida de futebol.

Aluno: Doutor, deixe-me ver se entendi: a verticalidade se dá em todos os integrantes do grupo, em maior ou menor grau, mas ocorre que a horizontalidade é comum a todos os integrantes. Porém chega um momento em que a verticalidade de cada um dos integrantes chegou a esse ponto comum de horizontalidade. Esse é o momento de operatividade em que surge o porta-voz e evidencia essa conjunção, a verticalidade de cada um com a horizontalidade comum ao grupo.

Professor: O momento é soma de horizontalidade e verticalidade para realizar uma tarefa determinada.

Aluno: Aquilo a que quero me referir é o seguinte: que a verticalidade e a horizontalidade podem ocorrer em maior ou menor grau em todos os indivíduos de um grupo, enquanto a horizontalidade é comum a todo o grupo; então, no momento em que se produzem a conjunção de todas as verticalidades de cada indivíduo e a horizontalidade comum do grupo, surge o porta-voz para pôr em evidência essa verticalidade, ou seja... (falam vários ao mesmo tempo).

Aluno: Num time de futebol, o porta-voz não pode ser o técnico que se reúne para conversar, isto é, que formula o novo problema. O técnico apresenta o novo emergente que tem com seus jogadores; tem os elementos, nada mais; depois eles têm de desenvolver uma tarefa de noventa minutos; do resultado dessa tarefa de noventa minutos pode vir a horizontalidade ou não, porque pode ter se perdido por ter havido um jogador que não estava presente, por haver outro que estava contundido e não teve a colaboração adequada.

Professor: Esses são os momentos essenciais da estratégia...

Aluno: Claro, isso... mas se supomos que todos participaram do jogo, que se havia algum que estava fisicamente contundido por alguma razão, e por alguma razão teve companheiros que colaboraram com ele e, no conjunto, sua tarefa se mostrou efetiva, chegou-se ao resultado de ter ganho a partida e se deu a horizontalidade... (falam vários ao mesmo tempo).

Professor: A verticalidade e a horizontalidade são processos que não se acham de início completamente configurados, mas vão se configurando pouco a pouco; é como quando se está preparando uma situação de gol. Um dos sinais mais característicos dessa situação ocorre quando os jogadores de um time determinado realizam passes perfeitos aos jogadores do outro time; é como um ato de sabotagem, não é consciente, mas o time vai se aproximando do gol e a situação é sentida. Ou seja, é uma situação dinâmica muito difícil de descrever em termos concretos, é um ato completamente dinâmico de separação, com determinadas estratégias. Em outras palavras, não tem uma tática e menos ainda uma logística; os jogadores de futebol não participam das situações logísticas que são a preparação do gol. Tudo isso serve de modelo para compreender todo processo grupal, todo tipo de tarefa.

São os vetores de aprendizagem; quando numa aprendizagem se conseguem o vertical e o horizontal, estamos muito perto do sucesso na aprendizagem de determinada coisa.

Professor (respondendo a uma pergunta): A aprendizagem é grupal porque é realizada pelo intercâmbio de elementos existentes. No problema da aprendizagem, o importante é isso, poder conseguir os propósitos do grupo, ensinar algo, como ensinar; todo ensinar é um aprender: como aprender para ensinar...

Chegáramos ao tema do porta-voz, que é aquele que num grupo em determinado momento diz algo, enuncia algo, e esse algo é o sinal de um processo grupal, é como uma descoberta. Como sinal, o que o porta-voz enuncia pode ser decodificado pelo grupo e particularmente pelo coordenador; o porta-voz não tem consciência, no momento de enunciar algo, da significação grupal que tem esse algo; ele enuncia ou faz algo que vive como próprio.

Repito: na teoria dos grupos familiares, o sujeito que adoece é o porta-voz das ansiedades, das dificuldades de seu grupo familiar. Em que sentido? Ele é o doente, o alienado, mas sua doença, seu comportamento desviado, resultam da interação familiar. Isto é, numa família que adoece, embora aquele que adoece possa ser o porta-voz, é produto das dificuldades totais do grupo que interage de uma maneira particular. Surge a enfermidade num deles como comportamento desviado; essa enfermidade é um fato concreto que nos remete como sinal a um processo implícito, as relações familiares, as características alienantes da formação desse grupo, o modo, a angústia que existe nesse caso. Assim emerge a doença por intermédio do porta-voz; a emergência dessa enfermidade se deve ao fato de o porta-voz encarregar-se da situação e adoecer. Pelo simples fato de adoecer, ele denuncia que algo anda mal. Às vezes, não há um único porta-voz, mas vários cujas palavras e reações são elementos para decifrar o quebra-cabeças desse acontecer grupal subjacente e que tende a emergir.

O que acontece no grupo operativo? O mesmo que nos grupos familiares, com a única diferença de que aqui não se trata da doença, mas de uma modalidade qualquer da doença, a tarefa, a aprendizagem etc. Diante dessa tarefa, diante do grupo como totalidade, os integrantes experimentam sempre um tipo de fantasia inconsciente que nesse momento é compartilhada. O porta-voz é o membro que, por sua *história pessoal*, por suas características, pode enunciar algo que permite decifrar o acontecer grupal latente. Isto é, sua *verticalidade* (designamos com isso *sua história, sua experiência, suas circunstâncias pessoais*) se articula com a horizontalidade grupal, que nesse momento constitui o denominador comum. O resultado dessa interação se articula com seus modelos internos.

Podemos dizer que há um *reencontro inconsciente* que o sensibiliza particularmente diante da situação e o impele a denunciá-la de alguma maneira. O porta-voz denuncia sua problemática, mas *pode* denunciá-la porque é, em certa medida e nesse momento, quem vive, sente em maior ou menor grau, com maior intensidade do que os outros integrantes do grupo, essa problemática. Daí que seja ele tomado como manifestação não apenas de um acontecer individual, mas de um acontecer grupal. *O vertical vem a ser o pessoal; o horizontal é o grupal, o compartilhado.* O vertical é o pessoal, o histórico que se atualiza; o horizontal é o *presente*, o grupal.

Entramos no esquema do cone, que é na realidade o esquema de toda tarefa. A constatação sistemática desses fenômenos grupais, de certas direções, de certas modalidades de interação que ocorrem num grupo operativo, permitiu-nos construir uma escala de avaliação com base na observação dos modelos de conduta grupais. Essa escala é nosso ponto de referência para interpretar fenômenos grupais.

Tudo o que acontece num grupo e sua maneira de atuar pode ser representado pelo esquema do cone invertido. Esse cone invertido tem já uma história, indica uma situação espiralada que desemboca num ponto determinado no qual se formula a resistência à mudança. O trabalho grupal configura a espiral que vai se internalizando pouco a pouco mediante a utilização dos vetores de interpretação para poder chegar ao núcleo onde reside a resistência à mudança. Toda aprendizagem produz uma vivência de medo da perda e de medo do ataque que são os pontos importantes de solução no processo de aprendizagem.

Há, pois, um medo da perda do já conseguido e o temor de perder as defesas (medo do ataque). Ambos constituem os medos básicos que dificultam toda aprendizagem.

Vetores:

Afiliação – consideramos aqui os fenômenos com uma pertença não alcançada e voltamos ao futebol: afiliados são os torcedores, mas estes não jogam. A *Pertença* consiste no sentimento de pertencer a um grupo determinado, a uma equipe determinada, em que se vê como uma afiliação mais intensa, há uma identificação maior com os processos grupais, e, no referente à sua tarefa, seu trabalho se realiza com uma intensidade maior, determinada por esse sentimento; há um clima de segurança que favorece a tarefa.

Esquema do cone invertido

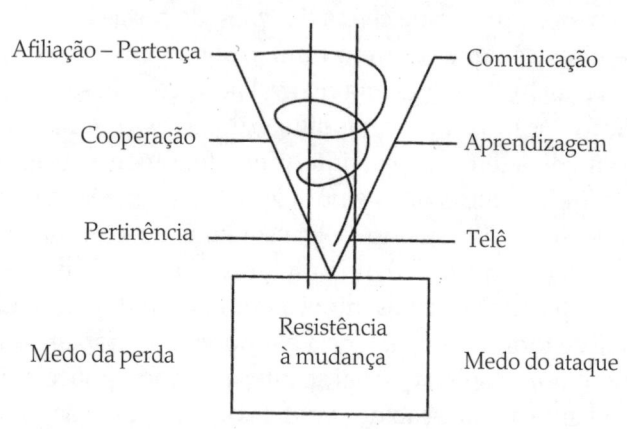

```
Afiliação – Pertença            Comunicação
Cooperação                      Aprendizagem
Pertinência                     Telê
Medo da perda   Resistência     Medo do ataque
                à mudança
```

O outro vetor é dado pela *cooperação*. A cooperação é o elemento que existe em toda tarefa grupal e que se expressa pela maneira como os membros de um grupo, depois de sua pertença, adquirem pela cooperação a mesma direção para sua tarefa. São co-operadores desse grupo e co-operam numa mesma direção. Um grupo qualquer que trabalhe com cooperação integra as distintas operações.

Outro vetor a considerar é a *pertinência*; trata-se de um elemento pouco utilizado na avaliação de qualquer tarefa. Ser pertinente numa tarefa determinada é sentir-se, localizar-se direcionalmente sobre a tarefa. Há um critério de utilidade, de *centralidade* sobre o trabalho a realizar coletivamente; isto é, a maior pertença e cooperação têm valor se há *pertinência*. Veremos agora uma série de vetores que, somados, são índices operativos para qualquer tipo de trabalho. Com base nesses vetores vão ser analisados alguns aspectos das dificuldades ligadas ao pertencer, ao cooperar e a ter uma pertinência adequada.

No outro lado do cone, no esquema, temos a comunicação, a aprendizagem e o outro vetor chamado telê. No vetor da *comunicação*, consideramos o que é o processo de comunicação; trata-se da emissão de uma série de sinais, de um intercâmbio entre um emissor e um receptor, com um processo de codificação e de decodificação. O resultado é a informação. Nesse processo, consideramos a influência do fator *ruído* ou fator 3 (o terceiro), que interrompe a comunicação. Tomemos o exemplo mais comum: o telefone. Duas pessoas falam – há um emissor, um receptor, um canal. Ouve-se um ruído qualquer que pode dar a idéia de que alguém está escutando; imediatamente se intensifica a codificação, fala-se uma linguagem secreta por medo da presença do terceiro. Deparamos nesse momento com esse fator perturbador da comunicação e que pode operar em qualquer sistema. O conjunto de comunicação é perturbado em algum dos vetores, tornando o processo de comunicação um processo complexo e muitas vezes difícil de manejar em virtude da intervenção desse fator perturbador.

O mesmo acontece com a aprendizagem; há ruídos que são *obstáculos*, interferem no processo, e a aprendizagem estanca pela intromissão de aspectos colaterais. Entendemos por *aprendizagem* a possibilidade de abordar um objeto, apoderar-se instrumentalmente de um conhecimento para poder operar com ele, conseguir uma incorporação. Isso implica uma mudança com sua seqüela de resistência.

O fator *telê*, assim enunciado por J. L. Moreno, psicosociólogo norte-americano e romeno, residente nos EUA. Segundo Moreno, a telê consiste na capacidade ou disposição que cada um de nós tem para trabalhar com outras pessoas, telê positiva e telê negativa, que darão os fatores afetivos e o clima afetivo. O poder dizer "quero trabalhar com fulano" e "não posso trabalhar com o outro" significa que alguém lhe dificulta a tarefa; por um processo de reconhecimento, de reencontro com pessoas que são representantes inconscientes, emerge esse fator que pode favorecer a tarefa, ou, pelo contrário, ser um obstáculo a ela. É evidente que, quando há uma maior telê positiva, o processo de aprendizagem e o clima total adquirem uma estrutura especial, uma disposição para a tarefa. O campo de trabalho nessa direção será tanto mais favorável quanto mais se manifestar a telê positiva. Para concluir, a telê negativa é a que pode ser detectada através de testes também criados por Moreno, que dão a possibilidade de um trabalho, de um grupo de trabalho; por meio de testes sociométricos, avalia-se esse grau tão importante, que pode ser muito negativo ou muito positivo. Isto é, a telê negativa é a medida das dificuldades que cada um tem no trabalhar com o outro, da rejeição, e a positiva é a possibilidade que o indivíduo tem de trabalhar com o outro, de aceitação do outro; aí realmente se dá a medida do que denominamos telê, que constitui um sinal de trabalho.

História da técnica dos grupos operativos[1]

Procuraremos concluir hoje a exposição dos aspectos teóricos dos grupos operativos. Os grupos operativos se definem como *grupos centrados na tarefa*. Bem, por que esta insistência? Pelo fato de que os grupos em geral se classificam segundo a técnica de abordagem que usam. Observamos que há técnicas grupais centradas no indivíduo: são alguns dos chamados "grupos psicanalíticos ou de terapia", nos quais a tarefa se centra naquele que para nós é denominado porta-voz. Nossa posição diante dessa técnica é de crítica, na medida em que entendemos que dessa perspectiva a situação grupal não é compreendida em sua totalidade, dirigindo-se na verdade a interpretação àquele que enuncia um problema que geralmente é considerado pessoal, não incluindo na problemática o restante do grupo.

O outro tipo de técnica é a do "grupo centrado no grupo", na análise da própria dinâmica. Essa técnica inspira-se nas idéias de Kurt Lewin, nela considerando-se o grupo como

....

1. Aula ditada pelo Dr. Enrique Pichon-Rivière no dia 13 de maio de 1970. Publicada por gentileza de Marcelo, Joaquín e Enrique Pichon-Rivière (f), cuja autorização agradecemos. Reproduzida da revista *Temas de Psicología Social*, Ano 4, n.º 3, setembro de 1980.

uma totalidade. Não inclui, entretanto, o fator último que assinalamos, a relação sujeito-grupo, verticalidade-horizontalidade, originando assim os "grupos centrados na tarefa".

Para nós, a tarefa é o essencial do processo grupal; portanto, temos nesta caracterização os três tipos: *a*) centrados no indivíduo, *b*) centrados no grupo como um conjunto total, e *c*) os grupos centrados na tarefa, esclarecendo-se que tarefa não é o mesmo que grupo total.

Nossa preocupação é abordar através do grupo, centrando-se na tarefa, os problemas da tarefa, da aprendizagem e problemas pessoais relacionados com a tarefa, com a aprendizagem. O que procuramos realizar aqui é uma aprendizagem que tem caráter grupal. O grupo se propõe uma tarefa e a tarefa é a aprendizagem, ou o retrabalho, neste caso das aulas escutadas. Ou seja, num momento posterior, num grupo de tarefa, se retrabalham, ou se reaprendem ou se aprendem finalmente como totalidade esses conteúdos. Isso se realiza em grupo com as implicações pessoais que vão se incluindo no processo. Repetimos que há uma clara diferenciação entre os grupos centrados no indivíduo, centrados no grupo e centrados na tarefa.

O eixo da tarefa faz dessa técnica um instrumento útil a qualquer tipo de trabalho. Aqui, a tarefa é muito provavelmente formulada já durante a aula e absorvida por vocês e retrabalhada no grupo. Cumprem-se assim todas as regras da aprendizagem em sua totalidade: uma aprendizagem global, total e fundamentalmente de caráter social.

O que acabo de dizer sobre a diversidade de técnicas grupais indica o caráter diferencial do grupo operativo pelo fato de não estar ele centrado no grupo como totalidade, mas na relação que os integrantes mantêm com a tarefa. Isto é, o vínculo fundamental, estabelecido ou a estabelecer, é a relação entre um grupo e seus membros com uma tarefa determinada, deixando-se um pouco de lado os problemas pessoais do grupo centrado no indivíduo e nos problemas totais, que estão incluídos também como soma de partes, de indivíduos que enunciam aspectos pessoais de forma global. Desse modo, o essencial é esta diferenciação: o que é tarefa, o que é grupo, o que é indivíduo.

O nome grupo operativo provém daí; na realidade, é uma denominação que atribuí a esses tipos de grupos, porque nasceram num ambiente de tarefa concreta.

Por volta de 1945, circunstâncias particulares criaram a necessidade de transformar os pacientes de meu serviço em operadores, por ter sido dispensado todo o pessoal de enfermaria. Assim, diante de uma situação concreta, foi preciso resolver em poucos dias o fato de não haver enfermeiros, o carecer de toda ajuda institucional.

A formação de enfermeiros foi o problema fundamental e, em poucos dias, uma semana, pude obter a continuidade da tarefa em meu Serviço – que era uma Sala de Adolescentes –, com base na formação de indivíduos através da tarefa determinada, a fim de obter técnicos para o cuidado diurno e noturno daquela comunidade de jovens que tinham ficado desamparados por uma ordem superior.

Em que consiste nossa técnica? Pode-se dizer que consiste em dois aspectos fundamentais: o aspecto *manifesto, explícito* e o aspecto *implícito, ou latente*. Nesse sentido, aproximamo-nos da técnica analítica, que é na realidade *tornar consciente o inconsciente*, ou seja, transformar em explícito o implícito. De um ponto de vista técnico, parte-se em geral do explícito para descobrir o implícito com o fim de torná-lo explícito e, assim, num contínuo movimento espiralado.

Eis como definimos a tarefa: ela consiste na abordagem do objeto de conhecimento, que tem um nível explícito ou manifesto de abordagem. Porém, nesse plano explícito da execução da tarefa ou tratamento do tema, surgem certos tipos de dificuldades, de lacunas, de cortes na rede de comunicação, montantes de exigência que aparecem como sinais emergentes de obstáculos epistemológicos. O essencial é isto: no explícito da execução da tarefa ou do tratamento do tema ocorre certo tipo de dificuldades (as dificuldades típicas ou lacunas, ou cortes na rede de comunicação) e graus de exigência que aparecem como sinais, como emergentes do que nós denominamos *obstáculo epistemológico**. *Em outras palavras, seria um obstáculo na visão de um conhecimento qualquer.*

Esse obstáculo ou dificuldade de abordagem denuncia uma atitude de resistência à mudança e estamos nos aproximando do âmago da questão: o obstáculo epistemológico centra as resistências à mudança e nossa tarefa é justamente promover uma *mudança* (num sentido grupal) *operativa* (mudança de uma situação para outra), em que o explícito que tomamos como manifesto é interpretado até que apareça algo novo, uma nova descoberta ou um novo aspecto da doença.

Falo de doença recordando a primeira experiência feita no Hospício, na qual se repetiam de certa maneira o propósito e a técnica psicanalítica. Assim, através do explícito se descobria o implícito que emergia e voltava a ser tomado numa espiral constante.

Esse obstáculo ou dificuldade de abordagem denuncia uma atitude de resistência à mudança se consideramos que a doença mental ou as dificuldades sociais de qualquer tipo se fazem acompanhar de uma resistência à mudança. Mas, no caso em questão, estávamos trabalhando com pacientes psicóticos; o enfrentamento do obstáculo, para curar, era a direção de nossa tarefa.

Muitas vezes não existe no paciente a vontade de curar-se, mas ocorre a resistência à mudança, por um estado par-

---

* Isto será definido mais tarde como obstáculo epistemofílico. (N. do Ed. arg.)

ticular criado por ele: uma vez que está numa situação psicótica, procura não mudar essa situação por uma atitude constante de resistência à mudança, sendo sobre esta última que trabalharemos permanentemente.

Analisando a razão da resistência à mudança e o significado da mudança para cada um, pudemos ver que existiam na realidade dois medos básicos em toda patologia e diante de toda tarefa a iniciar. São os dois medos básicos com os quais trabalharemos sem cessar: o *medo da perda* e o *medo do ataque*. Os pacientes viviam o medo da perda do já adquirido, das defesas neuróticas estabelecidas. No fundo havia um não querer curar-se, inimigo fundamental da terapia. Nossa operação era então trabalhar sobre o medo da perda em caso de mudança, porque eles estavam numa situação de mudança. Ora, tínhamos de estudar por que a mudança tinha essa significação. Ou seja, dos dois medos, o medo da perda estava fundamentalmente relacionado com a perda dos instrumentos que já utilizavam como doença para conseguir uma adaptação particular ao mundo. Em outros termos, nessas condições eles se sentiam mais seguros, por ter aprendido o "ofício" de doente, que não queriam mudar por outra situação que lhes criava uma ansiedade muito grande e que freava a mudança.

Então, primeiro houve a análise sistemática do medo da perda, que consiste em sentimentos ou temores de perder em função da mudança da situação previamente conquistada, como se a situação previamente conquistada de doença tivesse como significado uma segurança para o sujeito.

Por outro lado, o medo do ataque, que com efeito era o que se observava diretamente, significa que, pelo fato de ter mudado, o sentimento de perda cria uma nova situação no paciente (refiro-me aqui ao paciente porque esta análise é produto de um trabalho sobre pacientes, que depois é aplicável a qualquer vetor do conhecimento), uma nova ansiedade, um motivo de resistência à mudança, que era o medo do ataque. E o medo do ataque consiste ou provém do sentimento de ver-se sem instrumentação na nova situação, com a decorrente vulnerabilidade. Isto é, aumentava o medo do paciente por ter perdido suas defesas neuróticas, o que constitui uma resistência à mudança. O paciente que recorre a todas as resistências, a suas técnicas neuróticas, que surgem de uma situação de resistência à mudança por sentir ele medo diante da falta de instrumentação que o proteja depois da mudança ou ao iniciar-se a mudança.

Dessa forma, o medo da perda é o sentimento de perder o que já se possui, e o medo do ataque é o sentimento de achar-se indefeso diante de um meio novo, sem a instrumentação capaz de protegê-lo. Assim podemos passar, digamos, por todos os quadros das neuroses ou psicoses, entendendo-os em termos dos dois medos, que são os dois medos básicos, cuja compreensão orientará quase toda a nossa tarefa.

A *tarefa* consiste em resolver as situações estereotipadas e dilemáticas que surgem da intensificação dessas ansiedades na situação da aprendizagem, já não só no tratamento de psicóticos, mas na situação de aprendizagem que para nós tem uma grande analogia com a anterior, visto que entendemos a dificuldade de curar-se ou a resistência a curar-se como perturbações da aprendizagem. Ou seja, enfrentamos algo novo que é preciso aprender, o que implica ser necessário abandonar o outro para poder aprender. Este é o dilema que tem de ser ultrapassado: resolver essas situações que estão fixas, estereotipadas, etc., e que denominamos *dilemáticas*, não dialéticas, que surgem pela intensificação das ansiedades diante da situação que se dá na aprendizagem.

Quando estamos aprendendo, necessariamente – embora não de maneira inteiramente consciente – estamos abandonando outras formas de ver o mundo ou a realidade, ou qualquer coisa que seja vivida como perda, e isso fornece a direção de nosso trabalho. Fazemos então do grupo operativo um grupo tão terapêutico quanto pode sê-lo qualquer outra técnica, pelo fato de que permite aprender. Abandonando as técnicas defensivas anteriores, as defesas psicóticas, por exemplo, o sujeito pode aprender novos aspectos da realidade, que são a realidade concreta e que corrigem sua visão anterior do meio.

O processo de esclarecimento num grupo tende a tornar-se dialético, a romper as situações dilemáticas, que caracterizamos como situações que impedem a mudança, porque os problemas são formulados de modo *dilemático* como opção entre o "sim" e o "não", onde não há possibilidades de solução. Opõem-se às situações com solução, que são as situações *dialéticas*, em que, através do processo de interjogo, se maneja o problema até resolvê-lo na forma de uma solução, que é uma síntese que por sua vez se transforma no ponto de partida de uma nova situação dialética. Resolvido antes o conflito através de uma síntese, essa síntese volta de novo a funcionar como tese, que gerará uma operação, porque aí mesmo se estabelecem novas situações de contradição.

Quero dizer que, em linhas gerais, nossa tarefa é resolver situações de estancamento, seja estancamento na doença, na aprendizagem, em qualquer aspecto da vida, e tornar essa situação dialética. Tese, antítese e síntese podem levar justamente à situação de movimento no interior do grupo, com a possibilidade de aprender sem o temor de perder. Assim, o perder fica deslocado diante da possibilidade de um aprender operativo. O grupo caminha em cada caso, com essa técnica do explícito ao implícito, para, através desse processo, o aparecimento de um novo explícito, ou para a explicitação do que estava latente e que se mostrava perturbador e gerador de conflitos. Por isso, podemos representar muito bem com um cone invertido a operação corretiva:

Explícito

[diagrama em espiral descendente com seta indicando "Interpretação"]

Implícito

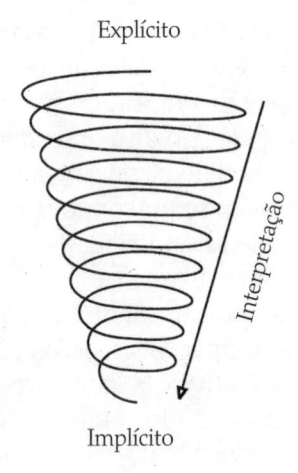

O explícito seria o que vemos, o manifesto; então, partindo dessa ponta, podemos ver progressivamente em forma dialética através de uma direção em espiral e, pouco a pouco, chegar ao fundo dessa situação à qual nos dirigimos. Com essa espiral dialética, podemos atingir o núcleo central em que está localizado o medo da mudança como resistência.

Em termos de uma terapia individual, designamo-lo como "reação terapêutica negativa" ou resistência do paciente, e, também em termos de terapia, consideramos a solução dessa resistência à mudança como a ruptura da resistência a melhorar, o que produz uma mudança em seu comportamento, em sua adaptação. E esse tratamento ou método para mobilizar os núcleos estereotipados, fixos ou que dificultam a aprendizagem, surge da observação de que em algum momento do desenvolvimento encontramos uma série de dificuldades (estudadas pela teoria da aprendizagem) que se manifestam na vida comum, cotidiana e que precisam ser permanentemente re-vistas como técnicas que foram absorvidas num momento dado mas que, diante de novas exigências, já não se revelam adequadas nem operativas.

Com a técnica grupal, contribuem para a tarefa todos os que estão comprometidos no grupo, cada um por sua experiência pessoal, por sua forma de ser e pela inter-relação que existe entre eles; num momento dado, vai ser conseguida uma passagem de uma situação estancada ou dilemática a uma situação de movimento ou dialética. O progresso é então possível e formulam-se novos problemas, novos aspectos, que levam o sujeito a poder aprender com maior liberdade mediante a ruptura do estereótipo, a poder dessa maneira estar num contínuo progresso.

Nesse esquema, o que aparece primeiro é o explícito; o implícito, em contrapartida, é o que corresponderia à zona do inconsciente. Mas é partindo do explícito e por uma espiral constante que se pode chegar ao implícito, analisando-se que elementos atuam e como podem romper a estrutura rígida da situação para poder chegar à situação de progresso e a uma nova formulação.

Digamos então que se trata, em geral, do primeiro esquema do grupo. Podemos dizer que a tarefa enunciada é a *unidade de trabalho*, que possibilita o esclarecimento do subjacente. A unidade de trabalho é também triangular, isto é, geralmente está presente o implícito. A interpretação rompe a dificuldade de abordar o objeto; a essa *interpretação* sucede outra e outras até chegar ao ponto de urgência, no qual há proximidade entre o explícito e o que ainda se mantém implícito. Nossa unidade de trabalho aponta para a explicação do implícito. Torna-se uma interpretação sobre um momento dessa situação, e o aparecimento de um novo aspecto no âmbito do cone nos fornece um critério acerca da operatividade de tal situação. Ou seja, a unidade básica de trabalho é a percepção e exploração do que o paciente diz. Isso é abordado com uma interpretação que tende a evidenciar ou explicitar aspectos implícitos da situação.

A interpretação faz surgir um novo plano que denominamos *novo emergente* e que, por sua vez, é enfocado de alguma maneira pela espiral constante com a qual progressivamente chegaremos aos aspectos essenciais da mudança. Porque o propósito do grupo operativo é conseguir uma mudança; o nível da mudança dependerá dos indivíduos que estão em tratamento ou em aprendizagem.

O grupo operativo é universal pelo fato de que sua técnica torna possível a abordagem de qualquer situação, seja de aprendizagem, de cura, de todos os aspectos terapêuticos que possam ocorrer em comunidades, ou com indivíduos internados, por exemplo.

Na realidade, o primeiro esquema advém de uma situação grupal de doentes, alienados, internados, que ficaram em absoluto estado de abandono, tendo sido ali que pude observar que os pacientes estavam, em menos de uma semana, em condições de ajudar, com uma formação baseada em técnicas operativas. Graças a essa medida um pouco absurda naquele momento, nasceu esta técnica, *o grupo operativo como uma técnica social*, em que se tornava possível o tratamento dos doentes mentais por seus "colegas", mas com muito pouca aprendizagem de técnica de enfermaria e com trabalho de grupo.

Tomamos como ponto de partida sua visão como doentes; primeiro, eu fazia grupos com eles e através desses grupos aprendiam o que era o *insight*, o que era alienação, e tudo isso com alguns conceitos de enfermaria. Para outras tarefas, completou-se em muito pouco tempo a formação daqueles que eu poderia descrever como os melhores enfermeiros que vi em minha vida profissional.

Essa formação fundava-se na compreensão de um pelo outro, bem como na aprendizagem rapidíssima de algumas técnicas de enfermaria. Isso gerou o grupo operativo, técnica que, como dizíamos, diferenciamos das outras por estar centrada na tarefa, sendo a tarefa, no caso mencionado, o cuidado de seus companheiros de internação. Assim, pouco tempo depois, uma semana ou um pouco mais, no interior do Serviço estendera-se uma atitude social de uns com relação aos outros, organizavam-se saídas, altas (espécie de prova), a inclusão no tratamento dos grupos familiares, que completaram nossa concepção social da doença mental, visto que, através dos grupos familiares, detectávamos os fatores que determinavam a doença, que determinavam o diagnóstico, o prognóstico e o tratamento. A profilaxia podia ser dada em outros membros da família.

Por meio de todas essas operações, foi possível estabelecer, com esse instrumento, um *planejamento* para tratar pacientes coletivamente, que inclui uma série de momentos da operação: *uma estratégia, uma tática, uma técnica* e *uma logística*.

Estabelecer uma estratégia num grupo é estabelecer a forma de enfocar a situação, o que os treinadores de futebol denominam "a técnica do quadro-negro". Infelizmente, nem sempre se incluem no planejamento do jogo, no desenho da operação, os jogadores, que são os que devem levar a termo a ação concreta. Nós incluíamos os pacientes no desenvolvimento da estratégia grupal. Nas sessões de grupo, eram os próprios doentes que trabalhavam com aqueles que deles cuidavam.

Retomando o anterior e entrando já na teoria da unidade de trabalho, dividimo-la em três vetores: 1) Existente; 2) Interpretação, e 3) Novo Emergente. O *existente* ou situação dada com o grupo através de um ou vários porta-vozes, que viria a ser o emergente nesse momento. Do que se revelava em tudo, através de todos e por somatório de todos, chegar a constituir então uma forma de ser, uma forma de pensar, uma forma de considerar os problemas. O existente, desse modo, é o primeiro elemento.

A *interpretação* ou assinalação do coordenador propõe uma nova perspectiva para a situação, escutando os pacientes a opinião sobre si e sobre os outros, assim como a opinião sobre sua maneira de ser considerados e tratados, e as visitas que recebiam, tudo era um contexto que incluía, digamos, o que chamamos o existente de uma situação. Tudo isso se dava por meio de porta-vozes que estavam incluídos nos grupos. Criada a situação, vivida já como estancamento ou não, o terapeuta desses grupos (grupos de doentes), ou o coordenador de grupos de aprendizagem, assinala, interpreta as dificuldades que estão se apresentando, e o esclarecimento da dificuldade em qualquer campo da aprendizagem, da terapia, da tarefa de trabalho – em grupos de trabalho –, tem uma situação geral, isto é, uma formulação geral.

Uma vez que uma interpretação nesses casos recaia sobre o campo, dá-se o *novo emergente*, o que surge como resposta. É a situação nova que se estrutura como uma conseqüência da interpretação do coordenador; se esta foi operativa, isso quer dizer que gerou o que denominamos ponto de urgência. Assim, num grupo há um momento no qual, em função de aspectos de estancamento ou de aspectos negativos diante da tarefa, se produz um corte que é assinalado exatamente em seu ponto pelo coordenador. O mais provável então é que se modifique a situação, tal como o vimos nos pacientes psicóticos. Verificávamos ali que a assinalação de certas atitudes diante deles, diante dos outros, diante de sua família, modificava a situação e, além disso, tornava-a universal. Ou seja, mostrava que existia em todos um aspecto ou dificuldade de resistência à mudança, que era o fundamental.

Dada essa dificuldade diante da mudança – que chama a atenção quando, por exemplo, um paciente faz todo o possível para não se curar (o que, na linguagem psicanalítica, denominamos uma resistência, ou, se for mais aguda, uma "reação terapêutica negativa") –, percebemos que, quando a operação foi bem considerada e interpretada pelo coordenador, isso ocorreu porque incidiu exatamente no que chamamos *ponto de urgência*. Isto é, a estrutura que se está manejando não tem as mesmas correlações entre eles; há aspectos diferenciais, mas o importante é que, pela proximidade entre o explícito e o implícito, o implícito torna-se explícito quando a assinalação ou a interpretação tocaram a fonte da resistência. Em outros termos, a incidência no ponto de urgência numa terapia, seja ela individual ou grupal, de aprendizagem ou de qualquer outro tipo, reduz a dificuldade e é o que o faz realmente operativo, porque no âmbito dessa dificuldade está sempre incluída a tarefa.

O grupo centrado na tarefa é aquele que se direciona a pontos de urgência que serão operativos de acordo com uma configuração especial do grupo; e com os pacientes acontece o mesmo. Quando o que subjaz, isto é, o implícito (o inconsciente em termos gerais) e o explícito entram em contato através da abordagem do ponto de urgência – onde reside a dificuldade –, produz-se uma mudança geral na estrutura do grupo, que resolve operativamente essa mesma dificuldade. Quando o explícito e o implícito entram em contato mútuo, dizemos (na linguagem comum de nossa tarefa) que se produz o "click". E o "click" ocorre justamente quando se produz a coincidência entre uma situação e outra. A coincidência do "click" condiciona de imediato um esclarecimento da dificuldade e uma atitude diante da mudança, atitude que seria preferível denominar uma capacidade de mudança ou uma atenuação considerável do medo do ataque que sucede à mudança.

Víramos já que os dois medos básicos que atuam sempre são o medo da perda e o medo do ataque. Então, perdida alguma possibilidade de defesa psicótica no doente mental, aparecem situações de fraqueza, porque o aspecto ou a estrutura psicótica de um sujeito estavam operando como defesa contra outras situações de perigo vividas por ele. Emerge assim um novo medo, que é o medo do ataque por ter ele perdido o anterior, já que não se acha capacitado para uma defesa lógica, operativa, diante do ataque.

Há então um interjogo permanente entre o medo da perda do já conhecido e o medo do ataque do que pode vir. O interjogo dessas duas situações rege tudo, são os universais essenciais da tarefa em grupo operativo, da situação psicótica ou de qualquer tipo de doença. Poderíamos definir nossa tarefa, em termos gerais, como uma luta desesperada daquele que quer ser como é e não quer mudar.

Não quer mudar: por quê? Em virtude do temor que nele cria a mudança, devido ao fato de não estar instrumentado para enfrentar uma mudança; fica então freado na situação anterior. Quando a interpretação operativa toca esse ponto, torna-se mais fácil a drenagem dos elementos não explicitados que configuram o obstáculo do qual falávamos hoje: o obstáculo epistemológico como uma dificuldade de abordar um conhecimento novo ou de assimilá-lo. Nossa tarefa consiste em "abrandar" a dificuldade de mudança, criar situações de mudança através de interpretações. A unidade de trabalho é constituída por uma análise do que é o explícito e do que é a interpretação; do que é a assinalação ou a interpretação no sentido verdadeiro da palavra: é transmitir o que o coordenador está percebendo que existe durante todo o interagir do grupo, neste caso, e que não se explicita; e aquele que dá a solução ou a direção é alguém que surge como porta-voz do grupo, indicando direções de trabalho e direções de soluções de determinadas tarefas.

O *novo emergente* que aparece é o resultado da operação sobre o existente por meio da interpretação, que faz surgir um novo emergente. Essa é a situação nova que se estrutura como conseqüência da intervenção do coordenador, da assinalação ou interpretação, caso esta tenha sido operativa ou bem dirigida; assim, será de fato uma interpretação operativa quando houver uma coincidência entre o assinalado pelo coordenador e o existente no grupo.

A proximidade entre o explícito e o implícito, enunciado em termos freudianos, é: "tornar consciente o inconsciente"; nesse momento diríamos que se acertou no ponto de urgência. A interpretação dada sobre o ponto de urgência abriu a possibilidade da mudança, da tendência à mudança, e o movimento que começa a efetuar-se no interior do grupo. Por isso, essa ruptura do obstáculo epistemológico, que é o obstáculo ligado à consciência de um sujeito determinado, é a abertura aos novos emergentes, à iniciação de um processo de mudança.

Então o emergente aparece como o sinal de um processo implícito, isto é, o sinal do processo que já estava subjacente e que devia ser tornado explícito. Tornar explícito o implícito se dá nesse "estruturando" que tem o sentido de um circuito sempre aberto. A palavra *Gestaltung* significa isso. No começo de nossa tarefa, surgia continuamente a palavra *Gestalt* em termos de estrutura ou função. Mas, ao descobrir o caráter espiralado do processo, que era um processo contínuo, tínhamos de dar-lhe uma significação particular. Os próprios psicólogos da *Gestalt*, entre eles Kurt Lewin, começaram a usar o termo *Gestaltung*, que tem um parentesco com o termo *Gestalt* e que significa "estruturando".

A definição que pudemos dar ao processo era "estruturando", não estrutura, em virtude do movimento permanente a que estava submetido.

Definimos o grupo como *Gestalt*, tal como em geral se diz. Por exemplo, os psicólogos sociais que trabalham centrados no grupo o definem como uma *Gestalt* com um sentido fixo e não dinâmico. Se dizemos que é uma *Gestaltung*, transformamos esse processo num "estruturando". Ou seja, o processo vai sendo realizado paulatinamente e numa direção determinada; então *Gestaltung* mostrou ser o termo mais apropriado para significar que se tratava de um processo móvel, em circuito aberto, e não um circuito fechado como pode ser a *Gestalt*.

O processo implícito cujo sinal é o emergente se manifesta por intermédio de um ou vários porta-vozes; o *porta-voz* é o integrante que atua como veículo dessa qualidade nova que é o emergente. Isto é, o porta-voz é aquele capaz de sentir uma situação da qual seu grupo está participando e que pode exprimi-la porque está mais próxima de sua mente do que da dos outros.

Todos os caracteres novos vão aparecendo dessa estrutura, desse bloco que denominamos grupo operativo, que é operativo pela operação realizada e que é útil em qualquer uma das funções, seja na terapia, na aprendizagem ou em qualquer atividade ligada ao trabalho, etc.

Bem, por ora ficamos por aqui, no conceito de novo emergente; a única coisa que restaria explicar é o conceito de *verticalidade* e *horizontalidade*.

O porta-voz é o porta-voz do vertical, mas é porta-voz dos outros horizontais e assim se opera realmente. Sente-se a atividade grupal quando um indivíduo capta o geral, que está dado em todo o grupo; mas há alguém que, por sua atividade pessoal, por sua maneira de ser, por sua sensibilidade, é capaz de considerar o que está acontecendo e explicitá-lo.

GRÁFICA PAYM
Tel. [11] 4392-3344
paym@graficapaym.com.br